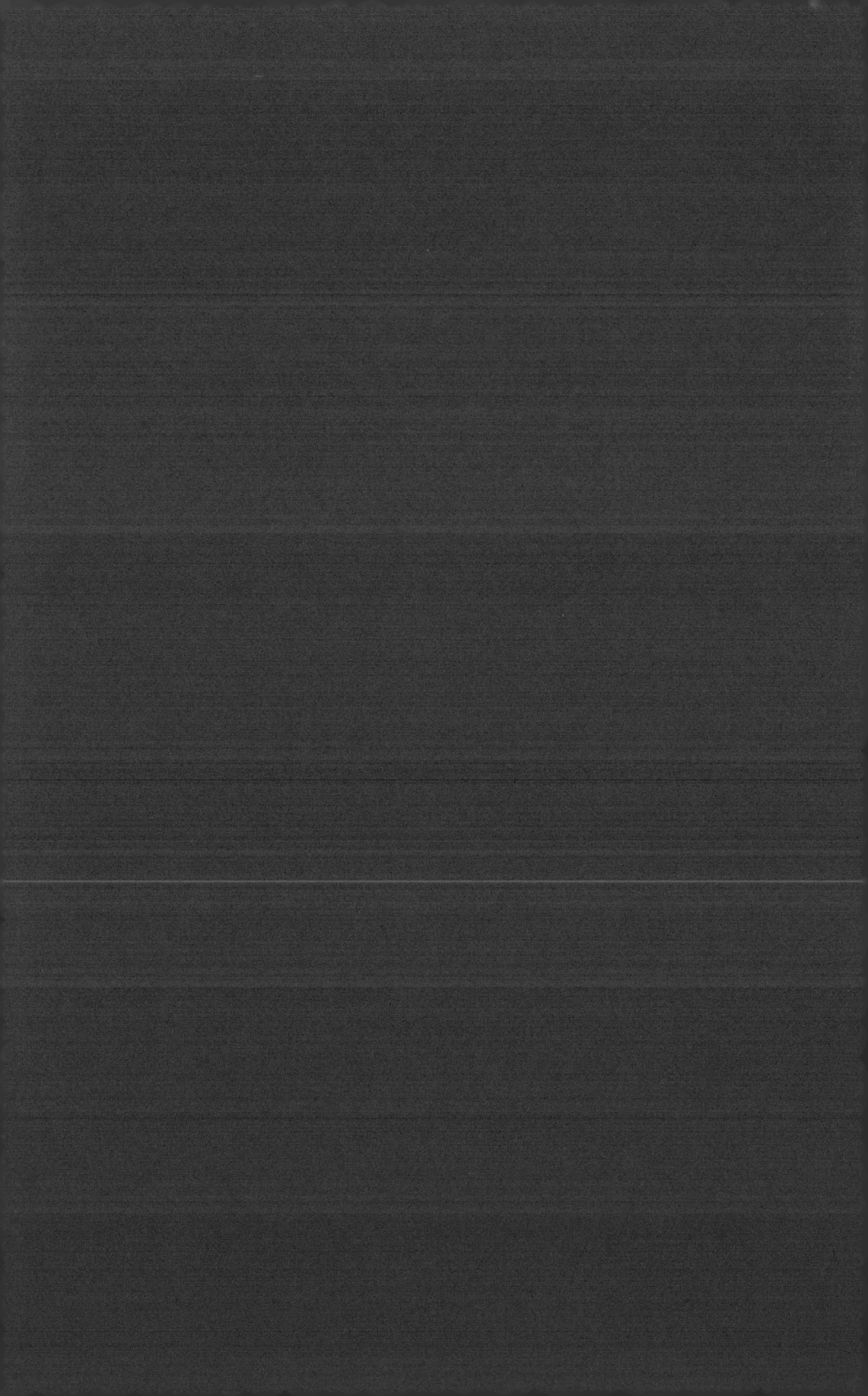

생각 문법 ❷

동사편
· · ·
서법 & 태

생각문법 ❶ 동사편 〈시제 & 상〉을 먼저 보시길 바랍니다.

생각문법 ❷

동사편 〈서법 & 태〉

쓰고 엮고 꾸민 이 하상호

초 판 1쇄 발행일 2014년 10월 1일
개정판 1쇄 발행일 2020년 3월 16일
개정판 3쇄 발행일 2025년 4월 21일

발행인 하상호
발행처 봄찬
신고번호 제 2013-000039호 (2013년 1월 29일)
주소 서울시 강남구 강남대로 320, 5층 LS40 (역삼동, 황화빌딩)
전화 02) 565-0926 / **팩스** 0504-417-0926
메일 thinkinggrammar@naver.com
유튜브 https://www.youtube.com/@thinkinggrammar
       (http://thinkinggrammar.co.kr)

ISBN 978-89-98894-05-4 13740

책값은 뒤표지에 있습니다.
잘못된 책은 바꾸어 드립니다.

ⓒ 2014 하상호
책은 저작권법에 따라 보호를 받는 저작물입니다.
이 책의 내용을 무단으로 복제하거나 발췌하는 것을 금합니다.

「이 도서의 국립중앙도서관 출판예정도서목록(CIP)은 서지정보유통지원시스템 홈페이지
(http://seoji.nl.go.kr)와 국가자료공동목록시스템(http://kolis-net.nl.go.kr)에서 이용하실 수
있습니다. (CIP제어번호: CIP2020008118)」

서문 2

전화번호는 암기한다. 익히는 것이 아니다. 자전거 타기는 익힌다. 암기하는 것이 아니다. 그럼 영어문법은?

암기하느냐, 생각하느냐

암기하면 뇌 바깥 부위에 저장된다. 그곳에 저장되면 '의식적으로' 지식을 불러내야 한다. 저장 상태를 유지하기 힘들어 안 나올 때도 많고 지워지기 십상이다. 이와 달리, 익히면 뇌 안쪽 부위에 저장된다. 그곳에 저장되면 지식이 '무의식적으로' 나온다. 내재되어 여간해서는 지워지지 않는다. 과학자의 말을 듣고 알게 된 사실이다.

뇌 바깥은 넣기가 쉽다. 암기하면 된다. 전화번호를 암기해 보라. 시간도 암기하는 동안만 걸린다. 반면에, 뇌 안쪽은 넣기가 어렵다. 자전거 배우기처럼 일련의 과정을 거쳐야 한다. 그만큼 시간이 걸린다.

영어문법을 어디에, 어떻게 넣을 것인가?

[이제 막 자전거를 배우기 시작한 아이, 처음이라 올라타기가 무섭게 떨어지고 또 넘어진다. 하지만 몇 번을 그러다 보면 몸을 가누게 되고, 이내 중심을 잡고 두 발로 페달을 힘차게 밟는다. 세상을 다 얻은 표정으로 쌩쌩 달린다. 이렇게 한 번 익히고 나면, 아이는 신기하게도 언제든 다시 잘 탄다. 자전거 타는 법을 익혔기 때문이리라. 이렇게 익혀서 저장된 기억을 "절차기억"이라고 한다.]

영어문법은 암기하는 것이 결코 아니다. 이유는 명백하다. 문법이 개념이기 때문이다. 관념인 개념을 어떻게 암기한단 말인가? 영어문법은 익히는 것이다. 익힘은 과정을 통한 체험이 중요하다. 말인즉, '의문 → 생각 → 이해 → 인식 → 인지' 이러한 일련의 인지 과정을 통해 머리로 영어문법을 체험해야 한다. 그래야 익혀지고, 뇌 안쪽에 저장된다. 비로소, 내 것이 된다.

지식의 세계냐, 감각의 세계냐

익힘은 지식을 쌓는 것이 아니라 감각을 기르는 것이다.

수영 감각은 없고, 수영 지식만 있으면 수영을 잘할 수 있을까? 언어도 다르지 않다. 아무리 언어 지식이 많아도, 언어 감각이 없으면 말을 잘할 수 없다. 지식을 실현시키는 것은 감각이다. 지식의 세계에서 감각의 세계로 가야 한다. 어떻게? 인지 과정을 거쳐라. "왜, 왜, 왜?"라고 주문을 외라.

why가 있는 곳이 감각의 세계다. why를 모르면 지식의 세계에 있는 것이고, why를 알면 감각의 세계에 있는 것이다.

언어 지식은 외부에서 들어온다. 그럼 언어 감각은? 그 어디도 아닌 내 안에 모자람 없이 온전히 있다. 언어 감각을 얕잡아 보지 말라, 스스로를 얕잡아 보는 것이니. 해결책을 외부에서 찾지 말라, 내 안에 오롯이 있으니.

· · ·

"그냥 외워!"

이런 일이 계속되면, 호기심이 메말라 궁금할 법한 문제도 궁금해 하지 않는다. 흥미를 잃고 잃어 '그런 거 알아서 뭐 해?' 이 지경에 이른다. 시험 위주의 주입식/암기식 교육, 이래서 무섭다. 혹여, 암기하는 것이 나쁘다는 말이 아니다. 암기력은 사고력만큼 중요한 정신능력이다. 문제 삼는 것은 밑도 끝도 없이 그냥 암기하는 '암기식'이다.

언어는 고도로 발달된 논리 체계다. 이를 암기식으로 어찌 해보겠다는 것은 어림없는 일이다. 그렇다고 벌써부터 걱정할 필요는 없다. 내 안에 고도로 발달된 언어 감각이 어릴 때부터 자리하고 있으니. 나는 이미 엄청난 언어 감각의 소유자다. 이를 자각하고, 언어 감각을 일깨우고 끌어올리고 기르면 된다.

영어를 시험 과목으로 대하고 암기하면, 시험이 끝나는 그 날로 영어도 끝난다. 암기하면 망한다. 포기하는 지름길이다. 의문을 품고 생각하자. 이해하고 인식하자. 문법답게 익혀 문법답게 쓰자. 말같이 익혀 말같이 하자. 자전거처럼, 한 번 익히면 평생 간다.

2014. 9.
하상호

목차

3장 서법

Unit 7 　서법 조동사 Will & 상　17
　　└ 미래시간 진행상　66
　　└ 미래시간 완료상　81
　　└ 미래시간 완료진행상　89

Unit 8 　서법 조동사 Shall · Can · May · Must　101

Unit 9 　과거형 시제 조동사 Would · Could · Might · Should　152

Unit 10　과거형 서법 조동사 Could · Might · Would · Should & 법　182
　　└ 법　215
　　└ 과거형 가정문　228
　　└ 과거완료형 가정문　246

Unit 11　부정사 · 동명사　257

Zoom in Grammar　"서법"이란?　12

—| will이 과연 미래시제 조동사일까?　19
—| be going to는 어떤 상황에서 어떤 의도로 쓰일까?　45
—| 조동사로 과거의 일을 어떻게 말할까?　153
—| 과거의 일에 대한 추측에 왜 현재완료형이 쓰일까?　167
—| 서법에서 말하는 과거형은 무엇을 의미할까?　184
—| 가정법 현재? 가정법 미래?　224
—| 가정절에 왜 과거형 동사가 쓰일까?　230
—| 왜 가정할까?　231

- 예측의 will 20
- 의지의 will 35
- be going to vs. will 46
- 미래진행의 영역과 개념 67
- by vs. until 75
- 미래완료의 영역과 개념 82
- 미래완료진행의 영역과 개념 90
- shall 102
- can, be able to, may 104
- must, have to 126
- 과거형 시제 조동사와 간접화법 154
- would, used to 157
- could, was/were able to 162
- may/must+have+p.p., had to 168
- could, might 186
- would 192
- should 196
- 동사원형과 명령문 216
- 직설문 220
- 조건문 221
- 결과절: would/could/might+동사원형 232
- 결과절: would/could/might/should+have+p.p. 247
- 부정사와 동명사의 개념 258
- 'to'와 'ing'의 기능과 의미 259
- 부정사와 동명사의 명사적 용법 264
- 부정사의 형용사적 용법 – 수식과 설명 287
- 부정사의 부사적 용법 307
- 부정사와 동명사의 시제와 상 316

4장 태

Unit 12 수동태 330

Zoom in Grammar "태"란? 324

—| 수동태가 왜 어렵게 느껴질까? 328

> 능동태와 수동태 325
> 능동분사와 수동분사 326
> 동사가 변한 수동분사 332
> 형용사로 쓰이는 분사 339
> 수동형 부정사와 수동형 동명사 344
> 동사구와 수동태 348

생각 더하기

21. 'will' 하면, 미래시제를 떠올리는 이유 21
22. '-ㄹ 것이-'와 '-겠-' 26
23. 일정의 will 34
24. 습관의 will 43
25. was/were going to 55
26. be about to 56
27. 미래진행과 정중한 질문 74
28. 요청의 "Can you ...?"와 "Will you ...?" 117
29. have got to 133
30. needn't, don't need to 134
31. be used to 160
32. 과거 예측 'will+have+p.p.' 174
33. had better 201
34. only if, even if, as if, what if 226
35. if와 어구 생략 227
36. I wish 가정문 252
37. if only 가정문 253
38. 동명사와 진행분사의 구별 271
39. 후위수식? 289
40. 서술식 영어 문장구조 303

그림 모음 97

영문법은 **빠져야만** 나올 수 있는 함정이다.

빠지려면, 나오려면

의문을 품어라, 질문을 던져라.

[**생각문법**은 볼 때마다 다르고 새롭게 인식됩니다. 처음엔 개념 위주로 정독하시고 이후에는 예문 위주로 익히시길 바랍니다.]

[ ] : 본문과 관련된 문법을 부연, 또는 당부의 말씀을 드림
※ : 본서 외 생각문법, 또는 참고 서적을 안내
❶ : **생각문법** 1권을 뜻함

3장

서법
Modal & Mood

Zoom in Grammar

"서법"이란?
Modal & Mood

① He will[can/may/must] go there.
_{he는 그곳에 갈 것이다[갈 수 있다/갈지도 모른다/가야 한다].}

①이 어떻게 보이시나요? 힌트를 드릴까요?

② He goes there. _{he는 그곳에 간다.}

②는 그곳에 간다는 '객관적인 사실'입니다. 지금은 ①이 어떻게 보이시나요? 네, 그렇습니다. ①은 말하는 사람의 '주관적인 생각'입니다. 이와 관련된 동사문법이 바로, '서법'입니다. (말하는 사람: 이하 '화자' / 듣는 사람: 이하 '청자')

"**서법** 敍法 · Modal & Mood"이란 (화자가 문장 내용에 대해 가지는 정신적·심리적 태도를 나타내는 문법입니다. 말이 좀 어렵습니다. 쉽게 말해) **문장 내용에 대한 화자의 생각이나 마음을 나타내는 동사문법입니다.**

화자는 저마다 생각이나 마음이 다릅니다. 주관적입니다. 서법이 끝날 때까지 잊지 마십시오. '서법' 하면 주관적!

주관적인 화자의 생각이나 마음은 '서법 형태'나 '서법 조동사'에 따라 주관성을 지닌 '예측·추측, 확신·가능, 의지·허락, 가정·판단' 등의 의미로 풀이됩니다. 일례로,

- 그곳은 추울 것이다. / 그곳은 춥겠다.

위 예문은 '그곳은 춥다.'라는 문장 내용에 대해 화자가 예측한 말입니다. (위 예문의 '-ㄹ 것이-, -겠-'은 '화자의 예측'을 나타냅니다.)

[서법은 "서술법"의 줄임말로, 주어나 문장 내용에 대해 서술하는 법을 말합니다. 국어는 '추정법, 의도법, 알림법'을 나타내는 '-ㄹ 것이-/-겠-', '-ㄹ 거-/-ㄹ게-' '-리-/-더-'와 같은 서법 형태가 서법을 나타냅니다.]

영어는 조동사가 서법을 나타냅니다. 조동사에는 'will·shall'을 비롯해 'can·may·must' 등이 있습니다.

- He <u>will</u> go ...   [예측]
- <u>Shall</u> we go ...?   [제안]
- I <u>can</u> go ...   [가능]
- You <u>may</u> go ...   [허락]
- You <u>must</u> go ...   [의무]

서법을 나타내는 조동사를 "**서법 조동사** 敍法 助動詞·Modal Verbs"라고 합니다. ('조동사' 하면, 대개 '서법 조동사'를 일컫습니다.) 서법 조동사로 나타나는 서법을 "**Modal**"이라고 합니다. (go: 동사원형 – 서법 조동사가 있는 문장은 '무시제' 문장입니다. 시제가 결합하지 않은 동사원형을 씁니다.)

과거형 서법 조동사 'would · could', 'might · should'도 서법을 나타냅니다.

- He <u>would/could/might/should</u> go there.

차차 밝혀지겠지만, 위 예문의 과거형 서법 조동사는 형태가 과거형일 뿐, 과거시제와 아무런 상관이 없습니다. 제각기 나름의 서법적 의미를 지닙니다.

서법은 조동사로 끝나지 않습니다. 동사도 서법을 나타냅니다.

- Don't <u>go</u> fishing. [명령] 낚시하러 가지 마.
  - go: 동사원형
- If I <u>were</u> you, ... [가정] 내가 너라면. ...
  - were: 과거형 동사

위와 같이 동사의 어형 변화로 나타나는 서법을 "**Mood**"라고 합니다. 들어 봄 직한 '직설법 · 명령법 · 가정법'을 일컫습니다.

'의지 · 판단' 등, 부정사도 나름의 서법적 의미를 지닙니다.

- I want <u>to go</u> fishing. [의지]
  낚시하러 가고 싶다.
- It's too late <u>to go</u> fishing. [판단]
  낚시하러 가기에 너무 늦었다.

생각문법

14

개연성을 지닌 부사도, (문법 범주가 아닌) 어휘 범주에 속하지만 나름의 서법적 의미를 지닙니다.

- "There is somebody coming up the stairs."
  "누군가 계단을 올라오고 있어."
- "That will probably[definitely] be my brother."
  "아마[분명히] 동생일 거야."

살펴본 바와 같이, 서법은 다양한 형태와 의미로 나타납니다.

여러분

'He will go there.' 이렇게 will이 들어가면, 조동사가 들어가면, 객관적인 세계가 주관적인 세계로 바뀝니다. 세계를 바꾸는 서법, 아무리 강조해도 지나치지 않은, 시제와 함께 서술어를 이루는 매우 중요한 동사문법입니다.

주관적인 생각이나 마음을 나타내기에, 서법은 어떤 문법보다 '감각적'이어야 합니다. 그냥 느껴지는 것이 진짜 실력이니, 외우지 말고 자꾸 느껴 보십시오.

> 도울 '조(助)'자를 써서 그런지, 보통 문법책에는 조동사가 본동사를 도와준다고 나옵니다. 도와준다? 어떻게? 조동사는 서법을 나타내는 문법적인 품사로, 도와준다기보다 본동사와 함께 동사구의 서술 기능을 완성합니다.

사람은 문장으로 말합니다. 말의 단위가 문장입니다. 문장은 기본적으로 주어와 서술어로 이루어졌습니다. 문장으로 말하려면 주어와 서술어를 알고 볼 일입니다. 다만, 주어보다 서술어가 분량도 곱절이고 비중도 배로 높아 서술어를 먼저 다루고 있습니다.

[동사에는 시제가 결합한 동사가, 상/태가 결합한 동사가, 서법이 결합한 동사가 있습니다. 이러한 동사를 '형태/기능/의미'에 따라 '동사, 분사, 조동사'로 부릅니다. 이 세 품사가 동사를 중심으로 서로 결합해 동사구가 되고, 문장의 서술어가 됩니다.]

서술어는 '주어를 설명하는 말'입니다. 하지만 단지, 이러고 끝날 문제가 아닙니다. 질문입니다. 아래 예문에서 서술어는?

- It <u>may have been deleted</u>.
    그것은 삭제되었을지도 모른다.
    - 동사구(문장의 서술어): may(서법) + have(시제) + been(상) + deleted(태)
        (품사로 말하면, may는 서법 조동사, have는 시제 조동사
         been은 완료분사, deleted는 수동분사)
    - delete: 본동사 (동사라는 품사)

바로, 밑줄 친 말이 서술어입니다. 시쳇말로, 장난이 아닙니다. 문장력의 근간은 '서술어를 서술어로 볼 줄 아는 것'입니다. 볼 줄 알려면 동사문법 '시제·상/태·서법'을 알아야 합니다.

서술어는 **생각문법** 동사편의 목표고 목적입니다. ❶에서 다룬 〈시제 & 상〉에 이어, 서법 조동사 will로 〈서법〉을 시작합니다.

Unit 7

서법 조동사 & 상
Will & Aspect

'will' 하면, 많은 사람이 약속이나 한 듯이 '미래시제'를 떠올립니다. 불편한 진실이라고 할까요? 무서우리만큼, 잘못된 고정관념에 사로잡혀 있습니다.

문법에 미래시제는 없다!

will은 (화자의 생각이나 마음을 나타내는) 서법 조동사지 (시간적 위치를 나타내는) 시제 조동사가 아닙니다. 3장에서 다루려는 문법은 서법이지 시제가 아닙니다.

시제는 동사의 어형 변화와 관련된, 동사에 한한 문법입니다. 국어도 영어도, 시제에는 현재시제와 과거시제만 있습니다. 곧 밝혀지겠지만, 미래시간은 있어도, 미래시제라는 문법은 없습니다.

Will

개념 잡기

'시방(지금) · 아까(과거) · 이따(미래)'를
구분할 줄 모르는 사람이 있을까요?

'때 구분'이나 하자고 문법을 배우는 것이 아닙니다.

― | will이 과연 미래시제 조동사일까?

- He <u>will</u> go there <u>tomorrow</u>.
    he는 내일 그곳에 갈 것이다.

위 예문과 관련해 보통 문법책에 ▶ he는 내일 갈 것이니, will이 미래를 나타낸다고 나옵니다. 이러한 will을 '미래시제 조동사'로 부릅니다. ◀ 미래를 나타내면 미래시제다? 그럼 예정을 나타내는 현재시제와 현재진행은? 예정은 미래가 아닌가?

will이 미래를 나타낸다면, tomorrow와 어울리는 아래 예문의 'may[can]'도 미래를 나타낸다고 말할 수 있습니다.

- He <u>may[can]</u> go there <u>tomorrow</u>.
    he는 내일 그곳에 갈지도 모른다[갈 수 있다].

미래를 나타내 미래시제 조동사면, may도 can도 tomorrow와 어울리고, 미래를 나타내니 미래시제 조동사입니다. 그런데 will만 미래시제 조동사다? 결정적으로, 아래 예문의 will은 now와 어울립니다.

- He <u>will</u> be there <u>now</u>.
    he는 지금 그곳에 있을 것이다.

now는 지금인데, 분명 미래가 아닌데, now와 어울리는 will이 미래시제 조동사다? 과감하게, 발상 전환!

〉 **예측의 will** (3인칭 주어를 기준으로 삼음)

화자의 생각이나 마음을 나타내는 서법 조동사, will로 나타나는 화자의 생각은 다름 아닌, '예측'입니다. (시간의 문제가 아닌) 생각의 문제! 강조합니다, will은 '화자의 예측'을 나타냅니다.

[will은 서법 조동사이므로, 'will이 무엇을 나타내느냐?' 이 질문에는 서법적 의미인 '예측'을 나타낸다고 대답해야 합니다. will은 시간과 관련된, 미래를 나타내는 시제 조동사가 아니므로, 시간적 의미인 '미래'를 나타낸다고 대답하면 안 됩니다.]

- He <u>will go</u> there tomorrow.

위 예문은 he가 내일 그곳에 갈 것이라고, he에 대해 화자가 예측한 말입니다. [국어 '-ㄹ 것이-'도 (미래가 아닌) 예측을 나타내는 말입니다.]

- He <u>will</u> be there <u>now</u>.

예측은 지금의 일이라도, 얼마든지 할 수 있습니다. 위 예문은 he가 지금 그곳에 있을 것이라고, 화자가 예측한 말입니다. now와 어울리는 will, 미래의 will로는 설명되지 않지만, 예측의 will로는 자연스럽게 설명됩니다.

[미래의 일을 예측하면 미래시간을 가리키게 되고, 지금의 일을 예측하면 지금시간을 가리키게 됩니다. 이는 will 자체가 시간을 나타내지 않는다는 의미입니다. 미래든 지금이든, 이때의 시간은 예측의 의미상, 가리키게 된 예측의 부산물일 뿐입니다. 사람이면 누구나 시간을 구분할 줄 아니, will을 미래라는 시간과 엮지 마십시오.]

생각문법

원서를 보면, 아래와 같이 미래시제가 없다고 나옵니다.

'English does not have a separate, inflected future tense.'
영어에는 분리되는, 굴절되는 미래시제가 없다.

'There is no future tense ending for English verbs.'
영어 동사에는 미래시제 어미(문법형태)가 없다.

※ 출처: 「Cambridge Grammar of English」

생각 더하기 21. 'will' 하면, 미래시제를 떠올리는 이유 (매우 중요)

• He will go there tomorrow. [화자 관점의 예측]

위 예문을 주어 관점에서 보면, he가 내일 갈 것이니 will을 미래와 관련짓게 됩니다. will이 미래시제를 나타내는 시제 조동사로 보입니다. 'will' 하면 미래시제를 떠올리는 이유는 will을 '주어 관점'에서 보기 때문입니다.

강조합니다, 서법은 '화자 관점'의 문법입니다. 위 예문을 화자 관점에서 보면, 'he가 내일 간다.'라는 문장 내용에 대해 화자가 예측한 말로, will이 화자의 예측을 나타내는 서법 조동사로 보입니다.

[위와 같이 서법 조동사가 쓰인 문장은 시제가 없는 '무시제' 문장입니다. 그렇다고 시간이 없다는 말로 오인하면 안 됩니다. 예측의 의미상 미래시간이나 지금시간을 가리킵니다. (현재시제가 곧 무시제고, 무시제가 곧 현재시제라, 무시제를 현재시제로 볼 수 있기는 하나, 본동사의 현재시제와 구별하기 위해 서법 조동사가 쓰인 문장은 무시제 문장으로 봅니다.)]

예문 38은 화자의 예측을 나타내는 will이 쓰인 문장입니다.

3인칭 주어, 긍정문

38-1] It'll rain tomorrow. (it'll = it will)

38-2] I bought a necklace for my wife's birthday. She'll love it.

38-3] "There's somebody in your room."
"That'll be my brother."

38-4] My son will pass his driving test easily.

38-5] This car will hold eight people comfortably.

38-1] 내일 비가 올 겁니다. [38-2] 아내 생일 선물로 목걸이를 샀어요. 아내가 정말 좋아할 거예요. [38-3] "네 방에 누군가 있어." "동생일 거야." [38-4] 우리 아들은 운전면허 시험에 쉽게 합격할 거예요. [38-5] 이 차는 여덟 명이 편안히 탈 것입니다.

38-1] 예 There'll be heavy rain in the central areas tomorrow.
내일 중부 지방에 폭우가 내릴 것입니다.
★ 'It's Friday tomorrow.'와 비교 ☞ ❶ p. 47

38-3] now를 쓰지 않아도, 상황이나 문맥으로 지금의 일을 예측한 말로 알아듣습니다. (구체적인 날짜나 시간까지 매번 예측할 수 없으므로, will이 쓰인 문장에는 지금시간이나 미래시점을 나타내는 말이 없을 수 있습니다. 이렇듯 will은 특정 시간이나 시점에 구애받거나 속하지 않습니다. 확실히 미래시제 조동사가 아닙니다.)

> 서법 조동사는 현재나 미래의 일에 대해 (주어가 아닌) 화자가 '어느 정도로 생각하느냐?'를 나타냅니다. 즉 '예측하느냐, 추측하느냐?' '확신하느냐, 불신하느냐?', '확실하냐, 불확실하냐?'를 나타냅니다.

예측의 will, 진짜 will은 지금부터입니다. 집중! 집중!

미리 헤아려 생각하고 판단하는 예측, 나름의 확신을 가지고 예측하지 않을까요? 앞선 예문은 화자가 문장 내용을, 구체적으로 '주어에 대해 예측한 말'입니다. 몹시 궁금합니다. 어느 정도의 확신을 가지고 예측한 말일까요? (확신의 정도: 이하 '확신도')

38-2를 예로, "She'll love it."이라고 말한 화자는 목걸이를 선물하면 '십중팔구', 아내가 정말 좋아할 것으로 확신하고 있습니다. 기정사실이라는 어조입니다. 이렇듯 예측의 will은 화자의 확신도가 매우 높습니다. 예측임을 감안하면 100%에 가깝습니다.

개념1 ■ 확신도가 매우 높은, 주어에 대한 화자의 예측

["He'll go there."라고 말한 화자의 확신도는 상황에 따라 '별일 없으면 〉 가지 말라 해도, he는 그곳에 갈 것이다.' 이 정도 됩니다. 사실상, he가 그곳에 간다고 보고, 화자가 예측한 말입니다. 이렇듯 will은 화자의 확신도가 매우 높습니다. (화자의 확신도가 높으면 will이나 must를 쓰고, 낮으면 may나 could를 씁니다. 이러한 정도의 문법이 서법입니다. - 현재시제 문장인 'He goes there. he는 그곳에 간다.'는 화자의 확고한 '믿음'을 나타냅니다.)]

서법의 관점에서 보면, 미래는 '불확실한 세계'입니다. 불확실하기 때문에, 정도의 문제가 생기는 것입니다. 서법은 정도의 문법!

시간도 미래도 아닙니다. 정작 중점을 두어야 할 곳은 불확실한 세계에 대한 화자의 확신도입니다. '화자의 확신도', 서법을 풀어가는 열쇠! 이런 뜻에서 궁금하지 않을 수 없습니다. 예측의 will은 왜 화자의 확신도가 매우 높을까요?

이유는 예측하되, '비교적 객관적인 근거'를 바탕으로 예측하기 때문입니다. 확인차, 앞선 예문을 다시 보겠습니다.

38-1] It'll rain tomorrow.

38-2] I bought a necklace for my wife's birthday. She'll love it.

38-3] "There's somebody in your room."
"That'll be my brother."

38-4] My son will pass his driving test easily.

38-5] This car will hold eight people comfortably.

38-1] 일기예보가 번번이 틀리지는 않을 것입니다. [믿을 만한 정보]

38-2] 생일 선물은 남녀노소 누구나 좋아할 것입니다. [상식]

38-3] 보나마나 내 방에 와서 컴퓨터를 쓰는 동생일 것입니다. [경험]

38-4] 뭐든 잘하는 아들에게 그깟 운전면허 시험은 문제없을 것입니다. [지인]

38-5] 9인승 승합차니, 여덟 명은 거뜬할 것입니다. [사실관계]

여러분

will이 어떤 상황에서 쓰이는지 느낌이 오시죠?

will을 보고 미래를 떠올리면, 번지수를 잘못 찾은 것입니다. 미래라는 시간은 will을 알아 가는 데 별달리 도움이 되지 않습니다. 오히려 방해만 될 뿐입니다. 'will = 미래'라는 잘못된 고정관념에서 벗어나야 will이 보이고, will에 다가가집니다.

화자의 확신도가 매우 높은 또 다른 이유가 있습니다. '**만족된 조건**'이나 '**주어진 상황**'을 바탕으로 예측하기 때문입니다.

아래 예문은 조건에 따른 결과를 예측한 말입니다. (이것이 조건문의 결과절에 will이 쓰이는 이유입니다.)

38-6] If you apologize for it, she'll forgive you.
38-7] Unless he's an idiot, he'll understand it.

38-6] 네가 그 일에 대해 사과하면, she가 용서해 줄 거야. [38-7] 바보가 아닌 한 he는 그것을 이해할 거야.

아래 예문은 예측하되, 상황이 주어지면 같은 일이 반복되는 어김없이 일어나게 되는 일을 예측한 말입니다. 필연적으로 전개되는 주어의 '성질·성향·습성' 등을 말할 때 will을 씁니다.

38-8] A dog will growl when it's angry or frightened.
38-9] Metals will expand when (they're) heated.

38-8] 개는 성나거나 겁먹으면 으르렁거린다. [38-9] 금속은 열을 받으면 팽창한다.

38-8/9] 이 예문을 현재시제(growls[expand])로 나타내면, '객관적인 주어의 속성'을 말하는 데 그칩니다. 하지만 will을 넣으면, 개[금속]의 성질로 보아 으르렁거리는[팽창하는] 일이 '벌어지는[펼쳐지는]' 느낌을 줍니다.

예 Oil will float on water when you drop it in water.
기름을 물에 떨어뜨리면 (기름의 성질로 보아) 기름이 물에 뜰 것이다. 〉 뜬다.
(물에 뜨는 것을 보게 된다. 이런 일이 벌어진다.)

예측은 주관적이라, 경우에 따라 '내 의견은 …'이라고 '상대적으로' 말할 필요가 있습니다. 'I think'와 같은 말을 자주 씁니다.

38-10] <u>I think</u> it'll be a lot of fun.
38-11] <u>I expect</u> my son will pass the test.
38-12] <u>I bet</u> this dress will look nice on my wife.
38-13] <u>I wonder</u> if it'll rain tomorrow.

38-10] 그거 아주 재미있겠는데요. [38-11] 아들이 시험에 합격하리라 봅니다. [38-12] 이 옷은 아내에게 틀림없이 잘 어울릴 거예요. [38-13] 내일 비가 오려나.

38-10] 'I think'를 써서 자신의 의지나 의도를 완곡하게 말할 수도 있습니다. ('I think'와 같은 말은 현재시제의 절대성을 희석시킬 때도 씁니다. ☞ ❶ p. 63)
　　　예) I think I'll go to bed in a few minutes. 곧 자야 할 것 같아요.

38-12] 내기해도 좋을 정도로, 확신에 찬 예측입니다. (= I'm sure …)

38-13] 확신이 안 선 예측입니다.

생각 더하기　22. '-ㄹ 것이-'와 '-겠-'

① 그곳은 추울 것이다. It'll be cold there.
② 그곳은 춥겠다. I think it'll be cold there.

①은 비교적 객관적인 근거를 바탕으로 한 화자의 예측입니다. ②는 주관적인 요소가 들어간 – 심리가 작용된 – 화자의 예측입니다.

예측은 어디까지나 예측입니다. 화자의 확신도가 아무리 높다 해도, 예측할 때마다 100% 확신할 수 없습니다. 1%라도 불확실함이 들어 있으므로, 경우에 따라 확신도를 조절할 필요가 있습니다. 같은 이유로, 예측이지만 불확실하지 않다고 강조할 때가 있습니다. 'probably · definitely'와 같은 부사를 씁니다.

38-14] "There's somebody coming up the stairs."
"That'll probably/definitely be my brother."

38-14] "누군가 계단을 올라오고 있어." "아마/분명히 동생일 거야."

▶ 개연성(probability)을 지닌 부사: maybe · perhaps · probably · possibly · conceivably ↔ definitely · certainly · obviously · surely · really

여러분

will은 인칭과 문장의 종류에 따라, 즉 주어가 '몇 인칭이냐' 문장이 '평서문이냐 의문문이냐', '긍정문이냐, 부정문이냐'에 따라 관점이 달라지고, 관점에 따라 의미가 달라집니다.

'3인칭 주어, 긍정문'에 이어, 하나씩 논리적으로 단계적으로 살펴보겠습니다. 이 또한 개념만 잡으면 문제될 것이 없습니다. 자, 그럼 will에 박차를 가하겠습니다.

3인칭 주어, 의문문

- <u>Will</u> he <u>go</u> there? [직접의문문] he가 그곳에 갈까?

위 예문은 화자가 청자인 상대방에게, he가 그곳에 갈 것 같은지, he에 대한 예측을 물은 말입니다. 의문문일 뿐, 예측의 의미는 평서문과 다르지 않습니다. (he의 의지를 물은 말이 아닙니다.)

38-15] Do you know <u>whether he'll go there (or not)</u>? [간접의문문]
(Do you know? + Will he go there?)

38-16] I'm not sure <u>if she'll get married</u>.
(I'm not sure + Will she get married?)

38-15] he가 그곳에 갈지 (안 갈지) 알고 있니? [38-16] she가 결혼할지 잘 모르겠어.

['Will he go there?'가 동사의 목적어로 쓰이면 – 명사절이 되면 – '의문문 어순 'Will he go'에서 평서문 어순 'he will go'로 어순이 바뀝니다. 이유는 묻는 말이 알고 싶거나 확인하고 싶은 '사실·정보'가 되기 때문입니다. 평서문 어순인, 명사절로 쓰인 의문문을 "간접의문문"이라고 합니다.]

[의문사가 없는 의문문이 간접의문문이 되면 접속사로 'whether·if'가 쓰입니다.
★ whether절·if절 ☞ ❹ p. 47 / ★ 의문사절과 간접의문문 ☞ ❹ p. 50]

[간접의문문을 서법적인 관점에서 보면, 대놓고 직접적으로 표현하지 않고, 위 예문과 같이 돌려서 간접적으로 표현하면, 묻는 사람도 듣는 사람도 그만큼 부담이 줄고 편해집니다. ＊ Could you tell me why you are so sad now? 왜 이렇게 슬픈지 말해 줄 수 있니? (직접의문문 'Why are you so sad now?'보다 어감도 부드러움)]

의문사가 있는 의문문이 동사의 목적어로 쓰이면, 동사에 따라 의문사가 문두로 이동합니다.

- **When do you think he'll go there?** [의문사가 문두로 이동]
  he가 언제 그곳에 갈 것 같니? (Do you think? + When will he go there?)
  ('언제라고 생각하느냐? he가 그곳에 갈 때가.' 이러한 의미구조)

- **Do you know when he'll go there?** [의문사가 문두로 이동하지 않음]
  he가 언제 그곳에 갈지 아니? (Do you know? + When will he go there?)
  ('아느냐? 언제 he가 그곳에 가는지를.' 이러한 의미구조)

주의! 앞절에 'think · believe, suppose · imagine'과 같은 생각동사가 있으면, 뒷절의 의문사가 문두로 이동합니다.

* What do you believe your problem is?
  당신 문제가 무엇이라고 생각하십니까? (+ What's your problem?)
  (NOT Do you believe what your problem is?)
* Why do you suppose your problem happened?
  당신 문제가 왜 생긴 것 같습니까? (+ Why did the problem happen?)

앞절의 동사가 know면, 의문사가 문두로 이동하지 않습니다.

* Do you know how many cars he has?
  he가 차를 몇 대 가지고 있는 줄 아니? (+ How many cars does he have?)
  (NOT How many cars do you know he has?)
* ★ 의문사가 문두로 이동하는 이유, 이동하지 않는 이유 ☞ ❹ p. 53

38-17] **What do you think will happen?**
(Do you think? + What will happen?)

38-18] **Do you know how long he'll stay there?**
(Do you know? + How long will he stay there?)

38-17] 무슨 일이 일어날 것 같니? [38-18] he가 그곳에 얼마 동안 머물지 아니?

3인칭 주어, 부정문

- He <u>won't go</u> there. (won't = will not)
  he는 그곳에 가지 않을 거야.

위 예문은 화자가 부정적인 he에 대해 예측한 말입니다. 복문의 뒷절이 되면, 일반적으로 앞절을 부정합니다.

- I <u>don't think</u> he'll go there. [앞절 부정]
  he가 그곳에 가지 않을 것 같아.
  - I think he won't go there. [뒷절 부정]

38-19] I <u>don't think</u> it'll happen again today.
38-20] I <u>don't believe</u> she'll be at home this evening.

38-19] 그 일이 오늘 다시 일어나지 않을 것 같아. [38-20] she는 오늘 저녁에 집에 없을 것 같아.

주의! 앞절에 'think·believe, suppose·imagine'과 같은 생각동사가 있으면 대체로 앞절을 부정합니다. (뒷절 부정도 가능하나, 앞절 부정이 말하기도 편하고 자연스럽습니다. 한편, 영어는 비중 있는 말을 먼저 하는데, 부정과 긍정 중, 부정에 비중이 있습니다.)

주의! 바라면서 바람을 부정할 수 없으므로, hope은 뒷절을 부정합니다.
* I hope it won't happen again.
  그 일이 다시는 일어나지 않기를 바랍니다.
  (NOT I don't hope it will happen again.)

2인칭 주어, 긍정문과 부정문 (의문문 ☞ p. 40)

아래 예문은 화자가 상대방에 대해 예측한 말입니다. 인칭만 다를 뿐, 3인칭 주어의 긍정문/부정문과 별반 다르지 않습니다.

38-21] You'll be in time if you hurry.
38-22] Maybe you'll change your mind.
38-23] You won't believe what he did.
38-24] You'll never play computer games again.

너는 [38-21] 서두르면 시간에 맞출 수 있을 거야. [38-22] 어쩌면 네 생각이 변할지도 몰라. [38-23] he가 한 짓을 믿지 못할 거야. [38-24] 다시는 컴퓨터 게임을 하지 못할 거야.

1인칭 주어, 긍정문과 부정문 (의문문 ☞ p. 37)

남의 일은 내가 잘 몰라도, 나의 일은 내가 잘 압니다. 1인칭 주어는 예측의 will과 잘 어울리지 않습니다. (곧 밝혀지겠지만, 1인칭 주어는 '의지의 will'과 잘 어울립니다.) 1인칭 주어가 예측의 will과 잘 어울리려면, 아래 예문과 같이 불확실함이 더해져야 합니다.

- I will probably be there by this time next week.
  다음 주 이맘때쯤이면, 아마 그곳에 있을 거야.

- I don't think I will go there.
  그곳에 가지 않을 것 같아.

여기서 짚고 넘어갈 것이 있습니다.

- It <u>will be</u> cold there.
  그곳은 추울 것이다.

보통 문법책은 ▶ 위 예문을 '의지가 안 들어간' 무의지 미래로 보고, 이를 '단순미래'로 부릅니다. ◀ 그럼 단순현재는? 의지가 안 들어간 현재인가?

지금까지 배운 대로, 위 예문은 화자가 그곳 날씨를 예측한 말입니다. (이것으로 끝! 더는 알아야 할 것이 없습니다.) 그런데 여기서 왜 무의지라는 말이 나오는지, 정말 뜬금없습니다. 예측은 무의지와 전혀 상관 없습니다. 무의지면 무의지 미래로 부르든가, 도대체 무엇이 단순해서 단순미래로 부르는지 알다가도 모르겠습니다.

단순함의 뜻은 '복잡하지 않고 간단함'입니다. 뜻을 알고 하는 말인지, 단순미래로 부르는 경우가 또 있습니다.

① You <u>will be</u> thirty five years old next year.
  너는 내년에 서른다섯이 될 것이다.

② Spring <u>will come</u> before long.
  오래지 않아 봄이 올 것이다.

보통 문법책은 ▶ 위 예문을 '때가 되면 저절로' 일어나는, '시간이 지나면 자연히 도래하는' 미래로 보고, 이를 '단순미래'로 부릅니다. ◀ 때가 되면 저절로 일어나는 미래는, 내일 아침 해가 동쪽에서 뜨는 것과 같은, 현재시제로 나타내는 절대적인 미래가 아닌가? 아니, 무엇이 단순해서 단순하다는 말인가?

서른넷이면 내년에는 서른다섯이 되고, 겨울이 지나면 봄이 옵니다. 이를 상대방이 모를까봐 알려 주어야 할까요? 정말 그런 것이면, 그것은 절대적인 미래고 현재시제를 써야 합니다. 별다른 이유 없이 will을 쓰지는 않았을 것입니다.

①은 단순히 나이를 예측한 말이 아니라, 시집 갈 생각이 없는 딸에게 "이것아, 내년이면 서른다섯이다. 시집 좀 가라." 이렇게 엄마가 한 말로 볼 수 있습니다. 안 좋은 일이 '벌어지는' 느낌을 줍니다. 하루 빨리 시집을 보내려는 엄마의 '의지'가 느껴집니다.

②는 시련을 겪고 있는 후배에게 선배가 한 말로 볼 수 있습니다. 봄이 '펼쳐지는' 느낌을 줍니다. 희망을 심어 주려는 선배의 '의도'가 느껴집니다.

위 예문을 통해 화자의 의지를 엿보았습니다. will이 나타내는 화자의 생각이나 마음은 어울리는 주어와 관련해, 아래와 같이 나뉩니다.

화자의 예측(생각) – 3인칭 주어와 잘 어울림
화자의 의지(마음) – 1인칭 주어와 잘 어울림

> 단순은 '형태'와 관련된 말입니다. 진행상이 결합하지 않은, 시제만 있는 단순한 형태의 현재[과거]시제를 "단순 현재[과거]시제"라고 합니다. 단순은 의미와 관련된 말이 아니니, 앞으로 '단순미래'라는 해괴한 말은 쓰지 말아야겠습니다.

생각 더하기 — 23. 일정의 will

① The train <u>starts</u> at nine tomorrow morning.
  기차는 내일 아침 9시에 출발합니다.

② I <u>am having</u> dinner with Betty tomorrow.
  내일 베티랑 저녁 먹기로 했어.

[①은 시간표와 같은 공식적인 예정을 나타낸 현재시제 문장입니다. 시간표는 '고정된 fixed' 미래입니다. ②는 약속과 같은 개인적인 예정을 나타낸 현재진행 문장입니다. 약속은 '정해진 arranged' 미래입니다.]

일정은 시간이 지나면 일어나는, 벌어지는, 실현되는 미래, 즉 '계획된 planned' 미래입니다.

일정은 예정과 어감이 다릅니다. 미리 정한 예정은 지켜야 하는 '약속'으로 느껴지지만, 짜 놓은 일정은 전해야 하는 '알림'으로 느껴집니다. 이러한 일정을, 주로 '공식적인 일정'을 will로 나타냅니다.

- The President <u>will arrive</u> at London at 13.00.
  He <u>will meet</u> Queen Elizabeth at 14.30.
  [알려 드립니다. (다음과 같은 일이 일어납니다.)] 대통령은 오후 1시에 런던에 도착합니다. 오후 2시 30분에 엘리자베스 여왕을 만납니다.

- Final exams <u>will be held</u> on Monday next.
  다음 주 월요일부터 기말시험이 있습니다. (철저히 준비하세요.)

- We <u>will start</u> in ten minutes.
  10분 후에 출발합니다. (서두르세요.)

> 의지의 will (1인칭 주어를 기준으로 삼음)

- I will go there at two o'clock tomorrow afternoon.
  내일 오후 2시에 그곳에 갈 것이다. 〉가겠다. 〉가려고 한다. 〉간다.

위 예문은 주어가 '1인칭, 나, 화자 자신'입니다. 화자가 앞으로 일어날 자신의 일을 말하면, 이는 그 일을 하겠다는 의지가 있다는 의미고, 그 일을 하려는 의도로 풀이됩니다. 즉, 위 예문의 will은 '화자의 의지'를 나타냅니다. (의지의 정도: 이하 '의지도')

"I'll go …"라고 말한 화자는 '별일 없으면 〉가지 말라 해도 그곳에 가겠다.' 이렇게 마음먹고 있습니다. 결심하는 것 같기도 하고, 고집부리는 것 같기도 합니다. 이렇듯 화자의 의지도는 (예측에 대한 화자의 확신도가 매우 높듯이) 매우 높습니다.

개념2 ■ 의지도가 매우 높은 화자의 의지

주의! 공연히 해석에 얽매이지 마십시오. will이 화자의 의지를 나타내는 것만 알면 됩니다. 상황이나 문맥에 따라 적절히 '갈 것이다'에서 '간다'까지 편하게 해석하십시오.

> will은 화자의 예측을 나타내고, 화자의 의지를 나타냅니다. 결코 미래를 나타내지 않습니다. 앞으로 '단순미래'와 함께 '의지미래'라는 말도 쓰지 말아야겠습니다.

예문39는 화자의 의지를 나타내는 will이 쓰인 문장입니다.

1인칭 주어, 긍정문

'I'll do.'는 '의지를 가지고 하겠다'는 말입니다. 의지는 곧 '의도'고 상황에 따라 '의사·의향, 결심·고집' 등의 의미로 확장됩니다.

39-1] You can call me this evening. I'll be at home. [의지]
39-2] I'll study English while I'm on vacation. [의도]
39-3] "I'm terribly hungry."
　　　"I'll get you some food." [의사]
39-4] We'll see what we can do for you. [의향]
39-5] I'll stop smoking. [결심]
39-6] I'll definitely finish it till tomorrow. [작심]
39-7] No, no. I'll pay. It's my turn. [고집]
39-8] I'll be a fighter pilot when I grow up. [바람]
39-9] If you do that again, I'll break your legs. [위협]

　39-1] 오늘 저녁에 전화해요. 집에 있을게요. [39-2] 방학 동안 영어 공부할 거야. [39-3] "배고파 죽겠어." "먹을 것 좀 갖다 줄게." [39-4] 우리가 자네를 위해 무엇을 할 수 있는지 생각해 보겠네. [39-5] 담배를 끊겠다. [39-6] 내일까지 그것을 반드시 끝내겠다. [39-7] 아니, 아니. 내가 살게. 내가 살 차례야. [39-8] 커서 전투기 조종사가 될 거야. [39-9] 또 그러면 다리를 부러뜨리고 말겠다.

남의 일은 내가 잘 모르는 만큼, 3인칭 주어는 '예측의 will'과 잘 어울립니다. 'He will ...' 하면, 대개 화자의 예측을 말합니다.

나의 일은 내가 잘 아는 만큼, 1인칭 주어는 '의지의 will'과 잘 어울립니다. 'I will ...' 하면, 보통 화자의 의지를 말합니다.

(1인칭 주어 현재시제 문장인) 'I go ...'는 의지가 절대적이라 어감이 매우 강합니다. 극단적인 느낌까지 듭니다. (예문13-1~3의 내용입니다.) will이 쓰인 예문39와 같이 말하는 것이 예사입니다.

1인칭 주어, 의문문 (긍정문과 부정문 ☞ p. 31)

- Will I go there? 내가 그곳에 갈까[가겠니]?

내 의지는 누구보다도 내가 잘 압니다. 내가 내 의지를 몰라 상대방에게 내 의지를 묻지는 않습니다. 위 예문은 확실하지 않은 '불확실한' 상황에서, 나의 일에 대한 예측을 상대방에게 물은 말입니다. 또는, 내가 나에게 물은 혼잣말일 수 있습니다. (또는 '아무도 안 가는데, 나라고 갈까?', 또는 '나 같은 사람이 그런 곳에 가겠니?' 이렇게 '그곳에 안 간다.'를 반어적으로 표현한 말일 수 있습니다.)

- Will we be in time for the two o'clock train?
  우리가 2시 기차에 맞추어 도착할까[도착하겠니]? (제시간에 도착할지 모르겠다.)
  – 제시간에 도착할지 의구심이 드는 '불확실한' 상황에서 상대방에게 우리에 대한 〉 우리가 처한 상황에 대한 예측을 물음

1인칭 주어, 부정문

'I won't do.'는 '의지를 가지고 하지 않겠다'는 말입니다.

39-10] "Will you go to the concert with me?"
"No, I won't. / Yes, I will." [거절 / 수락]
39-11] I won't help you with it. [거부]

39-10] "나랑 같이 콘서트 갈래?" "응, 갈게. / 아니, 안 갈래." [39-11] 그 일은 널 돕지 않겠다.

39-10] 내키지 않는다는 거절 의사 / 기꺼이 하겠다는 수락 의사

상황에 따라 '맹세 · 다짐' 등의 의미로 확장됩니다.

39-12] (I swear) I won't do such a thing again. [맹세]
39-13] (I promise) I won't tell the secret to anyone. [약속]
39-14] I'll never forget you. [다짐]
39-15] If you lie to me, I won't see you again. [협박]

39-12] 다시는 그런 짓을 하지 않겠다. [39-13] 아무에게도 비밀을 말하지 않겠다. [39-14] 당신을 잊지 않겠다. [39-15] 나에게 거짓말을 하면, 다시는 널 보지 않겠다.

[2인칭 · 3인칭에서 밝혀지겠지만, 주어의 의지라는 것은 없습니다. 다만, 1인칭은 주어가 곧 화자고, 화자가 곧 주어입니다. 1인칭의 경우도 (주어의 의지가 아닌) 화자의 의지입니다.]

2인칭 주어

- You will go there. [평서문]

  해석①: 너는 그곳에 갈 것이다.
  - 주어에 대한, 상대방에 대한 화자의 예측

  해석②: 너는 그곳에 갈 것이다. 〉 가게 될 것이다. 〉 가게 된다. 〉 가야 한다. 〉 가라.
  - 상대방에 대한 화자의 지시나 명령, '가라'는 말을 에둘러 말함

will이 2인칭 주어의 의지를 나타낼까요? 의지는 마음입니다. 내가 내 마음을 모를 때도 많은데, 하물며 내가 상대방의 마음을 -의중이나 속내까지- 알 수 있을까요? 다시 한 번 강조합니다. 서법은 화자 관점의 문법! 화자 관점에서 보면, 주어의 의지는 단지 '주어에 관한 것'입니다. 요컨대, 주어의 의지라는 것은 없습니다. 위 예문은 화자가 주어에 대해, 상대방에 대해 예측한 말이지, 상대방의 의지를 나타낸 말이 아닙니다. [해석①]

중요한 사실은 will이 2인칭 주어 문장에서 '화자의 의지'를 나타낼 수 있다는 것입니다. 위 예문을 단호한 어투로 소리 내어 여러 번 읽어 보십시오. 화자가 상대방보다 지위나 계급이 높으면, 상대방에 대한 화자의 '지시'나 '명령'으로 들립니다. [해석②]

39-16] You'll do it as I say. [지시]

39-17] We'll attack at dawn. [명령]

39-18] Every employee will carry an identity card. [규칙]

39-16] 내가 말한 대로 그것을 해야 한다. [39-17] 우리는 새벽에 공격한다. (we는 you를 포함) [39-18] 전 직원은 신분증을 가지고 다녀야 합니다. (전 직원은 회사에게 2인칭)

내가 상대방의 의사나 의향을 말할 수는 없어도, 물을 수는 있습니다. 아래 예문과 같이, 'Will you …?'로, 상대방에게 의사나 의향을 물음으로써 '요청·제안' 등을 할 수 있습니다.

39-19] <u>Will you</u> send this letter for me, please? [의문문: 요청]

39-20] <u>Will you</u> have some more cake? [제안]

39-21] <u>Will you</u> sit down?

39-22] <u>Will you</u> come to dinner this evening? [초대]

39-19] 이 편지 좀 보내 줄래요? [39-20] 케이크 더 먹을래요? [39-21] 앉을래요? [39-22] 오늘 저녁 먹으러 올래요?

39-19~22] will 대신 would를 쓰면 공손한 표현이 됩니다.
  예 Excuse me, would you please stop smoking?
    죄송하지만, 흡연을 좀 삼가 주시겠습니까?
  ★ 공손의 would ☞ p. 194

상황에 따라 '지시'나 '명령'으로 들릴 수 있습니다.

39-23] Come this way, <u>will you</u>? [지시]

39-24] <u>Will you</u> finish your homework?

39-25] <u>Will you</u> be quiet! [명령]

39-23] 이쪽으로 올래? [39-24] 숙제 끝낼 거지? [39-25] 조용히 좀 해!

39-23] 예 Will you come this way, please? 이쪽으로 좀 와 주시겠어요?

부정은 긍정보다 어감이 강합니다. 'Won't you …?'는 적극적인 요청입니다.

39–26] <u>Won't you</u> sit down? [부정문]

39–27] <u>Won't you</u> come in for a few minutes?

39–26] (서 있지 말고) 좀 앉으세요. [39–27] (밖에 있지 말고) 잠시라도 들어오세요?

39–26/27] 어찌 들으면 간곡한 요청으로 들립니다.
  예 Won't you please come back to me? 제발 내게로 돌아와 주면 안 되나요?

3인칭 주어

- He <u>will go</u> there. [평서문]
  he는 그곳에 갈 것이다.
  – 주어(He)에 대한, 즉 남에 대한 화자의 예측

내 의지라야, 내가 내 입으로 말해야 그것이 의지입니다. 남의 의지도 단지, '남에 관한 것'입니다. 2인칭 주어 의지도 없는데 하물며 3인칭 주어 의지는 말할 것도 없습니다. 위 예문도 화자가 주어에 대해, 남에 대해 예측한 말이지, 남의 의지를 나타낸 말이 아닙니다. 의문문도 마찬가지입니다.

- <u>Will</u> he <u>go</u> there? [의문문]
  he가 그곳에 갈까?
  – 화자가 청자인 상대방에게, he가 그곳에 갈 것 같은지, he에 대한 예측을 물은 말, he의 의지를 물은 말이 아님 ☞ p. 28

- He <u>doesn't go</u> there. / This car <u>doesn't start</u>.
  - he는 그곳에 가지 않는다. 〉 가지 않는 사람이다. /
  - 이 차는 시동이 걸리지 않는다. 〉 걸리지 않는 차다.
  - 현재시제 문장: 사실관계만 나타냄

다만, '3인칭 주어, 부정문'은 신경을 좀 써야 합니다. 부정이 긍정보다 어감이 강해, 부정문에서 will이 3인칭 주어의 '거절·거부' 의사를 나타낼 수 있습니다. (주어 관점: 3인칭 주어, 부정문에만 적용)

① He <u>won't go</u> there. [부정문]
  - 해석①: he는 그곳에 가지 않을 것이다. [화자 관점: 화자의 예측]
  - 해석②: he는 (가라고 해도) 그곳에 가려고 하지 않는다. 〉 가지 않는다.
    [주어 관점: 주어의 '거절·거부'. 가지 않겠다고 고집을 피우는 느낌이 둠]
  - 'He doesn't go there.': 고집을 피우는 느낌은 없음

①은 'he가 그곳에 가지 않는다.'라는 말이기도 합니다. 이때의 부정은 요청이나 제안에 대한 부정, 즉 '거절·거부'을 뜻합니다.

② This car <u>won't start</u>.
  - 해석①: 이 차는 시동이 걸리지 않을 것이다. [화자 관점: 화자의 예측]
  - 해석②: 이 차는 (시동을 걸어도 도무지) 시동이 걸리지 않는다. [주어 관점: 주어의 거부]

②는 사물이 사람이 원하는 것을 하지 않는다는 말로, 무생물인 차가 의지를 가질 수는 없지만, 차가 시동을 거부하는 것으로 보면 됩니다.

- She <u>won't open</u> the door.
  - she는 문을 (열어 달라고 해도 도무지) 열어 주려고 하지 않는다. 〉 열어 주지 않는다.

- The door <u>won't open</u>. (열려 해도 좀처럼) 문이 열리지 않는다.

생각 더하기   24. 습관의 will

① He <u>usually gets up</u> at six in the morning.
   he는 보통 아침 6시에 일어난다.
   – 일상에서의 '습관적인/반복적인' 일을 나타냄 ☞ ❶ p. 24

② Metals <u>will expand</u> when heated.
   금속은 열을 받으면 팽창한다.
   – 주어의 '성질·성향·습성' 등을 나타냄 ☞ p. 25

- He <u>will come</u> to see me every Friday evening.
   he는 금요일 저녁마다 나를 보러 온다.

위 예문은 (금속이 특정한 성질이 있듯이) he가 어떤 성향이 있고, (열을 받을 때마다 팽창하듯이) 상황이나 기회가 주어지면 그때마다 어떤 행동을 습관적으로/반복적으로 한다는 말입니다. 특히, 유별나거나 고질적인 현재 습관을 말할 때 will을 씁니다.

- He <u>will</u> often <u>whistle</u> at night.
   he는 자주 밤에 휘파람을 분다.

will에 강세를 두면 비난의 어조가 됩니다.

- He WILL keep asking silly questions.
   he는 계속해서 멍청한 질문을 한다니까. (짜증나 죽겠어.)

[will로 나타낸 주어의 현재 습관은 개인적입니다. 이와 달리, 현재 시제로 나타낸 주어의 습관적인/반복적인 일은 일상적입니다.]

어떻습니까? 개념을 잡고 보니, will이 서법 조동사로 새롭게 보이지 않습니까?

미래, 시제?
예측·의지, 서법!

will이 들어가면, 서법 조동사가 들어가면, 그 문장에는 화자의 생각이나 마음이 들어 있게 됩니다. 그것이 서법입니다.

will로 나타나는 서법, 화자의 생각은 '예측'이고, 화자의 마음은 '의지'입니다. 결코 미래가 아닙니다. 생각문법에서는 will을 설명하는 과정에서 미래라는 말이 나오지 않습니다. 나오면 그저 미래가 아니라고 말할 때나 나옵니다. 앞으로 will을 보면, 반사적으로 '예측·의지'가 떠올라야겠습니다.

will을 미래라는 시간으로 본 'will = 미래시제'는 본질이 왜곡된 문법입니다. 본질이 왜곡되니 번지수를 잘못 찾게 되고, 급기야 정체불명의 단순미래까지 지어내어 억지를 부립니다. 조기교육 광풍에 초등학교 때부터 영어문법을 배우는 세태, 국어문법보다 먼저 접하는 현실, 가슴이 먹먹해집니다, 단순미래를 주입 당하는 초롱초롱한 눈망울의 어린 학생들을 생각하니.

여러분

will 못지않게 많이 쓰이는 형식이 있습니다. 바로, 'be going to'입니다. will과 어떻게 다른지 살펴보겠습니다.

─| be going to는 어떤 상황에서 어떤 의도로 쓰일까?

'am/are/is going to ~'는 '현재시제[am/are/is] 진행상[going]'에 '부정사[to+동사원형]'가 더해진 형식입니다. [동사원형: '~ (물결표)'로 표시] 아래 그림을 비교해 보십시오.

현재시제 진행상 영역

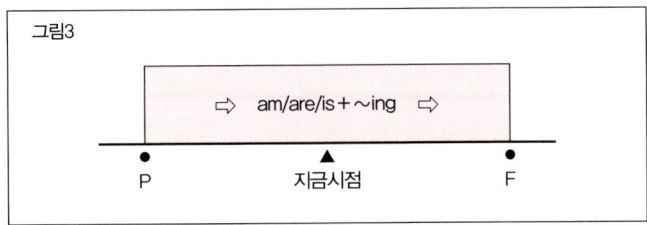

P: 과거시점 / F: 미래시점
PF로 시간이 한정됨. 본래 미래를 나타냄

'am/are/is going to ~' 영역

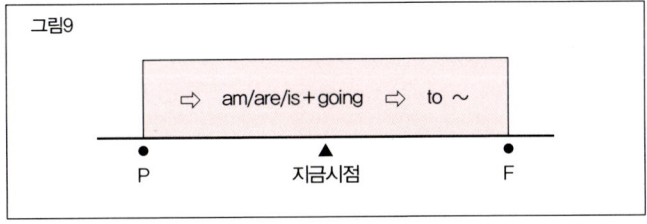

그림9는 그림3과 동일한, P와 F가 있는, PF로 시간이 한정된 현재시제 진행상입니다.

> be going to vs. will

- **예측의 be going to** (3인칭 주어를 기준으로 삼음)

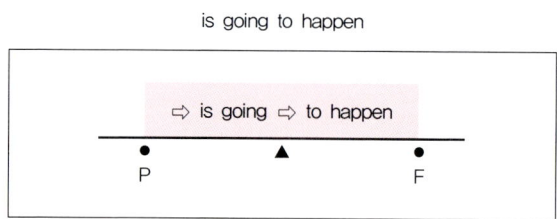

'is going to happen'은 액면 그대로, P가 '일어날[to happen]' 일인 F에 '가고 있다[is going]'는 말입니다. 시간이 지나면 일어날 일에 도착할 것입니다. 일어날 일만 남은 상황, 때가 되면 일어날 일이 일어날 것입니다.

예측의 'be going to'도 화자의 확신도가 매우 높습니다. will 보다 더하면 더했지 덜하지 않습니다. 예측임을 감안하면 100%나 다름없습니다. 이럴 만한 이유가 있습니다. 일어날[F] 일이 '과거에서 기인된[P]' 일이기 때문입니다.

기인된 과거의 일은 '확실히 객관적인 근거'로, 일이 일어나게 될 징후나 낌새, 조짐이나 기미, 즉 '징조'로 풀이됩니다.

'is going to' 또한 현재진행이고, 현재진행에는 P와 F가 있습니다. 'P가 있는 F', '징조가 있는 미래', 요컨대, '징조를 근거로 한 예측'입니다.

- Look at those black clouds! It <u>is going to rain</u>.
  저 먹구름 좀 봐. 비 오겠다. 〉 비가 오려나 봐.
  - 먹구름: 확실히 객관적인 근거, 징조[P]
  - 비가 올 것이라고[오겠다고] 예측[F]

위 예문은 화자가 먹구름을 보고 – 징조가 그대로 '진행되리라 [is going]' 생각하고 – 예측한 말입니다. 징조가 있으므로, 예측한 일이 실제로 일어날 확률이 매우 높습니다. 상황이 급박하게 돌아가는 느낌이 듭니다. 비가 곧 퍼부을 것 같습니다.

개념1 ■ 징조를 근거로 한, 확신도가 매우 높은
주어에 대한 화자의 예측

핵심은 징조 여부! 예측하되, 징조가 있으면 'be going to'로 없으면 will로!

- It <u>will rain</u> tomorrow.
  (일기예보를 들었는데) 내일 비가 올 겁니다.
  - 일기예보: 비교적 객관적인 근거, 급박한 느낌은 없음

■ 의지의 be going to (1인칭 주어를 기준으로 삼음)

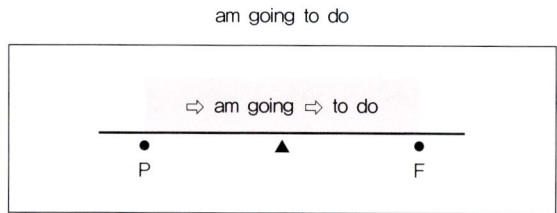

'am going to do'는 글자 그대로, '할[to do]' 일인 F에 '가고 있다[am going]'는 말입니다. 별일 없으면 할 일에 도착할 것입니다. 할 일만 남은 상황, 마음이 변하지 않는 한, 할 일을 할 것입니다.

의지의 'be going to'도 화자의 의지도가 매우 높습니다. 이유는 'P에서 시작된 F'이기 때문입니다. 요컨대, 이때의 '할[F]' 일은 하겠다는 일로 '과거에 마음먹은[P]' 일입니다. 아래 예문을 비교해 보십시오.

"Minho is in Seoul today." "(영희가 철수에게, 김포에 사는) 민호가 오늘 서울에 왔어."

① "Oh, really? I didn't know. I will call him right now."
"어, 그래. 몰랐어. 지금 바로 전화할게."

② "Yes, I know. I am going to call him."
"응. 알고 있어. 안 그래도 전화하려고 그래."

①의 '전화할게.'는 이제, 즉 '지금' 마음먹은 일입니다. 이때는 will을 씁니다. 하지만 ②의 '전화하려고 그래.'는 이미, 즉 '과거'에 마음먹은 일입니다. 이때는 'be going to'를 씁니다.

핵심은 마음먹은 시점! 과거에 마음먹었으면 'be going to'로 지금 마음먹었으면 will로!

개념2 ■ 과거에 마음먹은, 의지도가 매우 높은 화자의 의지

의지의 will에서 주어가 2인칭[3인칭]인 경우, 화자 관점에서 보면, 주어의 의지는 단지 '주어에 관한 것'이라고 했습니다. 상대방[남]의 의지는 상대방[남]에 관한 것이고, 상대방[남]에 대해 화자가 예측한 것입니다.

- You <u>are going to see</u> him. 민호를 만나겠구나.
- He <u>is going to see</u> you. 민호가 너를 만나겠구나.

2인칭[3인칭] 주어인 위 예문은 철수가 서울에 온 민호와 통화한 정황으로-징조를 근거로-주어에 대해 화자(영희)가 예측한 말입니다. 주어의 의지를 나타낸 말로 여기지 마십시오.

또한 의지의 will에서, 내가 상대방의 의사나 의향을 말할 수는 없어도, 물을 수는 있다고 했습니다. 아래 예문은 민호를 만날 것이냐고, 영희(화자)가 철수(상대방)의 의사를 물은 말입니다.

- <u>Are</u> you <u>going to see</u> him?
    민호를 만나기로 마음먹고 있니? 〉 만날 거니? (상대방이 이미 한 결정에 대해 물음)
    - will과 비교
        예 Will you see him? 민호를 만날 거니? (상대방은 지금 결정해야 함)
    - gonna: 'going to'의 비격식적인 표현으로 구어에서 많이 쓰임
        예 If you're gonna see him, let me in. 민호를 만날 거면, 나도 끼워 줘.

예문40은 will이 쓰인 문장[ⓐ] vs. be going to가 쓰인 문장[ⓑ]입니다.

> 예측

40-1-ⓐ] It'll be cold tomorrow. 내일 날씨가 추울 겁니다.

ⓑ] It's going to be cold tomorrow.
내일 날씨가 춥겠는데요. 〉추워지려나 봐요.

ⓐ 일기예보를 듣고 한 말입니다.
ⓑ 서리가 내리고 찬바람이 부는 것을, 즉 추워질 징후를 보고 한 말입니다.

▷ 'is going to happen'은 징조가 있으므로, 예측한 일이 실제로 일어날 확률이 매우 높습니다. 하지만 'will happen'은 예측할 뿐, 일어날 확률을 문제 삼지 않습니다.

例 It's going to take long. We're going to be late.
(교통사고가 나서 길이 막히는 상황) 오래 걸리겠는데요. 우리 늦겠는데요.

40-2-ⓐ] The copier will break down. 복사기는 고장 날 겁니다.

ⓑ] The copier is going to break down.
(계속 이러다가는 조만간) 복사기가 고장 나겠어요.

ⓐ 노후한 복사기를 보고 한 말입니다. (언젠가 고장 남)
ⓑ 복사기에서 털컹거리는 소리가 나는 것을, 즉 고장 날 조짐을 보고 한 말입니다. (조만간 고장 날 것 같음)

▷ 'is going to happen'은 'next month'와 같은 특정 미래시간 부사(구)가 없으면 대개 '곧' 또는 '조만간' 일어날 일을 나타냅니다.

例 The boat is going to sink.
(보트에 구멍이 나서 물이 차오르는 상황. 이러다가는 곧) 보트가 가라앉겠어요.

40-3-ⓐ] **You'll get better.**
(때가 되면) 나아질 것입니다. 〉 (언젠가는) 나아지겠죠.

ⓑ] **He's going to get better.**
(곧 또는 조만간) he는 나아질 것입니다. 〉 he가 나아지려나 봐요.

ⓐ 의사가 감기 환자에게 "주사 맞고 약 먹고 며칠 쉬면 나아질 것입니다." 이런 말입니다. 상식선에서 한 말로, 또는 엄마가 사고뭉치 아들에 대해 "아직 철부지인데요, 뭐. 크면 나아지겠죠." 이런 말입니다.
  예] He'll stop smoking. he는 (언젠가는) 담배를 끊을 거예요. 〉 끊겠죠.

ⓑ 수술한 환자의 병세가 호전되는 징후를 본 의사가 한 말입니다. 또는 아들 행실이 나아지는 (안 하던 공부를 하는) 조짐을 본 엄마가 한 말입니다.
  ▷ 병문안을 갔을 때는 (호전 징후가 없어도 있는 것처럼) 'You're going to get better.' 이렇게 말하는 것이 좋습니다.
  예] He's going to walk into the wall. (앞을 못 보는 상황) he가 벽에 부딪치겠다.
  You're going to faint. (창백한 얼굴을 본 상황) 너 쓰러지겠다.
  I think I'm going to be sick. (속이 메스꺼운 상황) 토할 것 같아.
  I think he's not going to stop smoking.
  (끊은 담배를 다시 피운 상황) he는 담배를 못 끊을 것 같은데요.

40-4-ⓐ] **She'll have a Caesarean.**
she는 제왕절개 수술을 받게 됩니다.

ⓑ] **She's going to have a baby next month.**
she는 다음 달에 출산합니다.

ⓐ '정상 분만을 할 수 없는 상황이면, ...' 이러한 조건이 깔린 말입니다.
ⓑ 다음 달 출산은 과거에서 기인된 일입니다.
  ▷ 이 예문은 개인적인 예정을 나타내는 'She's having a baby next month.'로 말해도 무방합니다. 기한을 뜻하는 'be due to'를 써서 'She's due to have a baby next month. (= She's expected to have a baby next month.)'로 말하면 기대감이 더해집니다.

의지

'I will do it.'은 '지금 결정한' 일을 하겠다는 의지의 표현으로 마음먹은 시점이 '지금'입니다. (마음먹은 시점과 말하는 시점이 지금과 지금으로 같습니다.)

'I am going to do it.'은 '과거에 결정한' 일을 하겠다는 의지의 표현으로, 마음먹은 시점이 '과거'입니다. (마음먹은 시점과 말하는 시점이 과거와 지금으로 다릅니다.)

의지의 'be going to'도 화자의 의지도가 매우 높습니다. 과거에 마음먹은 일이라, will보다 더하면 더했지 덜하지 않습니다. '~할 작정이다 [결심], ~하고 말테다 [결의]' 이 정도까지 됩니다.

"Let's go to the movies tonight." "(영희야) 저녁에 영화 보러 가자."

40-5-ⓐ] "I'll go with you if you pay for the tickets."
"네가 보여 주면 너랑 갈게."

ⓑ] "Sorry, I'm going to meet Betty."
"미안해, 베티를 만나려고 해."

ⓐ '너랑 갈게.'는 영희가 영화 보러 가자는 말을 들은 후에, 대화를 나누고 있는 시점에서 보면, '지금' 내린 결정입니다.

예 "The phone's ringing." "I'll answer it." "전화 왔다." "내가 받을게."
"It's cold. The window is open." "I'll go and close it."
"춥다. 창문이 열렸네." "내가 가서 닫을게."

ⓑ '베티를 만나려고 해.'는 영희가 영화 보러 가자는 말을 듣기 전에 '과거'에 내린 결정입니다. (= I have already decided to meet Betty.)

40-6-ⓐ] I'll buy this toy car.
　　　　이 장난감 차를 살게요.

ⓑ] I'm going to buy the sports car.
　　그 스포츠카를 사려고 해요. 〉 살 작정이에요. 〉 사고 말 거예요.

ⓐ 사겠다는 결정 시점이 '지금'입니다.
　[예] "Will you have a coffee?" "No. I'll have an iced tea."
　　"커피 마실래?" "아니, 아이스 티 마실래."

ⓑ 사겠다는 결정 시점이 '과거'입니다.
　[예] "What are you going to buy for Ella's birthday present?" "A toy car."
　　"엘라 생일 선물로 뭘 사려고 하세요?" "장난감 차요."

I'm not going to have a coffee.
(커피를 마시면 잠을 못 자.) 커피는 안 마실래.

40-7-ⓐ] "What will you do from now?"
　　　　"I'll go home."
　　　　"이제 뭐 할래요?" "집에 갈래요."

ⓑ] "What are you going to do with the hammer?"
　　"I'm going to fix the chair."
　　"망치로 뭘 하려고요?" "의자를 고치려고요."

ⓐ 돌발적인 질문이고, 즉각적인 대답입니다.
　[예] I'll kill him. [어휴, 열 받아. 무슨 그런 인간이 다 있어. (지금 마음먹게 된 일)]
　　그 인간을 죽여 버릴 거야.

ⓑ 무엇을 하려고, 이미 마음먹은 일이 있어 망치를 들고 있을 것입니다.
　[예] I'm going to kill him. [그 놈은 지난 10년간 찾아다닌 부모님의 원수다.
　　(과거부터 마음먹고 있던 일)] 그 놈을 죽여 버리고 말테다.

40-8-ⓐ] <u>Will</u> you <u>give</u> me a hand? 도와줄래?

ⓑ] <u>Are</u> you <u>going to give</u> me a hand? 도와줄 거니?

ⓐ 도와줄지를 '지금 결정해 달라'는 말입니다. ★ 요청·제안의 will ☞ p. 40
ⓑ 도와줄지를 '이미 결정했느냐'는 말입니다.

예 "I'm going to have a birthday party this weekend."
"Who are you going to invite?"
"이번 주말에 생일 파티를 열려고 해요." "누굴 초대하려고 하세요?"

40-9-ⓐ] "Which country <u>will</u> you <u>go</u> to if you have time and money?"

"I'<u>ll go</u> to Australia."

"시간과 돈이 있으면 어느 나라로 갈 건가요?" "호주로 갈 거예요."

ⓑ] "Where <u>are</u> you <u>going</u> this holiday?"

"I'<u>m going</u> to Australia."

"이번 휴가 때 어디로 갈 생각이세요?" "호주로 갈 생각이에요."

ⓐ 조건이 달린 의사를 묻고 답하고 있습니다.
ⓑ 휴가 계획은 누가 물어볼 때 세우지 않습니다. 세워 놓은 휴가 계획을 묻고 답하고 있습니다.

▷ 'go[come]'은 같은[유사한] 말이 반복되다 보니, 'be going to go[come]'으로 말하지 않고, 대개 'be going[coming]'으로 말합니다.

예 I'm going to see a movie tonight. Are you coming with me?
오늘 밤에 영화 보러 갈 생각인데, 같이 갈 생각 있니?
(NOT I'm going to go to see ... Are you going to come ...?)

"Hurry up, it's late!" "I'm coming."
"서둘러, 늦었어!" "가려고 해요. 〉 곧 갈게요. (가려고 이미 마음먹음)"
(NOT I'm going to come.)

생각 더하기   25. was/were going to

'was/were going to ~'는 (단순히 'am/are/is going to ~'의 과거가 아니라) 과거에 어떤 일을 하려고 했는데 (사정이 생기거나 마음이 변해) 하지 못했거나 하지 않았다는 말입니다.

- I <u>was going to meet</u> Betty last week.
  (But I had a bad cold, so I didn't meet her.)
  지난주에 베티를 만나려고 했어. (독감에 걸려서 만나지 못했어.)

- I <u>was</u> just <u>going to call</u> Betty when she called me. (so I didn't call her.)
  베티에게 막 전화하려는데, 그때 베티에게서 전화가 왔어. (전화를 안 했어.)

- We <u>were going to play</u> tennis yesterday.
  (But It rained all day, so we didn't play tennis.)
  우리는 어제 테니스를 치려고 했어. (하루 종일 비가 와서 치지 못했어.)

- She <u>was going to buy</u> a picture book.
  (But she changed her mind, she bought a toy car instead.)
  she는 그림책을 사려고 했어. (마음을 바꿔 대신 장난감 차를 샀어.)

또한, 어떤 일이 일어나리라 생각했는데 일어나지 않았다는 말입니다.

- I thought it <u>was going to be</u> sunny.
  (But It wasn't sunny.)
  날씨가 화창할 것 같았는데. (화창하지 않았다.)

- I thought you <u>were going to visit</u> me.
  (But you didn't visit me.)
  네가 우리 집에 올 줄 알았는데. (오지 않았다.)

생각 더하기   26. be about to

about의 핵심 의미는 '근처, 여기저기'입니다.

- about (in) the garden.
  - (정원 내 근처) 정원 여기저기, 이곳저곳, 이리저리

- about Betty / about the problem.
  - (베티/문제 근처의 이것저것) 베티에 대해/문제에 대해

- about $10 / about two o'clock.
  - (10달러 근처의 금액) 약 10달러 / (2시 근처의 시간) 2시쯤, 2시경

응용하면,

- I <u>am about to go</u> out.

위 예문은 내가 '나갈 일 to go out' 근처에 있다는 말입니다. 시간이 좀 지나면, 잠시 후, 나는 외출할 것입니다. '외출하려는 중이다, 막 나가려던 참이다.'라는 말입니다.
(be about to = be just going to)

- Don't go out. We <u>are about to have</u> dinner.
  - 나가지 마. 우리 곧 저녁 먹을 거니까.

- I <u>was about to go</u> out when it started to rain.
  - 나가려던 참이었는데, 비가 내리기 시작했다.

- I <u>am</u> not <u>about to pay</u> 20 dollars for the illegal ticket.
  - 암표 값으로 20달러를 낼 생각이 없다. (지불할 일 근처에 없음)

Will

- ✓ 화자의 예측
  - It'll rain tomorrow.

- ✓ 화자의 의지
  - I'll be at home this evening.

be going to

- ✓ 화자의 예측
  - It's going to be cold tomorrow.

- ✓ 화자의 의지
  - Sorry, I'm going to visit Betty.

38-1] 내일 비가 올 겁니다.

38-2] 아내 생일 선물로 목걸이를 샀어요. 아내가 정말 좋아할 거예요.

38-3] "네 방에 누군가 있어." "동생일 거야."

38-4] 우리 아들은 운전면허 시험에 쉽게 합격할 거예요.

38-5] 이 차는 여덟 명이 편안히 탈 겁니다.

38-6] 네가 그 일에 대해 사과하면, she가 용서해 줄 거야.

38-7] 바보가 아닌 한, he는 그것을 이해할 거야.

38-8] 개는 성나거나 겁먹으면 으르렁거린다.

38-9] 금속은 열을 받으면 팽창한다.

38-10] 그거 아주 재미있겠는데요.

38-11] 아들이 시험에 합격하리라 봅니다.

38-12] 이 옷은 아내에게 틀림없이 잘 어울릴 거예요.

38-13] 내일 비가 오려나.

38-14] "누군가 계단을 올라오고 있어." "아매[분명히] 동생일 거야."

38-15] he가 그곳에 갈지 (안 갈지) 알고 있니?

38-16] she가 결혼할지 모르겠네?

38-17] 무슨 일이 일어날 것 같니?

38-18] he가 그곳에 얼마 동안 머물지 아니?

38-19] 그 일이 오늘 다시 일어나지 않을 것 같아.

38-20] she는 오늘 저녁에 집에 없을 것 같아.

38-21] 너는 서두르면 시간에 맞출 수 있을 거야.

38-22] 너는 어쩌면 네 생각이 변할지도 몰라.

38-23] 너는 he가 한 짓을 믿지 못할 거야.

38-24] 너는 다시는 컴퓨터 게임을 하지 못할 거야.

39-1] 오늘 저녁에 전화해요. 집에 있을게요.

　　　　..

39-2] 방학 동안 영어 공부할 거야.

　　　　..

39-3] "배고파 죽겠어." "먹을 것 좀 갖다 줄게."

　　　　..

39-4] 우리가 자네를 위해 무엇을 할 수 있는지 생각해 보겠네.

　　　　..

39-5] 담배를 끊겠다.

　　　　..

39-6] 내일까지 그것을 반드시 끝내겠다.

　　　　..

39-7] 아니, 아니. 내가 살게. 내가 살 차례야.

　　　　..

39-8] 커서 전투기 조종사가 될 거야.

　　　　..

39-9] 또 그러면 다리를 부러뜨리고 말겠다.

　　　　..

39-10] "나랑 같이 콘서트 갈래?" "응, 갈게. / 아니, 안 갈래."

....

39-11] 그 일은 널 돕지 않겠다.

....

39-12] 다시는 그런 짓을 하지 않겠다.

....

39-13] 아무에게도 비밀을 말하지 않겠다.

....

39-14] 당신을 잊지 않겠다.

....

39-15] 나에게 거짓말을 하면, 다시는 널 보지 않겠다.

....

39-16] 내가 말한 대로 그것을 해야 한다.

....

39-17] 우리는 새벽에 공격한다.

....

39-18] 전 직원은 신분증을 가지고 다녀야 합니다.

....

39-19] 이 편지 좀 보내 줄래요?

39-20] 케이크 더 먹을래요?

39-21] 앉을래요?

39-22] 오늘 저녁 먹으러 올래요?

39-23] 이쪽으로 올래?

39-24] 숙제 끝낼 거지?

39-25] 조용히 좀 해!

39-26] (서 있지 말고) 좀 앉으세요.

39-27] (밖에 있지 말고) 잠시라도 들어오세요?

40-1] 내일 날씨가 추워지려나 봐요.

....

40-2] (계속 이러다가는 조만간) 복사기가 고장 나겠어요.

....

40-3] he가 나아지려나 봐요.

....

40-4] she는 다음 달에 출산합니다.

....

40-5] 미안해, 베티 집에 가려고 해.

....

40-6] 그 스포츠카를 사려고 해요.

....

40-7] "망치로 뭘 하려고요?" "의자를 고치려고요."

....

40-8] 도와줄 거니?

....

40-9] "이번 휴가 때 어디로 갈 생각이세요?" "호주에 갈 생각이에요."

....

Will
내 것으로 만들기

이번에는 will과 진행상/완료상이 결합한 동사구입니다.

미래시간 진행상
The Future Time – Continuous Aspect

[미래의 일을 예측하면 미래시간을 가리키게 되고, 지금의 일을 예측하면 지금시간을 가리키게 됩니다. 미래든 지금이든, 이때의 시간은 예측의 의미상, 가리키게 된 예측의 부산물일 뿐입니다. 문법에 미래시제가 없으므로, 마음 같아서는 미래진행을 '예측진행'으로 부르고 싶지만, 관용적으로 미래진행으로 부릅니다. 다만, 이때의 미래진행은 미래의 일을 가리키는 '미래시간 진행상'을 뜻합니다.]

[이하 가급적, 미래시간 진행상을 '미래진행'으로 줄여 – 같은 방식으로 '미래완료/미래완료진행'으로 줄여 – 편하게 읽겠습니다.]

민호가 영희를 잘 알고 있는 철수에게, 영희가 내일 저녁 6시에 무엇을 할지를 물었습니다.

① She <u>will have</u> dinner. [일어날 일] 저녁 먹을 거야.
  – 동사구: will(예측, 미래시간) + have(동사원형, 무시제)

② She <u>will be having</u> dinner. [진행될 일] 저녁 먹고 있을 거야.
  – 동사구: will(예측, 미래시간) + be(동사원형, 무시제) + having(진행상)

그런데 철수가 ①로 대답하지 않고, ②로 대답했습니다. 예측한 미래의 일을 진행 상황으로 대답했다는 것입니다. ①로 대답해도 되는데, 왜 ②로, 왜 진행 상황으로 대답했을까요?

미래진행은 단순히 현재진행을 미래로 옮겨 놓은 시제 형식이 아닙니다. 알 수 없는 불확실한 미래의 일을 굳이 진행 상황으로 말하는 데는 그만한 이유가 있을 것입니다.

생각문법

〉미래진행의 영역과 개념

- She <u>is having</u> dinner now.
    - 영희는 지금 저녁 먹고 있어. (일어나고 있는 지금 상황을 묘사)
    - 동사구: is(현재시제) + having(진행상)

- She <u>was having</u> dinner at six yesterday evening.
    - 영희는 어제 저녁 6시에 저녁 먹고 있었어. (일어난 어제 저녁 6시 상황을 묘사)
    - 동사구: was(과거시제) + having(진행상)

[과거진행 문장에는 기준시인 과거시점이 있습니다. 마찬가지로, 미래진행 문장에는 미래진행의 기준시인 미래시점이 있습니다.]

미래시간 진행상 영역

 미래진행 형태는 'will+be+~ing'입니다. 그림10을 보면, 미래시점을 기준으로, 주어에 대해 화자가 예측[will]하면서, 예측한 미래의 일을 진행 상황[be+~ing]으로 표현하고 있습니다.

 미래진행을 포함한, 모든 진행 형식은 일차적으로 '상황 묘사'를 합니다. 그렇다고 상황을 묘사하는 일에 그치면 안 됩니다. 미래진행의 핵심은 미래에 진행될 일의 성격을 이해하는 것입니다.

영희는 평상시 저녁을 6시에 먹습니다. 그제도 어제도 6시에 먹었고, 오늘도 6시에 먹었습니다. 그럼 내일은 몇 시에 먹을까요? 평소 저녁 식사 시간이므로, 내일도 6시에 먹을 것으로 미리 생각해 볼 수 있습니다. 다시 말해, '과거로 미루어'보아, 예측을 넘어 충분히 예상할 수 있고, 충분히 예상됩니다.

그림을 그리듯 표현하는 묘사, 진행 상황은 '묘사적'입니다. 다시 말해, '시각적/사실적/현실적'입니다. 이를 염두에 두고, 아래 해석을 유심히 보십시오.

② She <u>will be having</u> dinner.
　　(평소처럼) 저녁 먹고 있을 거야. 〉 (뭐하긴) 저녁 먹겠지.

②는 철수가 영희의 과거로 – 비교적 객관적인 일로 인식되는 평상시 보통 하는[일어나는] 일로 – 미루어 내일 저녁 6시의 일을 예상한 말입니다. 과거로 미루어 충분히 예상되는 만큼, 식사하는 영희의 모습이 눈에 보이는 듯 생생히 그려집니다. 이런 상황이라 '시각적인/묘사적인, 사실적인/현실적인' 진행 상황으로 표현한 것입니다. 미래진행으로 나타낸 것입니다. 단순히, 미래에 진행될 일이라 미래진행으로 나타낸 것이 아닙니다.

개념1 ■ 화자가 과거로 미루어 예상한 미래의 일

he에 대해 화자가 예측한 미래의 일이 과거로 미루어 충분히 예상[will]되는 일이고, 눈에 보이는 듯 생생히 그려지니, 시쳇말로 안 봐도 비디오니, 진행 상황[be+~ing]으로 표현한 것입니다.

②를 통해 뜻밖에도, 미래진행이 과거와 관련이 깊다는 사실을 알았습니다.

- Prof. Park will give a lecture on British English next Tuesday.
  다음 주 화요일에 박 교수님이 영국영어를 강의하실 거야.
  − 비교적 객관적인 근거를 바탕으로, 화자가 미래의 일을 예측
- Prof. Park is giving a lecture ... [현재진행]
  다음 주 화요일에 박 교수님이 영국영어를 강의하실 예정이야. 〉강의하실 거야.
  − 과거에 정해진 개인적인 예정을 나타냄 (화자의 주관적인 생각과 상관없음)

개념2 ■ 과거에 결정된[확정된], 확실시되는 미래의 일

미래의 일이 눈에 보이는 듯 그려질 정도면 – 진행 상황으로 표현할 정도면 – 이는 미래의 일이 충분히 예상된다는 의미고, 충분히 예상될 정도면, 이는 미래의 일이 확실시된다는 의미입니다. 이런 일에는 '과거에 결정된', 또는 '과거에 확정된' 일이 있습니다. 위 예문과 비교하며, ③을 여러 번 읽어 보십시오.

③ Prof. Park will be giving a lecture on British English at this time next Tuesday. 다음 주 화요일 이 시간에
  박 교수님이 영국영어를 강의하고 계실 거야. 〉강의하시기로 했어. 〉강의하셔서.
  − 과거에 결정되거나 확정된 미래의 일을 나타냄

생생한 느낌이 들지 않습니까? ③은 단지, 미래에 진행해서 미래진행을 쓴 것이 아닙니다. 과거에 결정되거나 확정된 만큼 '미래의 일이 확실시'되고, 영국영어를 강의하시는 박 교수님의 모습이 생생히 그려집니다. 이런 상황이라 '시각적인/묘사적인, 사실적인/현실적인' 진행 상황으로, 미래진행으로 나타낸 것입니다.

예문41-1~12는 화자가 과거로 미루어 예상한, 확실시되는 미래의 일을 나타낸 미래시간 진행상 문장입니다.

개념1 (화자가 과거로 미루어 예상한 미래의 일)

41-1] "What's he doing at seven tomorrow evening?"
"He'<u>ll be working</u> part-time (as usual)."
41-2] "What are you going to do this Sunday?"
"I'<u>ll be climbing</u> a mountain."
41-3] "Where do you think you'll meet Betty tomorrow?"
"I'<u>ll be meeting</u> her in the library."
41-4] Don't call Betty now. She'<u>ll be sleeping</u>.

41-1] "he는 내일 저녁 7시에 뭐 하니?" "(평소처럼) 아르바이트하고 있을 거야."
[41-2] "이번 일요일에 뭐 할 거니?" "(뭐하긴) 등산하겠지." [41-3] "내일 어디서 베티를 만날 것 같니?" "(지난번처럼) 도서관에서 만날 걸." [41-4] 지금 베티에게 전화하지 마. (보나 마나) 자고 있을 거야.

41-1] 화자의 예측을 나타내는 'He'll work part time.'으로 대답해도 되지만 미래진행에는 '평소 하던 대로'라는 뜻이 들어 있습니다.

41-2] 별일 없으면 일요일마다 등산하는 사람입니다.

41-3] 평소에 자주 도서관에서 베티를 만나는 상황에서 한 말입니다.

41-4] 미래진행도 now와 어울립니다. 지금의 일을 예측할 수 있듯이, 얼마든지 예상도 할 수 있습니다.

개념2 (과거에 결정된[확정된], 확실시되는 미래의 일)

41-5] I'm playing soccer from three o'clock until five o'clock. So at four, I'll be playing soccer.

41-6] I'll be going to the grocery store after a while. Can I get you something?

41-7] He won't be playing soccer in the next game. Because he fell and hurt his leg rather badly.

41-8] I won't be using my car until next week, so you can use it if you like.

41-9] He'll be helping you to mow the lawn.

41-5] 3시부터 5시까지 축구를 하기로 했거든. 4시에는 축구를 하고 있을 거야. [41-6] 이따가 가게에 갈 건데, 뭐 좀 사다 줄까? [41-7] he는 다음 축구 경기를 못 뛸 거야. 넘어져 다리를 꽤 심하게 다쳤거든. [41-8] 다음 주까지 차를 안 쓰기로 되어 있는데, 쓰고 싶으면 써도 돼. [41-9] he가 네가 잔디 깎는 것을 도와줄 거야.

41-8] 차를 안 쓰기로 과거에 결정[확정]되어, 차를 안 쓸 것이 확실시되는 화자의 예상을 나타냅니다.

예 I'll be seeing the boss at ten o'clock tomorrow morning.
내일 오전 10시에 사장님을 만나기로 되어 있어.
(만남이 과거에 결정[확정]되어 만날 것이 확실시되는 화자의 예상을 나타냄)

약속과 같은 '개인적인 예정'을 나타내는 현재진행과 구별하십시오.

예 I am having dinner with Betty tomorrow.
내일 베티랑 저녁 먹기로 했어. (화자의 주관적인 생각이 개입되어 있지 않음)

41-9] he가 과거에 도와주겠다는 의사 표시를 한 상황에서 한 말입니다. ("네가 잔디 깎기를 힘들어한다고 he에게 말했더니 도와주겠다고 했어." 이런 문맥에서 이해하면 됩니다.)

미래진행

아래 예문은 뉴스 앵커의 멘트입니다.

41-10] The Minister of Education will be leaving for Finland tomorrow.

41-11] He'll be making a statement on educational policies next Monday.

41-12] I'll be talking to him later in the program.

41-10] 교육부 장관은 내일 핀란드로 떠납니다. [41-11] 교육부 장관은 다음 주 월요일에 교육 정책에 관한 성명을 발표합니다. [41-12] 잠시 후 교육부 장관과 이야기를 나눠 보겠습니다.

41-10~12] '떠나기로, 발표하기로, 이야기하기로 되어 있다'는 말입니다. '사실적인/현실적인' 진행 상황으로, 교육과 관련해 무슨 일이 일어날 것 같습니다. 진지함이 느껴집니다. ('... will leave/make/talk ...'는 '공식적인 일정'을 나타내고 전해야 하는 '알림'으로 느껴집니다. ★ 일정의 will ☞ p. 34)

앞선 예문은 모두 미래의 일이 생생히 그려질 정도로 충분히 예상되어, '시각적인/묘사적인, 사실적인/현실적인' 진행 상황으로 표현한 것이고, 미래진행으로 나타낸 것입니다.

미래의 일은 불확실하므로, 실제로 미래에 진행될지는 알 수 없습니다. 다만, 미래진행은 불확실한 미래의 일을 진행 상황으로 표현함으로써 미래의 일이 확실시됨을 역설합니다. 앞으로 확실시되는 미래의 일을 말하고 싶으면, 실제로 진행이 되든 안 되든 미래진행으로!

이번에는 민호가 철수에게 이번 여름에 영희와 무엇을 할지를 물었습니다.

④ I **will be lying** on the beach with her.
       영희랑 해변에 누워 있을 거야.

    개념1 해석: (올 여름도) 영희랑 해변에 누워 있을 거야. 〉
               (뭐하긴 이번 여름에도) 영희랑 해변에 누워 있겠지.
    개념2 해석: (이번 여름에는) 영희랑 해변에 누워 있기로 했어.

[철수가 여름마다 영희와 해변에 갔으면, ④는 개념1로 받아들여집니다. 올 여름에 영희와 해변에 가기로 정해졌으면, ④는 개념2로 받아들여집니다.]

철수가 영희와 해변에 가 본 적도 없고, 가기로 하지도 않았으면, ④는 영희와 해변에 누워 있는 장면을 철수가 '그려 본' 말이 됩니다. 상상이나 바람으로 들립니다.

    개념3 ■ 화자가 그려 본 미래의 일

개념3 (화자가 그려 본 미래의 일)

41-13] I'**ll still be doing** the same job in ten years. [상상]
41-14] Minho **will be starting** university next year. [바람]

41-13] 10년 후에도 여전히 같은 일을 하고 있을 거예요. [41-14] 민호는 내년에 대학에 입학할 거예요. 〉 다니고 있을 거예요.

생각 더하기 27. 미래진행과 정중한 질문

① **Will** you <u>stay</u> until Friday? [will: 2인칭 의문문]
   금요일까지 머물래요?

② <u>Are</u> you <u>going to stay</u> until Friday? [be going to]
   금요일까지 머물 거예요?

①은 머물러 달라는 요청입니다. 상대방은 머물지 말지를 결정해야 합니다. ②는 머물기로 마음먹었는지를 알려 달라는 말입니다.

- <u>Will</u> you <u>be staying</u> until Friday? [미래진행]
  금요일까지 머물 건가요?

위 예문은 머물기로 되어 있는지 – 결정[확정]되었는지 – 단지 궁금해서 물은 말입니다. 상대방의 의사 결정에 영향을 끼치지 않습니다. 정중한 질문입니다.

['I'm going to wait for you. 널 기다릴 거야.'보다 'I'll be waiting for you. 널 기다리고 있을 거야.'가 어감이 부드럽습니다.]

- <u>Will</u> you <u>be using</u> your car tomorrow?
  내일 차를 쓸 건가요?

- <u>Will</u> you <u>be wanting</u> my car tomorrow?
  내일 제 차가 필요한가요?
  – want: 지속성을 지닌 상태동사지만, 정중한 질문으로 쓰일 때는 진행형이 가능 ★ 현재진행과 완곡한 표현 ☞ ❶ p. 162

〉 by vs. until

문장은 '의미의 총체'입니다. 의미를 모르면 아무 것도 할 수 없습니다. 의미를 알아야 하는데, 문제는 의미를 알아야 한다는 말을 뜻을 알아야 한다는 말로 여긴다는 것입니다.

의미는 '意 뜻 의'와 '味 맛 미'로 이루어졌습니다. 의미에는 味도 있습니다. [味: 말이 지닌 맛 - 어감, 느낌, 뉘앙스, 분위기, 색깔, 향기, 울림]

'밥', '식사', '진지', '수라'는 끼니로 먹는 음식입니다. 意는 같습니다. 하지만 味는 다릅니다. 나이나 신분에 따라 차이가 느껴집니다. 味가 다르면 어울리는 말이 다릅니다. 밥은 '먹는다'고 하고, 진지는 '드신다'고 합니다.

아래 예문을 비교해 보십시오.

- I will be home <u>by</u> five.
  (늦어도) 5시까지는 집에 들어가 있을 거야. 〉 집에 갈게.
  - 지금 집 밖에 있음. 이때의 home은 부사

- I will be at home <u>until</u> five.
  5시까지 (어디 안 가고, 계속) 집에 있을 거야.
  - 지금 집 안에 있음. 이때의 home은 명사

意는 비슷하지만, 味는 다릅니다. 味까지 알아야 합니다. 意만 알면 초급 수준을 벗어날 수 없습니다. 이런 뜻에서 미래완료와 관련해 'until'과 함께 'by'를 먼저 살펴보겠습니다.

■ by

'X by Y'에서, by는 '기준'을 의미합니다. (Y는 X의 기준)

- The telephone is <u>by the TV</u>.
  전화기는 TV를 기준으로 있다. 〉 TV 옆에 있다.

한 사람이 '기준!' 하면, 다른 사람들은 앞뒤로 늘어서지 않고 '좌우로, 옆으로' 늘어섭니다. 이런 맥락에서, Y를 기준으로 X가 있다고 말하면, 사람은 X가 Y '옆에' 있는 것으로 인식합니다. 이것이 by를 '옆에'로 해석하는 이유입니다.

by를 시간에 적용해 보겠습니다.

- I'll come back here <u>by five</u>.
  늦어도 5시까지는 돌아올게.

5시를 기준으로 말하면, 사람은 이를 5시 '옆에' 있는 시간, 즉 '5시가 되기 전'으로 받아들입니다.

위 예문은 늦어도 5시까지는, 말한 시간을 넘기지 않고 그 전에 돌아온다는 말입니다. 이렇듯 시간의 by는 어떤 행위의 '기한'을 나타냅니다. (before or not later than a particular time)

예를 들어, 돌아옴은 도착과 동시에 한순간에 끝납니다. by는 'arrive·finish, pay·answer'와 같은 '순간적인' 의미를 지닌 동사와 잘 어울립니다.

- The card ought to have <u>arrived</u> <u>by</u> now.
  지금쯤은 카드가 도착했어야 하는데.

- I sent him the card today, so he'll <u>get</u> it <u>by</u> Friday.
  오늘 그에게 카드를 보냈으니, 금요일까지는 받아볼 거야.

- He has promised to <u>finish</u> the job <u>by</u> April.
  4월까지는 he가 그 일을 끝내겠다고 약속했어.

- I'll <u>pay</u> you the money <u>by</u> the end of this month.
  이달 말까지는 돈을 갚을게.

- Can you <u>answer</u> my question <u>by</u> this time tomorrow?
  내일 이때쯤 내 질문에 대답해 줄 수 있니?

- I'll <u>be</u> in bed <u>by</u> the time you get home.
  네가 집에 올 때쯤 나는 자고 있을 거야.

until과 비교해 보십시오.

- He'll be <u>working</u> <u>until</u> five.
  he는 5시까지 (쉬지 않고 계속) 일하고 있을 거야. 〉 일할 거야.

- You're not <u>watching</u> TV <u>until</u> you've finished it.
  그것을 다할 때까지 TV를 보고 있지 않는다. 〉 그것을 다할 때까지 (내내) TV를 못 본다. 〉 그것을 다해야 TV를 볼 수 있다. (순서가 중요한 상황, '완료 형식[have fished]'으로 나타냄)

  ★ 현재완료와 시간 부사절 ☞ ❶ p. 195

- **until** (= till, 구어에서는 보통 till을 씀)

- I'll wait here <u>until</u> five.
  5시까지 (어디 안 가고, 계속) 여기서 기다릴게.
  – 말한 시간까지, 특정한 미래 한 시점까지 계속

위 예문은 5시까지, 요컨대 '말한 시간까지 계속' 기다린다는 말입니다. 이렇듯 시간의 until은 어떤 행위의 '한계 시점'을 나타냅니다. (It continues and then stop at that time.)

한 예로, 기다림은 한순간만 유지되지 않습니다. 지속적입니다. until은 (지속성을 지닌 상태동사 'be, have'를 비롯해) 'continue · keep · stay · wait'와 같은 '지속적인' 의미를 지닌 동사와 잘 어울립니다.

- The library <u>is</u> open from 9 a.m. <u>until</u> 5 p.m.
  도서관은 오전 9시부터 오후 5시까지 (내내) 문을 연다.
  예 I have no time until lunch.
  점심시간까지 (내리) 시간이 없어요. 〉 점심시간이 되어야 시간이 있어요.

- The exhibition will <u>continue</u> <u>until</u> April.
  전시회는 4월까지 계속된다.

- Please <u>keep</u> this for me <u>until</u> after school.
  수업이 끝날 때까지 (계속) 이것을 보관해 줄래.

- <u>Until</u> recently, he <u>stayed</u> at the hotel.
  he는 최근까지 (줄곧) 그 호텔에 묵었다.

- Let's <u>wait</u> <u>until</u> the rain stops. 비가 그칠 때까지 (계속) 기다리자.
  – 이때의 until은 절(the rain stops)이 왔으므로, (전치사가 아닌) 접속사
  예 I want to study English until I am fluent.
  유창해질 때까지 (꾸준히) 영어를 공부하고 싶다.

생각문법

주의! 순간적인 의미의 동사라도, 부정문에서는 until과 함께 쓰입니다.
* I can't pay the rent until Friday.
금요일까지 집세를 낼 수 없다. 〉 금요일이 되어야 집세를 낼 수 있다.

정리하면, by는 '늦어도 언제까지는'이라는 말로, '기한'을 의미합니다. until은 '언제까지 계속'이라는 말로, '한계 시점'을 의미합니다.

'현재[완료]진행 · 과거[완료]진행'과 마찬가지로, '미래[완료]진행'도 지속성을 지닌 상태동사는 진행형으로 쓰이지 않습니다.
* NOT He will be knowing ... /
  NOT He will have been knowing ...

• • •

미래진행

✓ 화자가 과거로 미루어 예상한 미래의 일
— He'll be working part-time (as usual).

✓ 과거에 결정된[확정된], 확실시되는 미래의 일
— So at four, I'll be playing soccer.

✓ 화자가 그려 본 미래의 일
— I'll still be doing the same job in ten years.

41-1]   he는 내일 저녁 7시에 (평소처럼) 아르바이트하고 있을 거야.

　　　　..

41-2]   (뭐하긴!) 일요일에 등산하겠지.

　　　　..

41-3]   내일 (십중팔구) 도서관에서 베티를 만날 걸.

　　　　..

41-4]   베티는 지금 (보나 마나) 자고 있을 거야.

　　　　..

41-5]   4시에는 축구를 하고 있을 거야.

　　　　..

41-6]   이따가 가게에 갈 건데, 뭐 좀 사다 줄까?

　　　　..

41-7]   he는 다음 축구 경기를 못 뛸 거야.

　　　　..

41-8]   다음 주까지 차를 안 쓰기로 되어 있는데, 쓰고 싶으면 써도 돼.

　　　　..

41-9]   he가 네가 잔디 깎는 것을 도와줄 거야.

　　　　..

미래시간 완료상
The Future Time – Perfect Aspect

베티는 철수와 12시에 도서관에서 만나기로 했습니다.

- Betty <u>has</u> just <u>arrived</u>.
    베티는 방금 도착했다.
    - 동사구: has(현재시제) + arrived(완료상)

위 예문은 현재완료 문장입니다. 비교해 보십시오. 아래 예문은 미래완료 문장입니다.

- She <u>will have arrived</u> by twelve o'clock.
    12시까지는 베티가 도착해 있을 것이다.
    - 동사구: will(미래시간) + have(무시제) + arrived(완료상)

지금은 10시입니다. 도서관을 향해 떠난 베티의 출발 시간은 '12시 이전 어느 한 때'입니다. 정확히 말하면, '10시 이전'일 수도 있고, '10시 지금'일 수도 있고, '10시 이후 (10시와 12시 사이)'일 수도 있습니다. 이렇듯 베티의 출발 시간은 상황이나 문맥에 따라 세 가지입니다.

'10시 이전', '10시 지금', '10시 이후' – 이는 미래완료 영역을 나타내는 그림이 세 가지라는 의미입니다.

> 미래완료의 영역과 개념

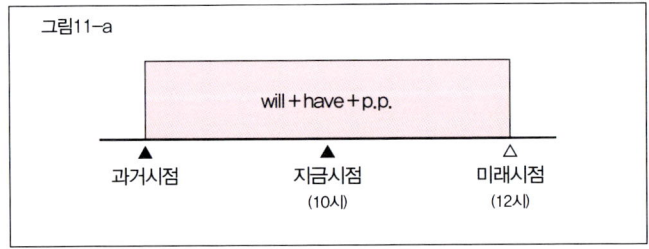

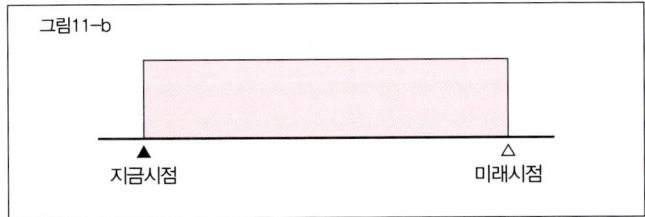

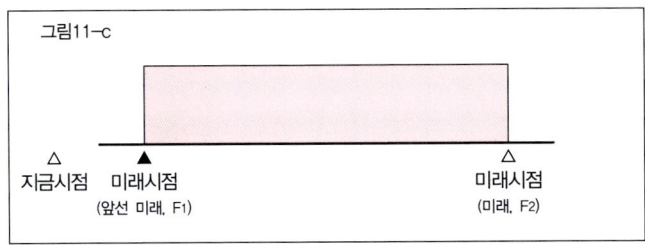

미래완료 형태는 'will+have+p.p.'입니다.

그림11이 보여 주듯이, 베티의 출발 시간은 a처럼 '과거'일 수도 있고, b처럼 '지금'일 수도 있고, c처럼 '앞선 미래'일 수도 있습니다. 이렇듯 미래완료 영역은 세 가지로, '과거시점/지금시점/앞선 미래시점부터 미래시점 미만[△]'입니다.

- She will have arrived by twelve o'clock.
  12시까지는 베티가 도착해 있을 것이다.

위 예문은 will이 쓰였으니, 직감적으로, 화자의 예측! 상태동사 'have'가 무의미하게 쓰인 것은 아닐 터, 'will have arrived'는 액면 그대로 '도착한[arrived] 상태일[will have] 것'이라는 말입니다. 글자 그대로 '12시까지는 베티가 도착해 있을 것이다.'라고 화자가 예측한 말입니다. (have는 상태동사니, '도착할 것이다.'가 아닙니다.)

개념 ■ 화자가 예측한, 완료 상태일 미래의 일

비교해 보십시오. 아래 예문은 '도착할 것'이라고, 미래시점에서 일어날 일을 화자가 예측한 말입니다.

- She will arrive at twelve o'clock.
  베티는 12시에 도착할 거야.

질문입니다. 미래의 일이면 'will arrive'로 말해도 되는데, 왜 'will have arrived'로 말했을까요?

① I have finished my homework.
　　숙제를 다했다.
　– 현재완료: 완료 후의 현상태

② I have just had pizza.
　　방금 피자 먹었어.
　– 현재완료: 결과적인 현상태

[①은 '숙제를 마친 상태'라는 말입니다. 다시 말해, '숙제를 마친 후의 현상태', 즉 '숙제를 끝내 홀가분하다.', 또는 '밖에 나가 놀고 싶다.', 또는 '이제 좀 쉬어야겠다.' 이런 말을 하고 싶은 것입니다. ②는 방금 피자를 먹어 '지금 배부르다'는 말입니다. 결과적으로 하고 싶은 말은 (먹음이 아닌) 현상태인 '배부름'입니다. 배부르니, '다음에 같이 먹자.'는 말로 들립니다.]

현재완료는 '완료 후의 현상태'나 '결과적인 현상태'를 나타냅니다. 중점이 (완료한 일이 아닌) 현상태에 있고, (좀 쉬어야겠다는, 배부르다는) 현상태와 관련된 말이 내포되어 있습니다.

영역이 다를 뿐, 미래완료 문장도 '완료 후의 미래상태'나 '결과적인 미래상태'를 나타냅니다. 아래 예문의 해석을 소리 내어 여러 번 읽어 보십시오.

• She will have arrived by twelve o'clock.
　　12시까지는 베티가 도착한 상태일 거야. 〉 도착해 있을 거야.
　– 미래완료: 완료 후의 미래상태를 화자가 예측

'You can see her any time after twelve o'clock. 12시 이후면 베티를 만날 수 있어.'라는 말이 뒤따를 만합니다.

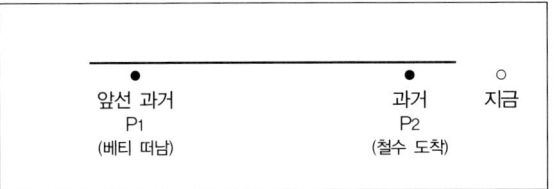

- She <u>had</u> already <u>left</u> when he <u>arrived</u>.

  철수가 도착했을 때[P2], 베티는 이미 떠났다[P1]. [서로 만나지 못했다. (결과적인 과거상태)]
  – 두 과거사건의 순서가 바뀌면 결과가 달라짐. 그만큼 순서가 중요한 상황

P1이 P2와 '연관이 있고', P1과 P2의 '순서가 중요한 상황'에서 먼저 일어난 '앞선 과거인 P1'을 과거완료로 나타냅니다. 영역만 다를 뿐, 미래완료도 마찬가지입니다.

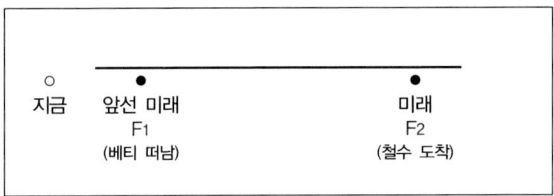

- She <u>will have</u> already <u>left</u> when he <u>arrives</u>.

  철수가 도착하면[F2], 베티는 이미 떠났을 것이다[F1].
  [서로 만나지 못할 것이다. (결과적인 미래상태)]

F1과 F2가 '연관이 있고', F1과 F2의 '순서가 중요한 상황'에서 먼저 일어날 '앞선 미래인 F1'을 미래완료로 나타냅니다.

예문42-1~5는 완료 상태일 미래의 일을 화자가 예측한 미래시간 완료상 문장입니다.

42-1] If I go to Sydney this summer, I'll have been there three times.
42-2] Betty will have stayed in Seoul for two years by next month.
42-3] Call Betty at seven. She'll have finished dinner by then.
42-4] I'll have finished the report by two o'clock.
42-5] We're late. The film will already have started by the time we get to the cinema. We won't see it.

경험: [42-1] 올 여름 시드니에 가면 세 번 가 본 것이 된다. **지속**: [42-2] 베티는 다음 달이면 서울에 머문 지 2년이 된다. **완료 후의 미래상태**: [42-3] 7시에 베티에게 전화해. 그때까지는 저녁을 다 먹었을 거야. [42-4] 2시까지는 리포트를 끝내 놓았을 거야. **결과적인 미래상태**: [42-5] 늦었다. 우리가 영화관에 도착할 때쯤이면, 영화가 벌써 시작했을 거야. 영화를 볼 수 없을 거야.

42-3] 저녁 식사를 마친 상태일 것이라는 말입니다.
예 He'll have left the office by now. Don't send a fax there.
지금쯤은 he가 사무실을 떠났을 거야. 팩스를 사무실로 보내지 마.

42-4] 1인칭 주어라 상황에 따라 화자의 의지가 드러나기도 합니다. (확실하게 의지를 말하고 싶으면, 'I'll finish the report ...' 이렇게 will만 씁니다.)

42-5] 예 He'll have spent all his money before the end of this month. I bet he'll borrow some money from his friends.
he는 이달 안에 돈을 다 쓰고 없을 거야. 분명히 친구들한테 돈을 빌릴 거야.

생각문법

아래 예문은 모두 '김 선생님께 전화를 먼저 드리고[F1] 찾아뵐 [F2] 것입니다.'라는 말입니다. (특히, 42-9를 눈여겨보십시오.)

42-6] I'<u>ll call</u> Mr. Kim. Then I'<u>ll visit</u> him.
42-7] I'<u>ll have called</u> Mr. Kim by the time I <u>visit</u> him.
42-8] I'<u>ll have called</u> Mr. Kim when I <u>visit</u> him.
42-9] When I'<u>ve called</u> Mr. Kim, I'<u>ll visit</u> him.

42-8] '... when I <u>visit</u> him.' ★ 현재시제와 시간 부사절 ☞ ❶ p. 52

42-9] when이 F1에 붙였으니, F1을 하고 나서 - F1이 선행된 전제하에 - F2를 할 것이라는 말입니다. 이때의 when은 F1을 먼저 할 것임을 분명히 하기 위한 접속사입니다. '…을 하고 나서[하고 난 다음에, 한 후에/뒤에]'로 해석합니다. ★ 과거완료와 when ☞ ❶ p. 270

· · ·

미래완료

✓ 화자가 예측한, 완료 상태일 미래의 일 /
 미래의 일[F2]보다 앞선 미래의 일[F1]
 − She'll have finished dinner by then.
  I'll have called Mr. Kim when I visit him.

✓ when + 앞선 미래
 − When I've called Mr. Kim, I'll visit him.

42-1] 올 여름 시드니에 가면 세 번 가 본 것이 된다.

....

42-2] 베티는 내달이면 서울에 머문 지 2년이 된다.

....

42-3] 7시에 베티에게 전화해. 그때까지는 저녁을 다 먹었을 거야.

....

42-4] 2시까지는 리포트를 끝내 놓았을 거야.

....

42-5] 우리가 영화관에 도착할 때쯤이면, 영화가 벌써 시작했을 거야.

....

42-6] 김 선생님께 전화를 먼저 드리고 찾아뵐 거야.

....

....

....

미래시간 완료진행상
The Future Time – Perfect Continuous Aspect

- I <u>have been waiting</u> for two hours.
  기다린 지 두 시간이 되었다[지났다].
  - 동사구: have(현재시제) + been(완료상) + waiting(진행상)

위 예문은 현재완료진행 문장입니다. 지금까지 기다린 지 두 시간이 되었다는[지났다는] 말입니다. 초점이 '일의 진행에/시간의 경과에' 맞춰져 있습니다. 중점이 진행되던 일에 있습니다. (앞으로도 기다리는지는 상황이나 문맥의 문제이므로 문제 삼지 않습니다.)

아래 예문은 미래완료진행 문장입니다. 영역이 다를 뿐, 현재완료진행 문장과 크게 다르지 않습니다.

- I <u>will have been waiting</u> for two hours by two o'clock.
  - 동사구: will(미래시간) + have(무시제) + been(완료상) + waiting(진행상)

질문입니다. 'will have been waiting'을 어떻게 해석하면 좋을까요? '기다리고 있을 것이다.' 이렇게 해석할까봐 그렇습니다.

> 미래완료진행의 영역과 개념

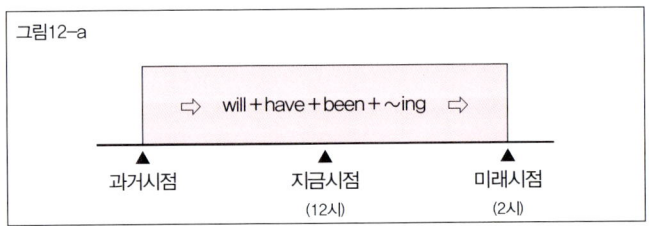

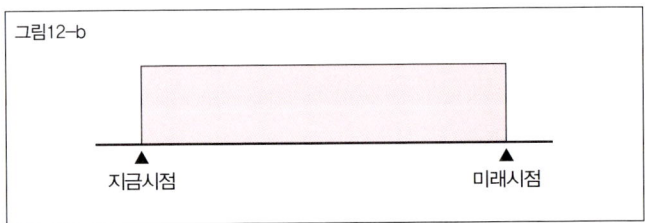

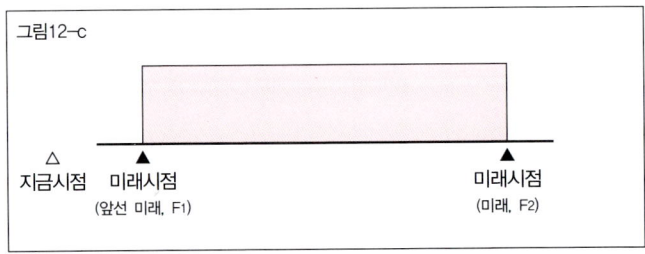

미래완료진행 형태는 'will+have+been+~ing'입니다.

그림12가 보여 주듯이, 미래완료진행 영역은 '과거시점/지금시점/앞선 미래시점부터 미래시점 이하[▲]'입니다. 미래시점을 포함하는 점을 제외하면 미래완료 영역과 같습니다.

12시에 도서관에 도착한 베티, 바로 그때 만나기로 한 철수한테서 전화가 왔습니다. 급한 일이 생겨 2시까지 간다고 합니다. 베티는 졸지에 두 시간을 기다리게 되었습니다.

- I will have been waiting for two hours by two o'clock.
    해석①: 2시면 기다린 지 두 시간이 될 것이다[지날 것이다]. 〉 두 시간이 된다[지난다]. 〉 두 시간을 기다리게 된다. 〉 두 시간을 기다리는 셈이다.
    해석②: 2시까지 두 시간 동안 기다리고 있을 것이다.
    (미래 상황을 묘사한 해석. 말맛이 썩 좋지 않음. 해석은 ①로)

(그림12-b에 해당하는) 위 예문은 (지금 12시고, 철수는 2시에 오니) 결국 '두 시간을 기다리는 셈'이라는 말입니다. 현재완료진행과 마찬가지로, 미래완료진행도 초점이 '일의 진행에, 시간의 경과'에 맞춰져 있습니다. 중점이 진행될 일에 있습니다. (2시 이후에도 기다릴지는 상황이나 문맥의 문제이므로 문제 삼지 않습니다.)

개념 ■ 화자가 예측한, 중점이 있는, 미래시점[F2]까지 진행될 미래의 일

예문43은 중점이 있는, 미래시점[F2]까지 진행될 미래의 일을 화자가 예측한 미래시간 완료진행상 문장입니다.

43-1] It'<u>ll have been raining</u> for three days by tomorrow.
43-2] I'<u>ll have been singing</u> for ten years by next month.
43-3] By next month, we'<u>ll have been building</u> this house for three months.
43-4] By the end of this month, he'<u>ll have been living</u> in this house for twenty years.
43-5] By the time he retires, he'<u>ll have been working</u> as a doctor for thirty years.

43-1] 내일이면 비가 온 지 사흘이 된다. [43-2] 내달이면 노래를 부른 지 10년이 된다. [43-3] 내달이면 이 집을 지은 지 3개월이 된다. [43-4] 이달 말이면, he는 이 집에서 20년 동안 살게 된다. [43-5] he는 퇴직하면 의사로 30년 동안 일하게 된다.

43-6] When I get there this evening, I'll be tired. Because I'<u>ll have been driving</u> for six hours by then.
43-7] If you go to the office at 2 p.m. tomorrow, I'<u>ll have been working</u> alone for five hours by then.

43-6] 오늘 저녁 그곳에 도착하면 피곤할 거예요. 그때까지 6시간 동안 운전하게 되니까요. [43-7] 네가 내일 오후 2시에 사무실에 오면, 그때까지 나 혼자 5시간 동안 일하는 셈이다.

[현재완료: 'How many hours have you waited? 몇 시간을 기다렸니?' – 이 예문은 몇 시간을 기다렸냐고, 지금껏 기다린 '시간의 양'을 구체적으로 물은 말입니다. 현재완료의 기간은 '한 덩이의 시간'으로 인식됩니다.]

아래 예문은 수량이 중요하고, 'how many, how much'와 잘 어울리는 미래완료 문장입니다.

- "<u>How many</u> hours will you have waited when he comes?"
  "he가 오면 몇 시간을 기다리게 되니?"

  "I <u>will have waited</u> for two hours by then."
  "그때면 두 시간을 기다리게 되지."
  – 두 시간을 기다린 상태, 'I'll be upset. 짜증 날거야.'라는 말이 뒤따를 만함

[현재완료진행: 'How long have you been waiting?' – 이 예문은 지금까지 기다린 지 얼마나 되었느냐고, 얼마나 지났느냐고, '일이 진행된, 시간이 경과한' 기간을 물은 말입니다. 현재완료진행의 기간은 '연속적인 시간의 흐름'으로 인식됩니다.]

아래 예문은 '일이 진행될, 시간이 경과할' 기간이 중요하고 'how long'과 잘 어울리는 미래완료진행 문장입니다.

43-8] <u>How long</u> will you have been waiting by two o'clock?

43-9] I <u>will have been waiting</u> for two hours by then.

43-8] 2시면 기다린 지 얼마나 되니? [43-9] 그때면 기다린 지 두 시간이 되지.

미래완료 문장과 비교해 보십시오.

- How long will you have been waiting by then?
  [미래완료진행] 그때면 얼마동안 기다리게 되니? > 그때면 기다린 지 얼마나 되니?

  How many hours will you have waited by then?
  [미래완료] 그때면 몇 시간을 기다리게 되니?

- How long will you have been working here by then?
  그때면 얼마 동안 여기서 일하게 됩니까?

  How many years will you have worked by then?
  그때면 몇 년을 일하게 됩니까?

- How long will he have been writing books by then?
  그때면 he가 얼마 동안 책을 쓰게 됩니까?

  How many books will he have written by then?
  그때면 he가 책을 몇 권 쓰게 됩니까?

- I will have been seeing Betty for two months by then.
  그때면 두 달 동안 베티를 보게 돼.

  I will have seen Betty three times by then.
  그때면 베티를 세 번 보게 돼.

지속의 미래완료

지속의 미래완료는 특히, 상태동사일 때 ('how long, for ten years'와 같은) 기간을 뜻하는 말과도 잘 어울립니다. 이때의 상태동사는 여느 시제 형식과 마찬가지로, 진행형이 불가합니다. 미래완료진행으로 쓰이지 않습니다. ★ 지속의 현재완료 ☞ ❶ p. 183, 229

- How long will you have been here by then? [미래완료]
  그때면 얼마 동안 여기에 있게 되나요?

- By next month the couple will have been married for ten years. [미래완료수동]
  부부는 다음 달로 결혼한 지 10년이 됩니다.

주의! 상태 〉 지속 〉 진행: 지속성을 지닌 상태, 상태에는 '지속'의 의미가 들어 있고, 지속에는 '진행'의 의미가 내포되어 있습니다. 진행의 의미가 이미 들어 있으므로, 상태동사는 진행형으로 쓰이지 않습니다. 아니, 진행형으로 쓰일 필요가 없는 것입니다. * NOT How long will you have been being here by then?

• • •

미래완료진행

✓ 화자가 예측한, 중점이 있는, 미래시점[F2]까지 진행될 미래의 일

— It'll have been raining for three days by tomorrow.
How long will you have been waiting by two o'clock?

43-1] 내일이면 비가 온 지 사흘이 된다.

....

43-2] 내달이면 노래를 부른 지 10년이 된다.

....

43-3] 내달이면 이 집을 지은 지 3개월이 된다.

....

43-4] 이달 말이면, he는 이 집에서 20년 동안 살게 된다.

....

43-5] he는 퇴직하면 의사로 30년 동안 일하게 된다.

....

43-6] 그때까지 6시간 동안 운전하게 되니까요.

....

43-7] 나 혼자 5시간 동안 일하는 셈이다.

....

43-8] 그때면 얼마 동안 여기서 일하게 됩니까?

....

43-9] 그때면 he가 얼마 동안 책을 쓰게 됩니까?

....

그림 모음

미래시간

He will go there tomorrow.

be going to 영역

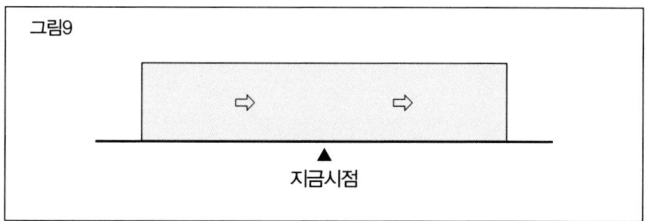

It is going to rain.

미래시간 진행상 영역

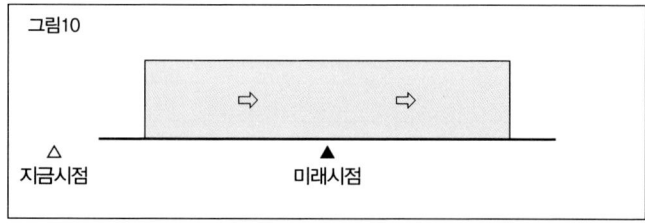

She will be having dinner at six tomorrow evening.

미래시간 완료상 영역

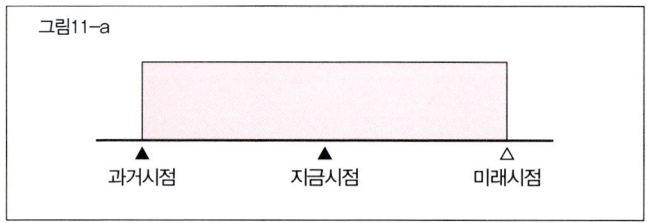

She will have arrived by twelve o'clock.

미래시간 완료상 영역

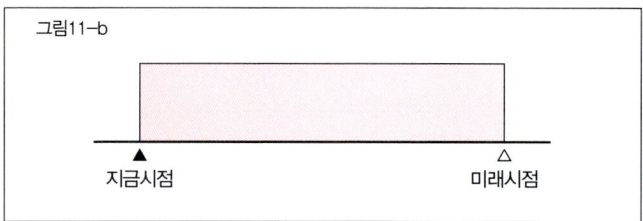

She will have arrived by twelve o'clock.

미래시간 완료상 영역

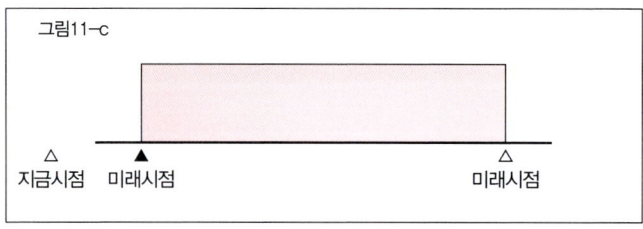

She will have arrived by twelve o'clock.

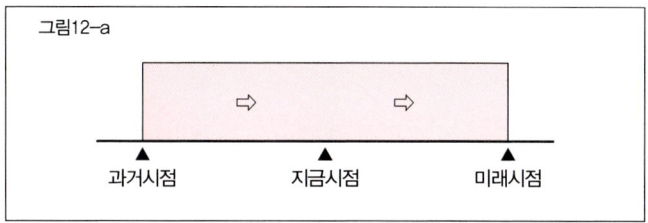

I will have been waiting for two hours by then.

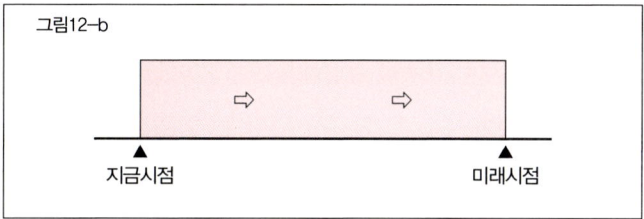

I will have been waiting for two hours by then.

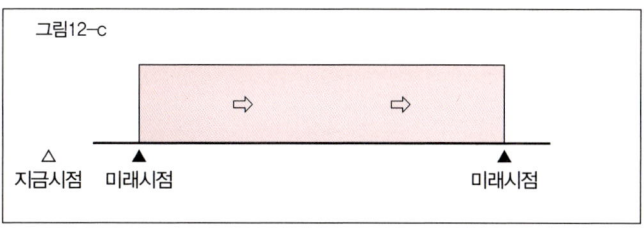

I will have been waiting for two hours by then.

동사구: 시제+상

현재시제	I <u>write</u> it. — write[현재시제]
현재진행	I <u>am writing</u> it. — am[현재시제]+writing[진행상]
현재완료	I <u>have written</u> it. — have[현재시제]+written[완료상]
현재완료진행	I <u>have been writing</u> it. — have[현재시제]+been[완료상]+writing[진행상]
과거시제	I <u>wrote</u> it. — wrote[과거시제]
과거진행	I <u>was writing</u> it. — was[과거시제]+writing[진행상]
과거완료	I <u>had written</u> it. — had[과거시제]+written[완료상]
과거완료진행	I <u>had been writing</u> it. — had[과거시제]+been[완료상]+writing[진행상]

동사구: 서법+시제+상

미래시간	I <u>will write</u> it. — will[서법]+write[무시제]
미래진행	I <u>will be writing</u> it. — will[서법]+be[무시제]+writing[진행상]
미래완료	I <u>will have written</u> it. — will[서법]+have[무시제]+written[완료상]
미래완료진행	I <u>will have been writing</u> it. — will[서법]+have[무시제]+been[완료상]+writing[진행상]

Unit 8

서법 조동사
Shall · Can · May · Must

이제는 will이 예전에 알고 있던 will이 아닙니다. 서법이 어떤 문법인지 will을 통해 확실히 알았습니다.

주관의 세계, 서법
서법은 정도의 문법

생각이나 마음은 주관적입니다. 주관적인 만큼 '정도의 문제'가 생깁니다. 우리는 어떤 일에 대해 확신하며 '예측'할 때도 있고 반신반의하며 '추측'할 때도 있습니다. 또한, '가능성'이나 '가망성'을 가질 때도 있습니다. 이러한 주관의 세계를 나타내는 말이 서법 조동사입니다. 알아 갈수록 흥미진진해집니다. 여세를 몰아 서법 조동사 'shall'과 'can · may · must'를 살펴보겠습니다.

['must · would · should'와 비교되는 'have to · used to · ought to'도 제각기 서법적 의미를 지닙니다. 이를 서법 조동사에 준한다 하여 "준서법 조동사"로 부르기도 합니다.]

› shall

shall은 '화자의 결의'를 나타냅니다. 굳게 마음먹었으니, shall은 의지의 will보다 어감이 강합니다. 결의한 만큼 책임지겠다는 뉘앙스를 풍기며, 2인칭/3인칭 주어 문장에서 두드러집니다.

잠깐! 주어의 의지라는 것이 없듯이, 주어의 결의라는 것도 없습니다. 서법은 (주어 관점이 아닌) 말하는 사람, 화자 관점의 문법! 아래 예문을 결의에 찬 어조로, 화자가 한 말로 보십시오.

- You <u>shall have</u> the car.
  너는 그 차를 갖고야 말 것이다. 〉 (내가) 너에게 그 차를 갖게 해 주겠다.

- He <u>shall suffer</u> for this!
  그놈은 이 대가로 고통을 당하고야 말 것이다. 〉 (내가) 그놈에게 고통을 당하게 해 주겠다.
  예 You shall die. 너는 죽고야 말 것이다. 〉 죽을지어다.
  ('I will kill you.'와는 어감이 상당히 다름)

하지만 위 예문은 '시대에 뒤떨어진 old-fashioned' 표현입니다. shall은 예스러운 말로, 영국영어나 미국영어나, 오늘날은 일반적으로 will이 쓰입니다. 또는, 아래 예문과 같이 달리 표현합니다.

- I <u>will let</u> you have the car.
- I <u>will make</u> him suffer for this!

- I shall go there at two o'clock.
  2시에 그곳에 가고야 말 것이다.
  - 격식체, 어감이 너무 강해 shall 대신 보통 will이 쓰임
    (영국영어는 1인칭 주어 문장에도 shall이 쓰이기는 하지만, 보통 will이 쓰임)
  - 결의에 찬 표현에는 종종 쓰임
    예 Those who seek death shall live and those who seek live shall die!
    살고자 하는 자는 죽을 것이요, 죽고자 하는 자는 살 것이다. (필생즉사 필사즉생)

shall은 주로 의문문으로, 아래와 같은 경우에 쓰입니다.

- Shall I carry your bag? 가방을 들어 드릴까요?
  - 상대방에게 도움을 줄 때

- Shall we go out for lunch? 점심 먹으러 나갈까요?
  - 정중히 제안하거나 요청할 때

- What shall I do? 어떻게 해야죠[어떡하죠?/어쩌면 좋죠]?
  - 의견이나 지침을 구할 때
    예 Shall we be in time for the two o'clock train?
    우리가 2시 기차에 맞추어 갈까[가겠니]? (네 생각은 어떠니?)

'Shall I[we] …?'는 정중하고 공손한 표현으로, '굳게 마음먹고 있으니 말씀만 하십시오.', '분부만 내리십시오. 따르겠습니다.' 이러한 어감입니다. ('Shall I carry your bag?' – 호텔 직원이 떠오릅니다.) 이 경우가 아니면, shall을 will로 바꾸어 생각하십시오.

["Knock, and it shall be opened." – 화자의 결의는 '화자의 신념'으로 풀이됩니다. 이 예문은 결의에서 비롯된 신념으로, "두드리면, 반드시 열리고야 말 것이다." 이런 말입니다. (성경 구절인데, 실제로 영어 성경책을 보면 shall이 참 많이 나옵니다.) '반드시 그렇게 되고야 말 것이다. > 반드시 그렇게 될지어다.' 이렇게 이해하시면 됩니다.]

〉 can, be able to, may

■ 가능의 can

can의 핵심 의미는 '가능성 possibility'입니다. (가능: 할 수 있거나 될 수 있음) can이 지닌 가능성은 둘로 나눕니다.

- How many days <u>can</u> we <u>go</u> without food?
  사람은 먹지 않고 며칠 동안 버틸 수 있습니까?

위 예문은 실제로 일어날, 눈앞에 펼쳐질 가능성을 묻고 있지 않습니다. 즉 '(이론적인) 일반적 가능성'을 뜻합니다.

- We <u>can eat</u> out this evening.
  (시간도 있고, 돈도 있으니) 우리 오늘 저녁에 외식 할 수 있어. 〉 외식하자.
  – 화자의 의도: '외식하자'는 말을 can을 써서 에둘러 말함

실현 가능성이 높은 상황이 주어지면, 이미 정해진 일처럼 일어날 수 있습니다. 위 예문은 정말로 일어날 수 있는 가능성을 말하고 있습니다. 즉 '(현실적인) 실제적 가능성'을 뜻합니다.

가능성
  └ 일반적 가능성
  └ 실제적 가능성

■ 능력의 can

능력이 있는 사람일수록 실현 가능성이 높아집니다. 즉, 내재된 실현 가능성은 '능력'으로 풀이됩니다. 필요하면, 상황만 주어지면 언제라도 할 수 있는 '소유한 능력'을 말할 때 can을 씁니다.

- My English teacher <u>can speak</u> four languages fluently.
  우리 영어 선생님은 4개 국어를 유창하게 할 줄 아신다. (4개 국어 구사 능력의 소유자)

- <u>Can</u> you <u>repair</u> the air conditioner?
  에어컨을 고칠 수 있나요? (에어컨 수리 능력의 소유자)

can은 상황에 따라 가능을 의미할 때도 있고, 능력을 의미할 때도 있습니다. 아래 예문의 해석을 유심히 보십시오.

- Can you swim?
  해석①: (다리를 다쳤다면서) 수영할 수 있니? (수영이 가능한지 물음)
  해석②: 수영할 줄 아니? (수영 능력을 물음)

- I can smoke.
  해석①: (성인이 되어 이제) 담배를 피울 수 있다. (흡연이 가능하다고 말함)
  해석②: 담배를 피울 줄 안다. (흡연 능력을 말함)

'눈·코·입·귀' 등은 감각기관이고, 감각기관은 '감각 능력'이 있습니다. 아래와 같은 지각동사는 주로 can과 함께 쓰입니다. can과 함께 쓰인 지각동사는 '일시적인 동작·행위'를 나타낼 때가 많습니다.

see   hear   taste   smell   feel

- <u>Can</u> you <u>see</u> the sea from your house?
  집에서 바다가 보이니?
  - 이 경우는 can을 굳이 해석할 필요가 없음
    예 I can see my bus coming. (내가 탈) 버스가 오는 것이 보여.

- <u>Can</u> you <u>hear</u> it? What's that noise?
  들리니? 저 소리가 뭐지?

생각은 뇌로 하고, 뇌는 '사고 능력'이 있습니다. 아래와 같은 생각동사는 can과 함께 자주 쓰입니다.

guess   understand   remember   tell

- I <u>can guess</u> what will happen.
  무슨 일이 일어날지 알 것 같아.
  - 이 경우도 can을 굳이 해석할 필요가 없음

- I <u>can understand</u> why he want to go there.
  he가 왜 그곳에 가고 싶어 하는지 이해한다.

주의! can과 함께 쓰인 생각동사는 애쓰는 느낌이 듭니다.

* I don't remember it. 그것을 기억하지 못한다. (기억하고 있지 않다.)
* I can't remember it. 그것이 기억나지 않는다. (기억해 낼 수 없다.)

주의! 지각동사·생각동사가 영국영어는 can과 함께 쓰이는 반면, 미국영어는 함께 쓰이지 않습니다. 의미 차이는 없습니다.

* (영) Can you see it? / I can understand it.
* (미) Do you see it? / I understand it.

여러분

능력의 can으로 물으면, 자칫 실례가 되는 경우가 있습니다.

- <u>Can you</u> speak English? 영어를 할 줄 아세요?
  - 능력을 물음

- <u>Do you</u> speak English? 영어를 하세요?
  - 여부를 물음

'Can you …?'는 '영어로 말할 수 있는 능력이 있느냐?' 이런 말이기 때문에, 기분 나쁘거나 당황스럽게 받아들이는 사람이 있을 수 있습니다. 외국인이나 초면인 사람에게는 '영어를 말하는 사람이냐?'라는 뜻으로, 'Do you …?'로 묻는 것이 좋습니다.

> '언어·악기·운동'과 관련된 능력을 말할 때는 can을 안 쓰는 것이 예사입니다. * Do you play golf? 골프 치세요?

■ 가능의 be able to

'be able to'는 '특정한 상황'에서 '특정한 일'이 가능함을 뜻합니다. (can은 서법 조동사고, able은 주어를 설명하는 형용사입니다.)

- **She <u>is able to dance</u> tonight.** [가능]
  she가 (어젯밤은 춤을 출 수 없었지만) 오늘 밤은 춤을 출 수 있다.
  − 부정문: She's not able to dance tonight. 오늘 밤은 she가 춤을 출 수 없다.
  (not able = unable / not able이 일반적)

주의! (필요하면, 상황만 주어지면 언제라도 할 수 있는) '소유한 능력'을 말하는 can과 구별해야겠습니다.
  * She can dance well. she는 춤을 잘 춘다. (춤을 잘 추는 능력의 소유자)

주의! 지각동사·생각동사가 쓰인 문장에는 can이 쓰입니다.
  * I can feel something crawling up my back.
    뭔가 등 위를 기어오르는 것이 느껴진다. (NOT I'm able to feel something ...)
  * Can you remember who I am? 날 알아보겠니?

아래 예문을 비교해 보십시오.

- Tom was a professional StarCraft player. He <u>could beat</u> anybody.
  톰은 스타크래프트 프로게이머였다. 누구든 이길 수 있었다. (could: 소유한 능력)

- Tom and John played StarCraft yesterday. Tom played very well, but John <u>was able to beat</u> him.
  톰과 존은 어제 스타크래프트를 했다. 톰이 정말 잘 하기는 했지만, (나름의 이유로) 존이 톰을 이길 수 있었다. (= managed to) [(어제 한 스타크래프트) 특정한 일이 가능했음 불가능할 줄 알았는데 가능했다는, '예상한 것과는 다르게'라는 느낌을 줌]
  ★ was/were able to ☞ p. 163

'be able to'는 특히, 아래와 같은 경우에 쓰입니다.

- I will[may/must] be able to go skating.
  스케이트를 타러 갈 수 있을 것이다[갈 수 있을지도 모른다/갈 수 있어야 한다].
  – 조동사와 함께 (조동사는 다른 조동사와 중복 사용할 수 없으므로)

- I have not been able to go skating lately.
  최근에 스케이트를 타러 갈 수 없었다.
  – 완료형과 함께 (조동사는 완료형이 없으므로)

- I used to be able to go skating.
  예전에는 스케이트를 타러 갈 수 있었다.
  – 부정사의 형태로 (조동사는 부정사의 형태로 쓰일 수 없으므로)

질문입니다. '내일 파티에 갈 수 있다.'는 ①로 말할까요, ②로 말할까요?

① I can go to the party tomorrow.
② I will be able to go to the party tomorrow.

①로 말합니다. 내일 파티에 갈 수 있는 상황이니까, 가기로 결정했으니까 갈 수 있다고 말한 것입니다. 즉, '현재 상황'이나 '현재 결정'으로 미래의 일이 일어날 수 있다고 말할 때는 실제적 가능성을 지닌 can을 씁니다.

주의! 'will be able to'는 글자 그대로, 어떤 일의 '가능성(be able to)'을 '예측한다(will)'는 말입니다. '막연한 미래의 일'을 말할 때 주로 씁니다.

* One day we'll be able to go to North Korea.
  (통일이 되면) 우리는 언젠가 북한에 갈 수 있을 것이다.

■ 불가능·무능력의 can't

강조합니다. can't는 어감이 상당히 강합니다. 단순히 '할 수 없다'가 아니라, 그 이상입니다.

- You can't go home. [불가 〉 불허 〉 금지]
    너는 집에 갈 수 없다. 〉 집에 가면 안 된다. (may not) 〉 집에 가서는 안 된다. (must not)
    – can't는 'must not'을 대신해 쓸 수 있을 만큼 어감이 상당히 강함

예외적으로, can은 위와 같이 'not을 can에 붙여' 부정합니다. 즉, (띄어 쓴 'can not'이 아니라) 붙여 쓴 'cannot'입니다. 이유는 문장 내용을 부정하지 않고, can을 부정하기 때문입니다. (can을 부정하려고 can에 not을 붙여 쓰는 것입니다.)

- Penguins are birds. But they cannot fly. [불가능, 무능력]
    펭귄은 새다. 하지만 날지 못한다.

아래 예문을 비교해 보십시오. 부정하는 말이 다릅니다.

- He may not be at home.
    he는 '집에 없을'지도 모른다. (추측의 may)
    – be를 부정: he가 집에 없다고[not be] 추측[may]

- He cannot be at home.
    he는 집에 '있을' 리가 없다. (가능의 can)
    – can을 부정: he가 집에 있을[be] 가능성이 없음[cannot]

■ 추측의 may

[화자의 확신도가 높으면 will이나 must를 쓰고, 낮으면 may나 could를 씁니다. 이러한 정도의 문제로 인식하고 풀어가는 것이 서법이고, 조동사입니다.]

may의 핵심 의미는 '가망성 Prospects'입니다. (가망: 일어날[일어나고 있을] 만한 '가능성이 있는 희망')

- He <u>may go</u> there tomorrow.
  he는 내일 그곳에 갈지도 모른다. (= Perhaps he'll go there tomorrow.)

- He <u>may be</u> at home now.
  he는 지금 집에 있을지도 모른다. (= Perhaps he's at home now.)
  – 예측처럼, 추측도 얼마든지 지금의 일을 추측할 수 있음

서법은 정도의 문법! 위 예문은 실제적 가능성이 절반가량 포함된 말로, may는 반신반의하는 '화자의 추측'을 나타냅니다. '~한 일도 있음 직하다'로 화자의 확신도가 '50% 정도'입니다.

개념 ■ 가망성, 주어에 대한 화자의 추측

추측의 may의 부정은 'may not'입니다.

- He <u>may not</u> go there tomorrow.
  he는 내일 그곳에 안 갈지도 모른다. (= Perhaps he won't go there tomorrow.)

- He <u>may not</u> be at home now.
  he는 지금 집에 없을 수도 있다. (= Perhaps he's not at home now.)

중요한 사실은 추측의 may로 물을 수 없다는, 의문문을 만들 수 없다는 것입니다.

- *NOT* <u>May</u> he <u>be</u> at home?

이유는 추측이 본디 '의문스럽기' 때문입니다. 아래 예문과 같이 '불확실한 가능성'을 나타내는 could로 대신 묻습니다.

- <u>Could</u> he <u>be</u> at home?
  he가 집에 있으려나?
  - 'He may be at home.'의 의문문
  - 추측을 대신해 '불확실한 가능성'으로 물음

[could는 화자의 확신도가 '50% 미만'으로, may와 거의 같습니다. 이런 까닭에 may 대신 could가 쓰입니다. 이때의 could는 과거시제와 아무 상관 없는 '과거형 서법조동사'로, '불확실한 가능성'을 나타냅니다. 자세한 내용은 Unit 10에서 다룹니다.]

내친김에, must가 강한 추측의 의미로 쓰일 때도 같은 이유로 must로 의문문을 만들 수 없습니다. 아래 예문과 같이, '실제적 가능성'을 나타내는 can으로 대신 묻습니다.

- <u>Can</u> he <u>be</u> at home?
  he가 집에 있을까?
  - 'He must be at home.'의 의문문

- *NOT* <u>Must</u> he <u>be</u> at home?

[may 추측 = could 불확실한 가능성 / must 강한 추측 = can 실제적 가능성]

더욱 중요한 사실이 있습니다. 강한 추측의 must를 대신해 can으로 물을 수는 있어도, 대답할 수는 없다는 것입니다. 아래 예문을 유심히 보십시오.

"<u>Can</u> Betty <u>be</u> in the library now?"
  "베티가 지금 도서관에 있을까?"
  – must를 대신해 can으로 물음
  – 'Betty must be in the library now.'의 의문문

- "She <u>must be</u> in the library now."
  "보나 마나 지금 도서관에 있을 거야." (*NOT* "She can be in ...")
  – 불확실하게 대답하고 싶으면 may나 could를 씀
  예 "She may[could] be in ..." "지금 도서관에 있을지도 몰래[있을 것 같은데]."

'Can Betty be in ...?'은 'Betty must be in ...'의 의문문입니다. 대답은 must로 합니다. can으로 물었다고 can으로 대답하면 안 됩니다. 이유는 can이 긍정문에서 강한 추측의 의미로 쓰이지 않기 때문입니다. 앞서 살펴보았듯이, can은 긍정문에서 '가능·능력'의 의미로 쓰입니다.

- It <u>can be</u> quite cold here in winter. [가능]
  여기는 겨울에 꽤 추워질 수 있다. 〉 추워지기도 한다.
  예 He can be an outstanding player.
    he는 (재능이 특출해) 뛰어난 선수가 될 수 있다.

- <u>Can</u> your husband <u>cook</u>? [능력]
  너희 남편 요리할 줄 아니?
  예 He could drive a car when he was in college.
    he는 대학 다닐 때, 운전할 줄 알았다.

■ 허락의 may

상대방에게 허락을 구할 때는 100% 확신하며 허락을 구하지 않습니다. 구하는 일이니, 가망성을 지닌 may로 반신반의하며 허락해 줄 것을 희망합니다. 'May I …?'로 공손히 허락을 구합니다.

- "<u>May I</u> use your phone?" [공손히 허락을 구함]
  "전화를 좀 써도 될까요?"

고개를 숙일 정도로, 'May I …?'는 무척 공손한 표현입니다. 아랫사람이 상대적으로 사회적 위치가 높고 권한이 있는 윗사람에게 (부하/아이/자식/학생이 상사/어른/부모님/선생님에게) 공손히 허락을 구할 때 씁니다. 하지만 대답은 조심해야 합니다.

- "Yes, <u>you may</u>." [허락] / "No, <u>you may not</u>." [불허]
  "그래, 써도 돼." / "아니, 쓰면 안 돼."

'May I …?'는 화자와 청자가 상하관계에 있을 때 하는 말이라 위 대답이 '권위적으로, 위압적으로' 들릴 수 있습니다. 상대방이 아랫사람이 아니면, 아래와 같이 대답하는 것이 좋습니다.

- "<u>Sure</u>." [승낙] / "I'm afraid <u>you can't</u>." [거절]
  "물론입니다." / "미안하지만, 안 됩니다."

승낙: 'Sure', 'Certainly', 'Yes, of course', 'Yes, please', 'Why not?'
거절: 'I'm afraid you can't.'

■ 요청·제안, 가벼운 명령의 can

- "Can I use your phone?" [요청]
  "전화를 쓸 수 있을까?"

  "Yes, you can." [승낙] / "No, you can't." [거절]
  "응, 쓸 수 있어." / "아니, 쓸 수 없어."

친구나 동료와 같은, 격식을 차리지 않아도 되는, 허물없는 사이는 can으로 '가능성을 묻는 선'에서 요청합니다.

'Can I …?'는 요청하는 말이고, 'May I …?'는 허락을 구하는 말입니다. 비교해 보십시오.

- Can I have a coke?
  (가게에서) 콜라 마실 수 있어요? 〉 콜라 있어요? 〉 콜라 주세요.
  – 주문은 요청하는 일, 주인에게 허락을 구하는 일이 아님

- May I have a coke?
  (아이가 엄마에게) 콜라 마셔도 돼요?
  – 아이가 권한을 가진 엄마에게 허락을 구함

can으로 제안할 수도 있고, 가볍게 명령할 수도 있습니다.

- Can I help you? [제안]
  도와줄까?

- You can go home. [가벼운 명령]
  너는 집에 갈 수 있다. 〉 집에 가야지.
  – '집에 가라'는 말을 can을 써서 에둘러 말함

■ 불허·금지의 may not

- You may smoke here.
  여기서 담배를 피워도 좋다[된다].
  – 흡연을 허락·허가

- You may not smoke here.
  여기서 담배를 피우면 안 된다[피워서는 안 된다].
  – 흡연을 불허·금지

'You may …'는 요청에 대해 '허락한다, 해도 좋다', '허가한다 해도 된다'는 말입니다. 'You may not …'은 요청에 대해 '불허한다, 하면 안 된다', '금지한다, 해서는 안 된다'는 말입니다.

상태동사와 함께 쓰인 may는 '추측'의 의미로 해석되고, 동작동사와 함께 쓰인 may는 '허락·허가'의 의미로 해석됩니다.

- You may think it's too expensive. [상태동사 'think': 추측]
  너는 그것이 너무 비싸다고 생각할지도 모른다.

- You may buy it. [동작동사 'buy': 허락·허가]
  그것을 사도 좋다[된다].

주의! 추측의 의미로 쓰인 may 자리에는 (가망성이 다소 떨어지지만) might를 쓸 수 있습니다. 하지만 허락의 의미로 쓰인 may 자리에는 might를 잘 쓰지 않습니다. 허락을 'Might I …?'로는 잘 구하지 않습니다. ★ 이유 ☞ p. 189

■ 기원의 may

바라는 일을 빌 때, 이루어지기 힘들어도, 이루어지기를 희망합니다. 가망성을 지닌 may로 기원합니다. (이것이 기원문을 may로 시작하는 이유입니다.) may를 문두에 두어 기원문을 만듭니다.

- <u>May</u> God <u>bless</u> you! 신의 은총이 있기를!
- <u>May</u> the New Year <u>bring</u> you all your heart desires.
  새해에는 소망하시는 모든 일이 이루어지기를 바랍니다.

생각 더하기   28. 요청의 "Can you ...?"와 "Will you ...?"

- <u>Can you</u> drive me to the station? [간접 요청]
  역까지 태워다 줄 수 있나요?

- <u>Will you</u> drive me to the station? [직접 요청]
  역까지 태워다 줄래요? (= Drive me to the station, will you?)
  – 'Won't you ...? ... 않을래요?'가 보다 더 부드러운 표현

'Can you ...?'로 가능성을 물음으로써 요청할 수 있습니다. 또한, 'Will you ...?'로 상대방의 의사나 의향을 물음으로써 요청할 수 있습니다. ☞ p. 40

요청을 나타내는 'Please+명령문' 형식도 있습니다.

- <u>Please drive</u> me to the station.
  역까지 좀 태워다 줘요. (= Drive me to the station, please.)

가능 · 능력의 can

긍정문	He <u>can go</u> there. 그곳에 갈 수 있다.
부정문	He <u>can't go</u> there. [불가능, 무능력] 그곳에 갈 수 없다.
의문문	<u>Can</u> he <u>go</u> there? 그곳에 갈 수 있나요?

추측의 may

긍정문	It <u>may be</u> true. 사실일지도 모른다.
부정문	It <u>may not be</u> true. 사실이 아닐지도 모른다.
의문문	<u>Could</u> it <u>be</u> true? 사실이려나?

허락 · 허가의 may

긍정문	You <u>may go</u> there. 그곳에 가도 좋다[된다].
부정문	You <u>may not go</u> there. [불허 · 금지] 그곳에 가면 안 된다[가서는 안 된다].
의문문	<u>May</u> I <u>go</u> there? 그곳에 가도 되나요?

예문 **44**는 can, can't, be able to와 may가 쓰인 문장입니다.

가능

44-1] Accidents <u>can happen</u> to anyone. [일반적 가능성]
44-2] Anybody <u>can visit</u> the National Museum of Korea.
44-3] Potatoes <u>can be grilled</u>, <u>fried</u>, or <u>boiled</u>.
44-4] I <u>can get</u> there in 30 minutes. [실제적 가능성]
44-5] I <u>can come</u> and <u>see</u> you tomorrow if you like.
44-6] If you're not nineteen, you <u>can't learn</u> to drive.
44-7] <u>Can</u> I <u>stay</u> at a first-class hotel?
44-8] <u>Can</u> he <u>be trusted</u>?
44-9] I <u>can't help</u> it. (or It <u>can't be helped</u>.)

44-1] 사고는 누구에게나 일어날 수 있다. [44-2] 누구든지 국립중앙박물관을 방문할 수 있다. [44-3] 감자는 구울 수도 있고, 볶을 수도 있고, 삶을 수도 있다. [44-4] 30분 후에 도착해. [44-5] 괜찮으면 내일 찾아갈게. [44-6] 열아홉 살이 아니면 운전을 배울 수 없어. [44-7] 일급 호텔에 묵을 수 있죠? [44-8] 그 사람 믿을 만해? [44-9] (원하지 않지만, 또는 해서는 안 되지만) 어쩔 수 없네.

44-1] 예 Smoking can cause lung cancer.
　　　　흡연은 폐암의 원인이 될 수 있다.

44-9] 어떤 사정 때문에, 어쩔 수 없이 할 수밖에 없다는 말입니다.
　　　예 I can't help falling in love with you.
　　　　당신과 사랑에 빠지지 않을 수 없네요.

서법 조동사

능력

44-10] How fast <u>can</u> Betty <u>swim</u>?

44-11] How many laps do you think she <u>can swim</u>?

44-12] I don't think she <u>can swim</u> well.

    44-10] 베티가 얼마나 빠르게 수영하니? [44-11] 베티가 수영을 몇 번이나 왔다 갔다 할 수 있을 것 같으니? [44-12] 베티가 수영을 잘하는 것 같지는 않아.

44-13] <u>Can</u> you <u>smell</u> something burning?

44-14] <u>Can</u> you <u>imagine</u> what it was like?

44-15] How <u>can</u> I <u>forget</u> that?

44-16] I <u>can't follow</u> what he's saying.

44-17] Nobody <u>can tell</u> what'll happen in the future.

    44-13] (지각동사와 함께) 뭔가 타는 냄새가 안 나니? [44-14] (생각동사와 함께) 어땠는지 상상이 되니? [44-15] 그걸 어떻게 잊을 수 있겠니? [44-16] he가 무슨 말을 하는지 알아듣지 못하겠다. [44-17] 장차 무슨 일이 일어날지 아무도 모른다.

    44-16] (follow = understand)
        예 Are you following me? 내 말 알아듣고 있니?

    44-17] (tell = know exactly)
        예 You can tell from her face that she's happy.
            표정에서 she가 행복하다는 것을 알 수 있다.

    주의! 'know 알고 있음'와 'see 알게 됨'는 can과 함께 쓰이지 않습니다.
      * I know. 알고 있어. 〉 알아. / I see. (이제) 알겠어.

be able to

44-18] I'll be better able to drive than you are.

44-19] I may not be able to pass my driving test.

44-20] To apply for the job, you must be able to drive.

44-21] I've not been able to drive because of my age.

44-22] I'd like to be able to drive.

44-23] I used to be able to ride a horse.

44-18] (조동사와 함께) (언젠가) 너보다 운전을 잘할 수 있을 것이다. [44-19] 운전면허 시험에 합격할 수 없을지도 모른다. [44-20] 그 일에 지원하려면 운전할 줄 알아야 한다. [44-21] (현재완료와 함께) 지금껏 나이 때문에 운전할 수 없었다. [44-22] (부정사의 형태로) 차를 운전할 수 있으면 좋겠다. [44-23] 예전에는 말을 탈 수 있었다.

44-20] be able to는 특정한 '기술·지식' 등이 필요하거나 많은 노력을 들여야 하는 경우에 자주 쓰입니다.

예 Are you sure you'll be able to carry the refrigerator on your own?
너 혼자 냉장고를 옮길 수 있을 거라고 확신하니?

▶ have the ability to: '~할 능력이 있다'는 뜻으로, 대부분 사람이 못 가진 특출하거나 특이한 능력이 있다고 말할 때 자주 씁니다.

예 My grandmother who is a shaman has the ability to foretell the future.
무당인 우리 할머니는 앞일을 예언하는 능력이 있다.

주의! be able to는 무생물 주어와 어울리지 않습니다.

* Computers can do a lot of work.
컴퓨터는 많은 일을 할 수 있다. (NOT Computers are able to do ...)

또한, 수동태로 쓰이지 않습니다.

* He can be persuaded easily.
he는 쉽게 설득을 당한다. (NOT He's able to be persuaded easily.)

서법 조동사

추측

44-24] It <u>may snow</u> tonight.

44-25] It <u>may</u> or <u>may not</u> be true.

44-26] You <u>may think</u> he's right.

44-27] Do you think we <u>may win</u> yet?

44-28] I wonder how old she <u>may be</u>.

44-29] You <u>may well</u> think so.

44-24] 오늘 밤에 눈이 내릴지도 모른다. [44-25] 그것은 진실일 수도 있고 아닐 수도 있다. [44-26] 너는 그 사람 말이 옳다고 생각하고 있는지도 모르겠다. [44-27] (이길 것 같지는 않지만) 그래도 이제는 우리가 이길지도 모른다고 생각하나요? [44-28] 그 여자 나이가 대체 몇 살인지. [44-29] 네가 그렇게 생각하는 것도 무리는 아니다.

44-27] ▶ may[could] yet: 어떤 일이 일어날 가망성이 아직 남아 있다는 말입니다.
　　　　예 He could yet surprise us all. he가 우리 모두를 놀라게 할 수도 있다.

44-29] ▶ may well: 충분한 이유가 있어 추측(may)이 잘(well) 되는, '~하는 것도 무리가 아니다'라는 말로, may에 well을 더하면 가망성이 높아집니다.
　　　　예 The team may well win.
　　　　　　그 팀이 충분히 이길 수도 있어.
　　　　"What's that noise?" "You may well ask."
　　　　　　"저게 무슨 소리지?" "물을 만도 하지. 〉 모르긴 나도 마찬가지야."

주의! 추측의 may는 could로 의문문을 만듭니다. ☞ p. 112
　　　* Could it rain tonight?
　　　　　오늘 밤에 비가 오려나? (NOT May it rain tonight?)

　　또는, 달리 표현합니다.
　　　* Is it likely to rain tonight? 오늘 밤에 비가 올 것 같니?

44-30] I <u>may be</u> late, so don't wait for me.

44-31] He <u>may</u> not <u>be working</u> today.

44-32] We <u>may be buying</u> a new house next month.

44-33] If there's nothing more to do, we <u>may as well</u> go home.

[44-30] 늦을 수도 있으니까 기다리지 마. [44-31] (현 상황) he는 오늘 일을 안 하고 있을지도 모른다. [44-32] (개인적인 예정) 우리는 다음 달에 새 집을 살지도 모른다. [44-33] 할 일이 더 없으면 집에 가는 게 낫겠다.

44-31/32] may + 진행형: 현 상황에 관한, 개인적인 예정에 대한 추측 ('will + 진행형'만 있는 것이 아닙니다.)

44-33] ▶ may as well (= might as well): 다른 일을 할 이유나 선택의 여지가 없을 때 '~하는 것이 최선만큼(as well)의 일일 수도 있으니(may[might])', '차선으로 ~하는 편이 낫지 않겠느냐'고 상대방에게 제안하는 말입니다.

예 It's too late to see a movie, so we may as well watch TV.
영화를 보러 가기에는 시간이 너무 늦겠네. TV를 보는 게 낫겠어.

I think you might as well buy this one.
네가 이것을 사는 게 나을 것 같은데.

may 또는 can으로 '흔히 일어나는 일'을 말할 수도 있습니다. (may는 격식체고, can은 비격식체입니다.)

44-34] Smoking <u>may[can]</u> <u>cause</u> serious health problems.

44-35] This hen <u>may[can]</u> <u>lay</u> an egg every day.

[44-34] 흡연은 건강에 심각한 문제를 일으킨다. [44-35] 이 닭은 매일 한 개씩 알을 낳는다.

허락, 허가, 금지

44-36] <u>May I</u> have a light? [허락]
44-37] How much do you weigh, <u>if I may</u> ask?
44-38] You <u>may[can]</u> use my computer this evening. [허가]
44-39] You <u>may not[can't]</u> park here. [금지]

44-36] 담뱃불 좀 빌릴 수 있을까요? [44-37] 물어보기 좀 그렇지만, 몸무게가 어떻게 되세요? [44-38] 오늘 저녁에 내 컴퓨터 써도 돼. [44-39] 여기에 주차하면 안 됩니다.

<u>44-36]</u> 윗사람뿐 아니라, 초면인 모르는 사람에게도 'May I …?'로 공손히 요청합니다.

<u>44-39]</u> 금지의 'may not'은 문어(격식체)에서 많이 쓰입니다.

> 예 Visitors may not feed the animals.
> 방문객은 동물에게 먹이를 주어서는 안 됩니다.

▶ allow: 윗사람이 아랫사람에게 해도 좋다고 말할 때 씁니다.
> 예 My father allowed me to stay out late.
> 아빠는 내게 늦게 귀가하는 것을 허락하셨다.
> (= I was allowed to stay out late.)

▶ permit: 법이나 규칙을 말할 때 주로 씁니다.
> 예 We do not permit people to smoke in the building.
> 빌딩 내 금연입니다. (= People are not permitted to smoke in the building.)

주의! may나 may not은 위압적으로 들릴 수 있는 말입니다. 상대방이 아랫사람이 아니면, 특히 구어(비격식체)에서는, can이나 can't를 씁니다.

요청 · 제안, 가벼운 명령

44-40] "<u>Can I</u> come in?" [일반적 요청]
"Of course <u>you can</u>." [승낙] / "Sorry, <u>you can't</u>." [거절]
44-41] <u>Can you</u> help me lift this box, please?
44-42] <u>Can I</u> help you? (or What <u>can I</u> do for you?) [일반적 제안]
44-43] There's beer or wine. What <u>can I</u> get you?
44-44] <u>I can</u> come and see you tomorrow if you want.
44-45] <u>You can</u> go to bed now. [가벼운 명령]

44-40] "들어가도 되나요?" "그럼요, 들어와요." / "미안하지만, 들어올 수 없어요." [44-41] 이 박스 올리는 것 좀 도와줄래요? [44-42] 도와줄까요? (무엇을 도와 드릴까요?) [44-43] 맥주하고 와인이 있는데, 어느 것을 갖다 줄까요? [44-44] 원하면 내일 찾아 갈 수 있어요. [44-45] 이제 자거라.

기원

44-46] <u>May</u> he <u>rest</u> in peace.
44-47] Let us pray that peace <u>may abide</u> in us all.
44-48] I hope you <u>may arrive</u> safely.

44-46] 고이 잠드소서. [44-47] 모두에게 평화가 깃들기를 기도합시다. [44-48] 무사히 도착하시길 바랍니다.

주의! 기원의 may 대신 might는 쓰이지 않습니다. ★ 이유 ☞ p. 189

⟩ must, have to

■ 강한 추측의 must

- He <u>will be</u> at home. [예측] 집에 있을 거야.
- He <u>may be</u> at home. [추측] 집에 있을 지도 몰라.

- He <u>must be</u> at home. [강한 추측] he는 분명히 집에 있을 거야.

must는 '화자의 강한 추측'을 나타냅니다. 확신도가 매우 높습니다. may와는 확연히 차이가 납니다. 그런데 강조하는 느낌은 들지만, 확신도만 놓고 보면 will과는 차이가 거의 나지 않습니다. 궁금합니다. must는 will과 어떻게 다를까요?

민호는 삼수생입니다. 그런데 하필, 공항 근처에 삽니다. 올해는 꼭 대학에 가야 하는데, 비행기가 이착륙할 때마다 귀를 찢는 듯한 굉음에 괴롭다 못해 미칠 지경입니다. 이러한 민호의 사정을 철수에게 들은 영희, ①로 말했을까요, ②로 말했을까요?

① It <u>must be</u> very noisy. 진짜 시끄럽겠다. (어쩌면 좋니.)
② It <u>will be</u> very noisy. 매우 시끄러울 거야.

must는 논리적으로 추측할 만큼 근거가 충분하고, 필연적으로 추측할 만큼 개연성이 매우 높습니다.

게다가, must는 '현재의 일만' 추측합니다. (이것이 must의 과거형이 없는 이유입니다.) 이는 must가 will보다 '현실적'이라는 의미입니다. 화자에게 현실로 와 닿아 추측한 일에 '심적으로' 개입합니다. 때로는 감정이입이 되어 남의 일 같지 않습니다. 하루 빨리 공부 장소를 옮겨야 하는 '필요성'까지 느낍니다. 영희는 분명히 ①로 말했을 것입니다.

[상식적으로, 공항 인근 지역은 매우 시끄럽습니다. ②는 상식으로 예측한 말입니다. 민호의 사정을 듣고도 상식선에서 말한다? 무심하다 못해, 인정이 없어 보입니다. 한편, ①을 '틀림없이 시끄러울 것이다.' 이렇게 기계적으로 해석하면 안 되겠습니다.]

논리적이고 필연적이며 현실적인 추측에 대해 '확고하게' 말하므로, 강한 추측은 '강한 확신'이기도 합니다. 단정적인 어투고 확신에 찬 어조입니다. 강한 확신은 상대방에게 '믿음·동의, 염려·배려' 등, 화자의 생각이나 마음이 전달되기도 합니다.

개념 ■ 주어에 대한 화자의 강한 추측 〉강한 확신
— 화자의 심적 개입, 필요성을 느낌

■ **불가능의 can't**

강한 추측의 must의 부정은 '그럴 가능성이 없다, 그럴 리가 없다', 즉 'can't 불가능'입니다.

- He can't be at home. he는 집에 있을 리가 없어.
  — 현재의 일이 불가능하다고 강하게 추측, must만큼 어감이 강함

■ 의무의 must와 have to

의무의 의미로, must와 have to의 핵심 의미는 둘 다 '필요성 necessity'입니다. 하지만 필요성의 출처와 성격이 다릅니다.

아래 예문은 상대방이 집에 갈 필요성이 있는 상황입니다.

① You <u>must go</u> home.
  (철수야, 나 지금 피곤해. 쉬어야겠으니) 너는 집에 가야 한다. 〉 너 집에 가라.
  – 화자가 상대방에게 부여한 필요성, 내적 의무, 주관적 의무

② You <u>have to go</u> home.
  (철수야, 지하철이 곧 끊기니) 너는 집에 가야 한다. 〉 너 집에 가야지.
  – 외부에서 상대방에게 부여된 필요성, 외적 의무, 객관적 의무

①의 필요성은 '화자에게서 나온 것'입니다. 상대방을 집으로 돌려보내려고, 화자가 상대방에게 귀가의 필요성을 부여한 것입니다. 부여한 필요성은 '내적 의무'로 풀이됩니다. 내적 의무는 화자의 의지가 들어간 '주관적 의무'입니다. (I want you to go home. 나는 네가 집으로 가기를 원한다.)

②의 필요성은 '외부에서 온 것'입니다. 집으로 돌아갈 때가 되거나 돌아갈 일이 있는 상황으로, 귀가의 필요성이 외부에서 상대방에게 부여된 것입니다. 부여된 필요성은 '외적 의무'로 풀이됩니다. 외적 의무는 화자의 의지가 안 들어간 '객관적 의무'입니다. (The subway will stop running soon. You need to go home. 지하철이 곧 끊긴다. 너는 집으로 갈 필요가 있다.)

must는 서법 조동사입니다. 이는 말할 때, 화자의 마음이 많이 작용한다는 의미입니다. 화자가 의무를 부여한 일에 심적으로 개입합니다. 얼마쯤이라도 강제성이 있습니다. (일상에서는 웬만하면 have to를 쓰는 것이 좋습니다.)

have는 일반동사고, 준서법 조동사인 have to는 화자의 마음이 적게 작용합니다. 글자가 말해 주듯이, '할 일 to do'을 '가지고 있다 have'는 말이고, '할 일을 해야 한다'는 뜻입니다.

> must: 화자가 부여한 필요성, 주관적 의무
> have to: 외부에서 부여된 필요성, 객관적 의무

의무의 must는 must로 의문문을 만듭니다. 일반동사가 쓰인 의무의 have to는 do를 써서 의문문을 만듭니다.

- <u>Must</u> I go home?
  집에 가야 하나요?

- <u>Do</u> I <u>have to</u> go home?
  집에 가야 되나요?

> 의무는 요구되는, 그렇게 되어야 하는 바입니다. 이를 정신세계에 적용하면, 어떤 일의 결과가 그렇게 될 수밖에 없다고 보는 '강한 추측, 강한 확신'이 됩니다. 이렇듯 의무와 강한 추측, 강한 확신은 일맥상통합니다. 별개의 말이 아닙니다.

아래 예문을 통해 알 수 있는 점은?

- It must be useful. [상태동사 'be': 강한 추측]
  그것은 분명히 쓸모가 있을 거야.

- You must buy it. [동작동사 'buy': 의무]
  너는 그것을 사야 한다.

네, 그렇습니다. 상태동사와 함께 쓰인 must는 강한 추측의 의미로 해석되고, 동작동사와 함께 쓰인 must는 의무의 의미로 해석됩니다.

그런데 상태동사와 함께 쓰인 must가 상황에 따라서는 의무의 의미로 해석될 수 있습니다.

- She must have a car.
  해석①: she는 (운전하는 걸 보니) 차가 있는 게 분명해. [강한 추측]
  해석②: (그곳은 버스가 안 다녀.) she는 차가 있어야 해. [의무]

- She must stay at a hotel.
  해석①: she는 (조심성이 많으니까) 분명히 호텔에 묵고 있을 거야.
  해석②: (그곳은 위험한 곳이야.) she는 호텔에 묵어야 해.

확인 질문입니다. 아래 예문을 해석하면?

- It must be useful.

네, 그렇습니다. '분명히 쓸모가 있을 거야.' 이렇게도 해석되고 '쓸모가 있어야 해.' 이렇게도 해석됩니다.

여러분

조동사는 저마다 어감이 다르기 때문에, 어법과 관련된 문제에 신경을 많이 써야 합니다.

must는 어감이 매우 강한 데다, 화자의 의무 부여는 화자가 원하는 것을 상대방에게 하라는 말과 다름없기 때문에, 상황에 따라 '지시'나 '명령', 또는 '경고'로 들릴 수 있습니다. ('선택의 여지가 없다. 안 하면 안 된다. 〉해야 한다. 〉하라.' 이 정도로 어감이 강합니다.) 이를 피하고 싶으면, have to를 써서 '충고'나 '조언'처럼 들리게 합니다. 또는, can을 써서 '가벼운 명령'으로 들리게 합니다. 실제로 구어에서는 have to와 can이 많이 쓰입니다.

- You must quit drinking. [지시나 명령]
  (간이 아주 안 좋다. 술을 마시면 큰일 난다. 선택의 여지가 없다.)
  당장 술을 끊어야 한다. 〉술을 끊어라.
  – should: 화자의 권고
  예 You should quit drinking. 술을 끊어야 한다. 〉끊으면 좋겠어. 〉끊었으면 해.

- You have to quit drinking. [충고나 조언]
  [의사 말로는 (객관적으로) 간이 안 좋다고 한다.] 건강을 위해 술을 끊어야 한다.

- You can quit drinking. [가벼운 명령]
  술을 끊을 수 있다. 〉술을 끊어야지.

[문법뿐 아니라, 상황과 의도에 맞게 말하는 법인 '어법'도 매우 중요합니다. 문법은 어법에 녹아들게 마련이고, 어법은 녹아든 문법을 유용하게 합니다. 문법을 모르면 어법을 익히지 못하고, 어법을 모르면 문법을 써먹지 못합니다. 의도치 않게 잘못 말할 수 있으니, 어법에도 충실해야겠습니다.]

■ 불필요의 don't have to

'You have to go there.'의 부정문은?

- You <u>don't have to go</u> there. [불필요]
  그곳에 갈 필요가 없다. 〉 안 가도 된다.
  – 외부에서 상대방에게 부여된 필요성이 없어 불필요

'(필요성이 있어) 해야 한다'의 부정은 '할 필요가 없다, 안 해도 된다'로, 의무의 have to의 부정은 'don't have to 불필요'입니다.

그럼 'You must go there.'의 부정문은?

- You <u>don't have to go</u> there. [불필요]
  – 화자가 상대방에게 부여한 필요성이 없어 불필요

have to와 같습니다. 의무의 must의 부정도 'don't have to'입니다. (강한 추측의 must의 부정은 불가능의 'can't' ☞ p. 127)

주의! 의무를 나타내는 have to와 must의 부정은 'don't have to'로 같습니다. 하지만 내용은 다릅니다. have to가 부정된 'don't have to'는 외부에서 부여된 필요성이 없어 불필요한 것이고, must가 부정된 'don't have to'는 화자가 부여한 필요성이 없어 불필요한 것입니다.

주의! 'don't have to'에는 '하고 안 하고는 네게 달렸다, 네 판단에 맡긴다'는 뉘앙스가 있습니다.

  * You don't have to go there. But you can go there if you like.
  그곳에 안 가도 된다. 하지만 네가 원하면 그곳에 갈 수 있다.

■ 강한 금지의 must not

'해야 한다'의 반대는 ('할 필요가 없다'가 아니라) '해서는 안 된다'로 의무의 must의 반대는 'must not 강한 금지'입니다. (부정과 반대를 구별! 'don't have to'는 의무의 must의 부정어고, 'must not'은 반의어입니다.)

- You <u>must not go</u> there. [강한 금지]
  그곳에 가서는 안 된다.
  − 불허·금지의 'may not'보다 어감이 강함

생각 더하기   29. have got to

구어에서는 have to만큼 'have got to'도 많이 씁니다. 의미 차이는 없으나, '특정한 한 가지 일'을 말할 때는 'have got to'를 주로 씁니다. (역으로, 습관적인/반복적인 일에는 'have got to'가 쓰이지 않습니다.)

- You <u>have to have</u> brown rice every day.
  사람은 매일 현미밥을 먹어야 한다. (이때의 You는 일반인을 가리킴)
- You <u>have got to eat</u> brown rice this evening.
  너는 오늘 저녁에 현미밥을 먹지 않으면 안 된다.

때로는 강조가 됩니다.

- You'<u>ve got to believe</u> me! 넌 날 믿어야 해!

생각 더하기 30. needn't, don't need to

영국영어에서는 don't have to 대신 'needn't'를 쓰기도 합니다. 의미 차이는 없습니다. '당면한 지금 당장의 불필요'를 말할 때 주로 씁니다.

- You <u>needn't work</u> late if you don't want to.
    원하지 않으면, 밤늦게까지 일할 필요 없어.
    - 이때의 need는 조동사
        예 This is an organic apple. So you needn't wash it.
            You have only to eat it.
            이건 유기농 사과라 씻을 필요 없어. 먹기만 하면 돼.
    - 긍정문에는 쓰이지 않음
        예 *NOT* You need wash it.

아래 예문과 비교해 보십시오.

- You <u>(don't) need to work</u> late ...
    - 이때의 need는 일반동사, 긍정문에도 쓰임
        예 You need to wash it.

[need가 조동사일 때는 동사원형이 오고, 일반동사일 때는 부정사가 옵니다. ★ needn't+have+p.p., didn't need to ☞ p. 173]

'dare'도 need처럼 조동사와 일반동사로 쓰입니다.

- He <u>daren't do</u> it. [조동사]
- He <u>doesn't dare to do</u> it. [일반동사]
    he는 그럴 용기가 없다. (= He doesn't have the courage to do it.)

강한 추측의 must

긍정문	It <u>must be</u> true. 틀림없이 사실일 것이다.
부정문	It <u>can't be</u> true. [부정적인 강한 추측] 사실일 리가 없다.
의문문	<u>Can</u> it <u>be</u> true? 사실일까?

내적 의무의 must

긍정문	You <u>must go</u> home. 집에 가야 한다.
부정문	You <u>don't have to go</u> home. [불필요] 집에 안 가도 된다. You <u>must not go</u> home. [강한 금지] 집에 가서는 안 된다.
의문문	<u>Must</u> I <u>go</u> home? 집에 가야 하나요?

외적 의무의 have to

긍정문	You <u>have to go</u> home. 집에 가야 한다.
부정문	You <u>don't have to go</u> home. [불필요] 집에 안 가도 된다.
의문문	<u>Do</u> I <u>have to go</u> home? 집에 가야 되나요?

예문45는 must, can't와 'have to'가 쓰인 문장입니다.

강한 추측

45-1] "There's the doorbell." "It <u>must be</u> Mike."
45-2] He <u>must be</u> mad to do such a terrible thing.
45-3] I'm sure Betty <u>must be</u> proud of you.
45-4] There <u>must be</u> something wrong with my car.
45-5] It <u>must be</u> interesting to ride a horse.
45-6] I've tried to call Mike, but he doesn't answer the phone. He <u>must be drinking</u> at the bar.
45-7] You <u>must be kidding</u>, or you are crazy.
45-8] The waiter <u>must be</u> friendly.
45-9] Betty <u>must have</u> a problem. She looked sad.

45-1] "초인종이 울린다." "보나 마나 마이클일 거야." [45-2] 그런 끔직한 짓을 하다니, he는 미친 게 분명해. [45-3] 베티가 널 정말 자랑스럽게 여길 거야. [45-4] 차에 뭔가 문제가 있는 게 분명해. [45-5] 말을 타는 건 진짜 재미있을 거야. [45-6] 마이크와 통화하려고 했는데, 전화를 안 받아. 어김없이 술집에서 술을 마시고 있을 거야. [45-7] 농담하고 있지. 아니면 미쳤든가. [45-8] 웨이터는 분명히 친절할 거야. [45-9] 베티에게 문제가 있는 게 분명해. 슬퍼 보였거든.

45-6/7] must + 진행형: 현 상황에 관한 강한 추측

45-8] '(특급호텔이 형편없네.) 웨이터는 친절해야 해.' 이렇게도 해석됩니다.

45-9] '베티에게 문제가 있어야 해.' 이렇게는 해석되지 않습니다.

주의! 강한 추측의 must는 can으로 의문문을 만듭니다. ☞ p. 113

* Can he still be alive? he는 아직도 살아 있을까?
  ['He must still be alive.'의 의문문 (*NOT* Must he still be alive?)]
* "Where can he possibly be?" "He must be in the internet cafe."
  "he는 대체 어디 있는 거야?" "he는 분명 피시방에 있을 거야." (*NOT* He can be in ...)

45-10] It <u>can't be</u> Mike. ['must be'의 부정]

45-11] He <u>can't be drinking</u> at the bar.

45-10] 마이크일 리가 없어. [45-11] he가 술집에서 술을 마시고 있을 리가 없어.

45-10] 예 There can be no doubt that he's guilty.
he가 유죄라는 것에 의심할 여지가 없다.

45-11] can't + 진행형

주의! 미국영어에서, 그렇게 볼 수밖에 없는 '명백한 증거가 있는' 경우 강한 추측의 must의 부정으로 'must not'이 쓰이기도 합니다.

* I saw him wearing a school uniform. He mustn't be an adult.
  교복을 입고 있는 걸 봤어. he는 성인이 아닌 게 분명해.

must로 '그렇게 될 수밖에 없는 일'을 말할 수도 있습니다. 명사로도 쓰이는데, '꼭 해야[있어야] 하는 것'을 뜻합니다.

45-12] All humans <u>must die</u>. [필연]

45-13] The Internet is <u>a must</u> for a modern life. [필수품]

45-12] 사람은 반드시 죽는다. [45-13] 인터넷은 현대 생활에 없어서는 안 된다.

내적 의무, 금지

45-14] We <u>must try</u> to do all we can. [내적 의무]

45-15] Everyone <u>must wear</u> a seat belt in the car.

45-16] "<u>Must</u> you <u>go</u>?"

"It's too late. I <u>must be going</u> home now."

"Go, if you must."

45-17] You <u>must be</u> here by eight o'clock at the latest.

45-18] Why <u>must</u> you <u>leave</u> the radio on at night?

44-19] The sign says "No Parking." You <u>must not park</u>. [금지]

45-20] You <u>mustn't forget</u> to lock the door behind you.

45-14] 우리가 할 수 있는 일은 모두 해 봐야 한다. [45-15] 누구나 차내에서는 안전띠를 매야 한다. [45-16] "꼭 가야 해?" "시간이 너무 늦었어. 나 정말 지금 집에 가야 해." "정 그렇다면 가." [45-17] 늦어도 8시까지는 여기로 와야 합니다. [45-18] 왜 밤에 라디오를 틀어 놓아야 하나요? [45-19] 표지판에 "주차 금지"라고 적혀 있다. 주차해서는 안 된다. [45-20] 나갈 때 문단속을 잊어서는 안 된다.

45-16] must로 상대방의 의도나 바람을 물을 수 있습니다.

예 Must I clean all the rooms? 내가 모든 방을 청소해야 해?

'I must be going home now.': 'I must …'는 내가 내 자신에게 의무를 부여했다고 생각하면 됩니다. 집에 가고 있어야 할 사람이 지금 여기 있다. 그 정도로 늦었다는 말입니다. 긴급한 느낌이 듭니다.

▶ if you must: (내키지 않지만) 꼭 해야 한다면 (해라.)

45-17] 'You must …'는 상황에 따라 '강한 요구'로 들릴 수 있습니다.

예 I'm sure I gave you the book. You must return it back to me right now.
분명히 너한테 그 책을 줬어. 당장 나한테 돌려줘.

외적 의무

45-21] You <u>have to turn</u> left here. [외적 의무]

45-22] "Do I <u>have to write</u> the report in English?"
"You <u>may have to</u>."

45-23] I <u>have to work</u> from nine to five every day.

45-24] I'<u>m having to work</u> very hard now.

45-21] 여기서 좌회전을 해야 합니다. [45-22] "보고서를 영어로 써야 합니까?" "그래야 할지도 모릅니다." [45-23] 매일 9시부터 5시까지 일해야 합니다. [45-24] 지금 (또는, 요즘) 아주 열심히 일해야 합니다.

45-22] have to는 서법 조동사가 아니므로, 서법 조동사[may]와 어울릴 수 있습니다.

45-23] 습관적인/반복적인 일에는 'have got to'가 쓰이지 않습니다.

45-24] 한시적인/일시적인 일에는 진행형이 쓰일 수 있습니다.

불필요

45-25] I <u>don't have to be</u> a millionaire to be happy. [불필요]

45-26] You <u>don't have to work</u> late if you don't want to.

45-27] She <u>doesn't have to diet</u>, but she always does.

45-28] I <u>don't have to work</u> tomorrow.

45-25] 행복해지는 데, 백만장자일 필요는 없어. [45-26] 원하지 않으면, 밤늦게까지 일하지 않아도 돼. [45-27] she는 다이어트를 할 필요가 없는데, 늘 다이어트를 해. [45-28] 내일 일하지 않아도 돼.

must는 현재 의무만 말할 수 있습니다. 과거 의무는 'had to'로, 미래 의무는 'have (got) to'와 'will have to'로 말합니다.

45-29] My sister <u>had to skate</u> yesterday.
45-30] She <u>has (got) to skate</u> tomorrow.
45-31] She <u>will have to go</u> abroad to study some day.

45-29] 여동생은 어제 스케이트를 탔어야 했다. [45-30] 여동생은 내일 스케이트를 타야 한다. [45-31] 여동생은 언젠가 유학을 가야 할 것이다.

45-29] 과거의 일에는 'had got to'가 쓰이지 않습니다. ★ had to ☞ p. 173

45-30] 부정문: ... don't have to skate ... (or ... haven't got to skate ...)
의문문: Does she have to skate ...? (or Have you got to skate ...?)

45-30/31] 현재 상황·현재 결정으로 미래의 일을 해야 한다고 말할 때는 have to를 주로 쓰고, 막연한 미래의 일을 해야 한다고 말할 때는 'will have to'를 주로 씁니다. ★ 'can vs. will be able to'와 비교 ☞ p. 109

'You will have to ~'는 완곡한 표현으로도 쓰입니다.

45-32] <u>You'll have to</u> pay a fine.
45-33] <u>You'll have to</u> go outside if you want to smoke.
45-34] <u>You'll have to</u> change trains at the next station.

45-32] 벌금을 내셔야 될 것입니다. 〉 내셔야 합니다. [45-33] 담배를 피우려면 밖으로 나가셔야 합니다. [45-34] 다음 역에서 열차를 갈아타셔야 합니다.

Can

✓ 가능
 – Accidents can happen to anyone.

✓ 능력
 – How fast can Betty swim?

✓ 요청 · 제안, 가벼운 명령
 – Can I come in?
 You can go to bed now.

✓ be able to 가능
 – I will be better able to drive than you are.
 To apply for the job, you must be able to drive.

May

✓ 추측
 – It may snow tonight.

✓ 허락, 불허 · 금지
 – May I have a light?
 – You may use my computer this evening.
 You may not park here.

✓ 기원
 – May he rest in peace.

Must

✓ 강한 추측
  − It must be Mike.

✓ 내적 의무
  − We must try to do all we can.

✓ 강한 금지
  − You must not park.

have to

✓ 외적 의무
  − You have to turn left here.

✓ **don't have to** 불필요
  − I don't have to be a millionaire to be happy.

44-1]   사고는 누구에게나 일어날 수 있다.

        ....

44-2]   누구든지 국립중앙박물관을 방문할 수 있다.

        ....

44-3]   감자는 구울 수도 있고, 볶을 수도 있고 삶을 수도 있다.

        ....

44-4]   30분 후에 도착해.

        ....

44-5]   괜찮으면 내일 찾아갈게.

        ....

44-6]   열아홉 살이 아니면 운전을 배울 수 없어.

        ....

44-7]   일급 호텔에 묵을 수 있죠?

        ....

44-8]   그 사람 믿을 만해?

        ....

44-9]   어쩔 수 없네.

        ....

44-10] 베티가 얼마나 빠르게 수영하니?

....

44-11] 베티가 수영을 몇 번이나 왔다 갔다 할 수 있을 것 같니?

....

44-12] 베티가 수영을 잘하는 것 같지는 않아.

....

44-13] 뭔가 타는 냄새가 안 나니?

....

44-14] 어땠는지 상상이 되니?

....

44-15] 그걸 어떻게 잊을 수 있겠니?

....

44-16] he가 무슨 말을 하는지 알아듣지 못하겠다.

....

44-17] 장차 무슨 일이 일어날지 아무도 모른다.

....

44-18] (언젠가) 너보다 운전을 잘할 수 있을 것이다.

....

44-19] 운전면허 시험에 합격할 수 없을지도 모른다.

....

44-20] 그 일에 지원하려면 운전할 줄 알아야 한다.

....

44-21] 지금껏 나이 때문에 운전할 수 없었다.

....

44-22] 차를 운전할 수 있으면 좋겠다.

....

44-23] 예전에는 말을 탈 수 있었다.

....

44-24] 오늘 밤에 눈이 내릴지도 모른다.

....

44-25] 그것은 진실일 수도 있고 아닐 수도 있다.

....

44-26] 너는 그 사람 말이 옳다고 생각하고 있는지도 모르겠다.

....

44-27] 그래도 이제는 우리가 이길지도 모른다고 생각하나요?

....

44-28] 그 여자 나이가 대체 몇 살인지.

....

44-29] 네가 그렇게 생각하는 것도 무리는 아니다.

....

44-30] 늦을 수도 있으니까 기다리지 마.

....

44-31] 우리는 다음 달에 새 집을 살지도 모른다.

....

44-32] he는 오늘 일을 안 하고 있을지도 모른다.

....

44-33] 할 일이 더 없으면, 집에 가는 게 낫겠다.

....

44-34] 흡연은 건강에 심각한 문제를 일으킨다.

....

44-35] 이 닭은 매일 한 개씩 알을 낳는다.

....

44-36] 담뱃불 좀 빌릴 수 있을까요?

....

44-37] 물어보기 좀 그렇지만, 몸무게가 어떻게 되세요?

....

44-38] 오늘 저녁에 내 컴퓨터 써도 돼.

....

44-39] 여기에 주차하면 안 됩니다.

....

44-40] "들어가도 되나요?" "그럼요, 들어와요."

....

44-41] 이 박스 올리는 것 좀 도와줄래요?

....

44-42] 도와줄까요? (무엇을 도와 드릴까요?)

....

44-43] 맥주하고 와인이 있는데, 어느 것을 갖다 줄까요?

....

44-44] 원하면 내일 찾아갈 수 있어요.

....

44-45] 이제 자거라.

....

45-1] "초인종이 울린다." "보나 마나 마이크일 거야."

....

45-2] 그런 끔직한 짓을 하다니, he는 미친 게 분명해.

....

45-3] 베티가 널 정말 자랑스럽게 여길 거야.

....

45-4] 차에 뭔가 문제가 있는 게 분명해.

....

45-5] 말을 타는 건 진짜 재미있을 거야.

....

45-6] 어김없이 술집에서 술을 마시고 있을 거야.

....

45-7] 농담하고 있지. 아니면 미쳤든가.

....

45-8] 웨이터는 분명히 친절할 거야.

....

45-9] 베티에게 문제가 있는 게 분명해. 슬퍼 보였거든.

....

45-10] 마이크일 리가 없어.

．．．

45-11] he가 술집에서 술을 마시고 있을 리가 없어.

．．．

45-12] 사람은 반드시 죽는다.

．．．

45-13] 인터넷은 현대 생활에 없어서는 안 된다.

．．．

45-14] 우리가 할 수 있는 일은 모두 해 봐야 한다.

．．．

45-15] 누구나 차내에서는 안전띠를 매야 한다.

．．．

45-16] "꼭 가야 해?" "시간이 너무 늦었어. 나 정말 지금 집에 가야 해."

．．．

45-17] 늦어도 8시까지는 여기로 와야 합니다.

．．．

45-18] 왜 밤에 라디오를 틀어 놓아야 하나요?

．．．

45-19] 주차해서는 안 된다.

45-20] 나갈 때 문단속을 잊어서는 안 된다.

45-21] 여기서 좌회전을 해야 합니다.

45-22] "보고서를 영어로 써야 합니까?" "그래야 할지도 모릅니다."

45-23] 매일 9시부터 5시까지 일해야 합니다.

45-24] 지금 아주 열심히 일해야 합니다.

45-25] 행복해지는 데, 백만장자일 필요는 없어.

45-26] 원하지 않으면, 밤늦게까지 일하지 않아도 돼.

45-27] she는 다이어트를 할 필요가 없는데, 늘 다이어트를 해.

45-28] 내일 일하지 않아도 돼.

_____

45-29] 여동생은 어제 스케이트를 탔어야 했다.

_____

45-30] 여동생은 내일 스케이트를 타야 한다.

_____

45-31] 여동생은 언젠가 유학을 가야 할 것이다.

_____

45-32] 벌금을 내셔야 합니다.

_____

45-33] 담배를 피우려면 밖으로 나가셔야 합니다.

_____

45-34] 다음 역에서 열차를 갈아타셔야 합니다.

_____

Unit 9

과거형 시제 조동사
Would · Could · Might · Should

'would · could · might · should'는 'will · can · may · shall'의 과거형입니다. 과거형 조동사는 나타내는 문법에 따라 둘로 나뉩니다.

> 과거형 조동사의 종류
> └ 과거형 시제 조동사 (또는, 과거시제 조동사) – Unit 9
> └ 과거형 서법 조동사 – Unit 10

과거형 조동사 'would · could · might · should'는 과거시제를 나타내는 '시제' 조동사로도 쓰이고, 서법을 나타내는 '서법' 조동사로도 쓰입니다. 물론, 둘을 구별하는 방법도 알아볼 것입니다.

[시제는 본디 동사의 어형 변화와 관련된 동사에 한한 문법이기는 하나, 조동사가 과거형으로 어형 변화가 일어나고, 'would · could · might · should'가 과거시점과 함께 과거영역에 쓰일 때는 '과거형 서법 조동사'와 구별하기 위해서라도, 과거시제를 나타내는 '과거형 시제 조동사'로 봅니다.]

—| 조동사로 과거의 일을 어떻게 말할까?

조동사로 과거의 일을 말하는 방법은 세 가지입니다.

　방법1　■ **would, could, might, should** – Unit 9
　　　　　– 과거형 시제 조동사로

- We <u>could see</u> the island yesterday.
  우리는 어제 (날씨가 맑아) 그 섬을 볼 수 있었어.
  – could: 과거형 시제 조동사

　방법2　■ **may/must + have + p.p.** – Unit 9
　　　　　– 서법 조동사와 현재완료형으로

- They <u>may have seen</u> the island.
  (날씨가 많이 흐리지 않아) 그들은 그 섬을 봤을 지도 몰라.
  – may: 서법 조동사 / have seen: 현재완료형

　방법3　■ **would/could/might/should + have + p.p.** – Unit 10
　　　　　– 과거형 서법 조동사와 현재완료형으로

- We <u>could have seen</u> the island.
  (날씨가 맑았다면) 우리는 그 섬을 볼 수 있었을 거야. 〉볼 수 있었을 텐데.
  – could: 과거형 서법 조동사 / have seen: 현재완료형

〉 과거형 시제 조동사와 간접화법

방법1 ■ would, could, might, should
　　　－ 과거형 시제 조동사로

'would · could · might · should'는 우선, 앞절과 뒷절의 시제를 과거시제로 일치시켜야 하는 '간접화법'에 쓰입니다. 화법을 먼저 언급하지 않을 수 없습니다. ★ 시제의 일치 ☞ ❹ p. 60

"화법 話法 · 인용"이란 타인의 말을 인용해 전하는 방법을 말합니다. 방법은 두 가지로, 타인의 말을 그대로 전하는 '직접화법 직접인용'과 타인의 말을 화자의 말로 바꾸어 전하는 '간접화법 간접인용'이 있습니다. ★ 간접화법과 명사절 ☞ ❹ p. 54

직접화법이 간접화법으로 바뀌면 과거의 일이 되므로, 'will · can · may · shall'이 'would · could · might · should'로 바뀝니다. 다시 말해, 간접화법에서 'would · could · might · should'가 과거의 일을 전하는 과거동사와 더불어 과거시제를 나타냅니다.

　"I <u>will</u> call you again." [직접화법] "다시 전화할게요."

● He <u>said</u> (that) he <u>would</u> call me again. [간접화법]
　　he는 다시 전화하겠다고 말했다.

　"<u>Can</u> he lend me his car?" "he가 나에게 차를 빌려줄 수 있어요?"

● I <u>asked</u> if he <u>could</u> lend me his car.
　　he가 나에게 차를 빌려줄 수 있는지를 물었다.

"You may borrow my car."
"내 차를 빌려도 좋다."

- He said I might borrow his car.
  he는 내가 자기 차를 빌려도 좋다고 말했다.

"What time shall I call you?"
"몇 시에 전화할까요?"

- He asked me what time he should call me.
  he는 나에게 몇 시에 전화해도 되냐고 물었다.

"I must go." "가야 해."

- He said he must go.
  he는 가야 한다고 말했다.
  – must는 과거형이 없음
  – 간접화법에 'had to'를 안 쓰고, 인용 내용 그대로 must를 씀
  (이유: must와 have to는 '주관'과 '객관'으로 세계가 다르기 때문)

여러분

'might · should'는 간접화법에 쓰이는 경우가 아니면, 오늘날 시제 조동사로 잘 쓰이지 않습니다.

시제 조동사로 쓰이는 과거형 'would · could'는 단순히 will · can을 과거 영역으로 옮겨 놓은 것으로 생각하면 됩니다. 그런데 문제는 과거형 'would · could'가 서법 조동사로 쓰일 때입니다. 다행히, 구별하는 방법은 아주 간단합니다.

　　　　과거의 의미
　　　　　└ 과거사
　　　　　└ 과거시점

　과거는 '과거사'와 '과거시점'을 의미하고, 과거시제 문장은 '과거사+과거시점'입니다. 'would · could'가 과거시제를 나타내려면 (yesterday와 같은) 과거시점을 나타내는 말과 함께 쓰여야 합니다.

　① We <u>could</u> see the island <u>yesterday</u>. [과거 가능]
　　　　우리는 어제 (날씨가 맑아) 그 섬을 볼 수 있었어.
　　　－ could: 과거형 시제 조동사 / yesterday: 과거시점
　　　　　　(see: 동사원형, could가 이미 시제를 나타내서)

　①: could가 과거시점을 나타내는 yesterday와 함께 쓰였습니다. 의심할 여지가 없는 과거시제 문장입니다. 이때의 could는 과거시제를 나타내는 과거형 '시제' 조동사입니다. 반면에,

　② We <u>could</u> see the island. [불확실함]
　　　　잘하면 그 섬을 볼 수도 있을 거야.
　　　－ could: 과거형 서법 조동사 (see: 동사원형, 무시제 문장이라서)

　②: could가 (yesterday와 같은) 과거시점을 나타내는 말과 함께 쓰이지 않았습니다. 상황이나 문맥으로도 과거시점을 알 수 없으면 과거시제 문장이 아닙니다. '무시제' 문장입니다. 이때의 could는 '불확실함'을 나타내는 과거형 '서법' 조동사입니다.

　아주 간단하죠? 과거시점을 나타내는 말과 함께 있으면 과거형 시제 조동사! 함께 있지 않으면, 과거형 서법 조동사!

생각문법

> would, used to

■ would

시제 조동사로, '과거시점에서 아직 일어나지 않은 과거의 일' 또는 '과거시점에서 본 미래의 일'을 말할 때 would를 씁니다.

- I thought he <u>would go</u> there. [과거 예측]
    he가 (그때) 그곳에 갈 줄 알았어. (I thought he <u>went</u> there. ... <u>간 줄</u> 알았어.)
    [예] I didn't think he would go there.
        he가 그곳에 안 갈 줄 알았어. (NOT I thought he wouldn't go there. ☞ p. 30)

- This was the club where Mike <u>would work</u>.
    여기가 마이크가 <u>일할</u> 클럽이었다. (... where Mike <u>worked</u>. ... <u>일한</u> 클럽이었다.)
    [예] At the club last week, Betty first met Mike, who would be her best friend.
        베티는 지난주 클럽에서 가장 좋은 친구가 될 마이크를 처음 만났다.
    I never thought I would meet Mike here.
        여기서 마이크를 만날 거라고는 생각도 못했어.

아래 예문은 주어가 과거에 어떤 성향이 있었고, 상황이나 기회가 주어지면 그때마다 습관적으로/반복적으로 어떤 행동을 했다는 말입니다. 이러한 '과거 습관'을 말할 때 would를 씁니다.

- He <u>would come</u> to see me every Friday evening.
    he는 금요일 저녁마다 날 보러 왔다.
    [예] He would often whistle at night.
        he는 자주 밤에 휘파람을 불었다.

    ★ 습관의 will ☞ p. 43

- **used to**

예전에는 '늘, 자주, 때때로' 했지만, '지금은 안 하는' 과거의 일을 말할 때 'used to'를 씁니다.

- "Do you smoke?" "No, but I <u>used to</u>." [상황 변화]
  "담배 피우니? (흡연자니?)" "안 피워, 예전에는 피웠지만."

'I used to smoke.'는 예전에는 담배를 피웠지만, 지금은 안 피운다는 말입니다. 상황이 '피웠다'에서 '안 피운다'로 바뀌었습니다. 이렇듯 used to는 '상황 변화'에 중점이 있습니다.

'used to'는 would와 달리, 상태도 나타냅니다.

- He <u>used to be</u> a friend of mine. [상태 변화]
  he는 내 친구들 중 한 명이었다. 〉 내 친구였다. (지금은 친구가 아님)

- There <u>used to be</u> rice paddies on this site.
  예전에는 이 부지에 논이 있었다. 〉 이 부지가 논이었다. (지금은 논이 아님)

'used to'의 의문문은 아래와 같습니다.

- <u>Did</u> you <u>use(d) to</u> smoke? [비격식체]
  예전에는 담배를 피웠니? (지금은 안 피우는 사람에게 물음)
  − 'Did you <u>use</u> to ...?'보다 'Did you <u>used</u> to ...?'가 더 많이 쓰임

- <u>Used</u> you <u>to</u> smoke? [격식체]

부정문은 아래와 같습니다.

- I <u>didn't use(d) to</u> smoke. [비격식체]
    예전에는 담배를 피우지 않았어. (지금은 피움)
    - 'I didn't <u>use</u> to ...'보다 'I didn't <u>used</u> to ...'가 더 많이 쓰임
    - 'I never <u>used</u> to ...'도 많이 쓰임

- I <u>used not to</u> smoke. [격식체]

[would 대신 used to를 쓸 수 있다고 나오는 보통 문법책이 더러 있습니다. 하지만 would는 과거의 일이 '습관적/반복적'이었다는 점에 중점이 있고, used to는 과거 상황이나 상태가 '변했다'는 점에 중점이 있습니다. 서로 다른 표현입니다.]

[보통 문법책에 used to가 would와 같이 과거 습관을 나타낸다고 나오는데, 과거 습관이라기보다 '시점으로 인식되는' 과거의 일입니다. 예를 들어, '예전에는 골프를 쳤지만, 지금은 치지 않는다.'에서 골프가 과거 어느 한 때의 일이라는 생각은 들지만 습관적으로 쳤다는 생각까지는 들지 않습니다.]

[보통 문법책에 would가 '불규칙적인' 과거 습관을, used to가 '규칙적인' 과거 습관을 나타낸다고 나옵니다. 하지만 규칙과 불규칙의 기준이 모호할뿐더러 구별이 중요한 것도 아니니, 신경 쓸 필요는 없습니다.]

['연설을 듣곤 실망했다.'는 ('연설을 듣고 실망했다.'와 달리) 기대하고 연설을 들었다는 느낌을 줍니다. '-고는'의 준말인 '-곤'은 이럴 때 쓰는 연결어미입니다. would나 used to를 곧잘 '~곤 했다'로 해석하는데, '했다'가 말맛도 깔끔한 데다, 어엿하고 충분하니, '~곤 했다'는 쓰지 말아야겠습니다. * 간혹 그런 말을 하곤 했다. → 간혹 그런 말을 했다. / 보약을 자주 먹곤 했다. → 보약을 자주 먹었다. / 때때로 손님이 한꺼번에 몰려들곤 했다. → 때때로 손님이 한꺼번에 몰려들었다.]

과거형 시제 조동사

생각 더하기　　31. be used to

'be used to'는 자주 하거나 경험이 많아 '익숙하다'는
—더는 낯설거나 새롭거나 놀랍거나 어렵지 않다는—말입
니다. 현재/과거/미래의 일을 모두 말할 수 있습니다.
(used to는 과거의 일만 말할 수 있습니다.)

- I listen to British English every day,
  so I'm used to it.
  영국영어를 매일 들어 익숙해[낯설지 않아/어렵지 않아].
  — I'm used to: '내가 어떤 일에 쓰여 익숙해짐' 이렇게 이해
  　　　　　이때의 used는 수동분사, 수동문

- At the beginning I wasn't used to it.
  처음에는 영국영어가 익숙하지 않았다. 〉생소했다.

상태를 뜻하는 be동사 자리에 변화를 뜻하는 'get·
become·grow'도 쓰입니다. 변화에 중점이 있습니다.

- You'll get used to British English.
  　　　영국영어에 익숙해질 거야.
  　　예) Little by little, I became used to British English.
  　　　조금씩 영국영어에 적응되었다.
  　　It took me a long time to grow used to it.
  　　그것에 익숙해지는 데 오랜 시간이 걸렸다.

앞선 예문은 '무엇에' 익숙하다는 말입니다. 다음 예문
은 '무엇을 하는 데' 익숙하다는 말로, to 다음에 '동명사
[living/driving/working]'가 온 경우입니다.

주의! 'be used to'에서 to는 전치사입니다. 전치사의 목적어로, to 다음에는 (부정사의 동사원형이 아닌) (동)명사가 옵니다.

- I'm quite <u>used to</u> living alone.
  혼자 사는 데 꽤 익숙하다.

- It was long time before I <u>was used to</u> living with my grandmother.
  오랜 시간이 걸려서야 할머니를 모시고 사는 데 익숙해졌다.
  예 I wasn't used <u>to driving</u> at night. [전치사+동명사]
  야간 운전이 익숙하지 않았다.
  - used to와 비교
  예 I didn't use(d) <u>to drive</u> at night. [부정사]
  예전에는 야간 운전을 하지 않았다. (지금은 한다.)

- It's hard at first, but you'll soon <u>get used to</u> driving at night.
  처음엔 힘들어도, 야간 운전에 곧 익숙해질 거야.

유사한 표현으로 'be accustomed to+(동)명사'가 있습니다. (구어에서는 주로 'be used to'을 씁니다.)

- My eyes slowly <u>got accustomed to</u> the dark.
  서서히 어둠에 익숙해졌다.

- We <u>were accustomed to</u> working together.
  우리는 함께 일하는 데 익숙해졌다.

〉 could, was/were able to

■ could

시제 조동사로, 과거의 가능·능력을 말할 때 could를 씁니다.

- Ellla <u>could play</u> the piano whenever she wanted to.
  엘라는 원하면 언제든 피아노를 칠 수 있었다. (실제적/현실적 가능성이 있었음)

- Ella <u>could play</u> the piano when she was 6 years old.
  엘라는 여섯 살 때 피아노를 칠 줄 알았다. (소유한 과거 능력이 있었음)

아래 예문을 비교해 보십시오. 중점과 전달 내용이 다릅니다.

- I <u>didn't think</u> you <u>could</u> arrive on time.
  네가 제 시간에 도착 '**못할 줄**' 알았어.
  - 예상과 달리, 제 시간에 도착
    예 I thought you could help me.
    네가 나를 도와줄 수 '있을 줄' 알았어. (도와주지 않아 서운해.)

- I <u>knew</u> you <u>couldn't</u> arrive on time.
  네가 제 시간에 도착 못할 줄 '**알았어**'.
  - 예상한 대로, 제 시간에 도착하지 못함
    예 I knew you could help me.
    네가 나를 도와줄 수 있을 줄 '알았어'. (도와줘서 고마워.)

■ **was/were able to**

'was/were able to ~'는 특정한 상황에서 특정한 일이 가능했음을 뜻합니다. ★ 가능의 be able to ☞ p. 108

- I <u>was able to play</u> the piano for 3 hours yesterday.
  (2시간 이상 피아노를 치지 못하는데) 어제는 세 시간을 칠 수 있었다.
  예 He was able to escape from the burning house.
  he는 불타는 집에서 빠져 나올 수 있었다. (특정한 상황에서의 특정한 일)
  You were able to run 30km last month.
  너는 지난달에 30km를 뛸 수 있었다. (그런데 이번 달은 20km도 뛰지 못했다.)
  − 유사한 표현으로 'managed to'가 있음
  예 He finally managed to run 42.195km.
  he는 마침내 용케도 42.195km를 뛰었다.

하지만 지각동사 · 생각동사가 쓰인 문장에는 could를 씁니다.

- I <u>could hear</u> somebody coming up the stairs.
  누군가 계단을 올라오는 소리가 들렸다.
  예 I could understand everything that you did.
  네가 한 모든 것을 이해했다.
  ★ 지각동사 · 생각동사와 can ☞ p. 106
  − 부정문에는 보통 couldn't가 쓰임
  예 He couldn't run 30km yesterday.
  he는 어제 30km를 뛸 수 없었다.
  Tom played very well, but he couldn't beat John.
  톰은 플레이를 매우 잘 했지만, 존을 이길 수 없었다.
  − 'only · hardly'와 함께 (부정적 의미)
  예 He could only run 10km yesterday.
  he는 어제 겨우 10km밖에 뛰지 못했다.
  I could hardly sleep last night.
  어젯밤 통 잠을 못 잤다.

예문46은 would, used to와 could, was/were able to가 쓰인 문장입니다.

> would

46-1] I thought it <u>would rain</u> today.
46-2] He promised he <u>wouldn't do</u> that.
46-3] He <u>would</u> often <u>drink</u> till late at night. [과거 습관]
46-4] He <u>wouldn't tell</u> what happened. [과거 고집·거부]

46-1] 오늘 비가 올 줄 알았어. (실제로는 오지 않음) [46-2] he는 그러지 않겠다고 약속했어. [46-3] he는 자주 밤늦게 까지 술을 마셨다. [46-4] he는 무슨 일이 일어났는지 말하려고 하지 않았다.

46-1] 예 I thought you would know about it. 네가 그것을 알 줄 알았어.
  ('... you (already) <u>knew</u> about it. ... (이미) <u>아는</u> 줄 알았어.')
  I thought this would be more expensive. 이게 더 비쌀 줄 알았어.
  ('... this <u>was</u> more expensive. ... 이게 더 <u>비싼</u> 줄 알았어.')

46-3] 과거 습관을 나타내는 would는 대개 '빈도부사(often)'나 '빈도를 나타내는 부사구(on Sundays)'와 함께 쓰입니다. (빈도를 나타내는 말과 함께 쓰였다는 것은 한두 번 한 것이 아니라는 뜻이고, 그만큼 습관적으로 했다는 말입니다.)
  예 On Sundays, my sister would go skating.
    여동생은 일요일만 되면 스케이트를 타러 갔다.

46-4] 부정문에서 '과거 거절·거부'를 나타냅니다. ☞ p. 42
  예 The door wouldn't open. (열려 해도 좀처럼) 문이 열리지 않았다.
  긍정문이면 would를 힘주어 말합니다.
  예 She WOULD go skating every Sunday.
    여동생은 일요일마다 스케이트를 타려고 했단 말이야.

used to

46-5] I <u>used to take</u> a taxi, but now I take the bus. [행동]

46-6] I <u>used to play</u> tennis twice a week, but I don't have time now.

46-7] My sister goes skating more often than she <u>used to</u>.

46-8] My grandmother never <u>used to scold</u> me.

46-9] I <u>used to be</u> able to do it myself.

46-5] 예전에는 택시를 탔지만, 지금은 버스를 탄다. [46-6] 예전에는 일주일에 두 번씩 테니스를 쳤지만, 지금은 시간이 없다. [46-7] 여동생은 예전보다 더 자주 스키를 타러 간다. [46-8] 우리 할머니는 옛날에 나를 꾸짖는 법이 없으셨다. [46-9] 예전에는 그것을 혼자 할 수 있었다.

46-10] I am not what I <u>used to be</u>. [상태]

46-11] My sister <u>used to be</u> afraid of dogs.

46-12] Did you <u>used to be</u> slim?

46-13] Didn't there <u>used to be</u> rice paddies here?

46-10] 예전의 내가 아니다. [46-11] 여동생은 예전에 개를 무서워했다. [46-12] 옛날에는 날씬했나요? [46-13] 옛날에는 이곳이 논이 아니었나요?

주의! used to는 현재형이 없습니다. 다시 말해, 'use to'가 used to의 현재형으로 쓰이지 않습니다. 보통 usually와 함께 현재시제가 쓰입니다.

* We usually have dinner at six. 우리 집은 보통 6시에 저녁을 먹는다.
  (NOT We use to have dinner at six.)

could

46-14] When I arrived in Busan, I <u>could smell</u> the sea.
46-15] I <u>couldn't understand</u> why Betty hated me.

46-14] 부산에 도착하니 바다 냄새가 났다. [46-15] 베티가 왜 나를 미워했는지 이해할 수 없었다.

was/were able to

46-16] At that time, Mike <u>was able to help</u> me.
46-17] Luckily, I <u>was able to get</u> 20% off the price.
46-18] Two weeks after the accident, she <u>was able to walk</u> and even <u>skate</u>.

46-16] 마이크는 그때 나를 도울 수 있었다. [46-17] 운 좋게 20%를 할인 받을 수 있었다. [46-18] 사고 나고 2주 후에, 여동생은 걷고 스케이트까지 탈 수 있었다.

46-17] 예) I managed to get 20% off the price. 용케 20%를 할인 받았다.

주의! could는 일정 기간 동안 지닌 '과거 능력'을 말합니다. 이와 달리 'was/were able to'는 실제로 행해진 특정한 일에 대한 '가능성'을 말합니다.

* I could run 5km when I was ten.
  열 살 때 5킬로를 뛸 수 있었다. (능력이 있었음)
* I was able to run 5km in fifteen minutes a few days ago.
  며칠 전에 5킬로를 15분에 뛸 수 있었다. (특정한 일이 가능했음)

—| 과거의 일에 대한 추측에 왜 현재완료형이 쓰일까?

조동사로 과거의 일을 말하는 두 번째 방법입니다.

방법2 ■ may/must + have + p.p
- 서법 조동사와 현재완료형으로

■ 주어 + may + have + p.p. ...
: 과거의 일[have + p.p.]에 대한 화자의 추측[may]

부정문: 주어 + may not + have + p.p. ...
의문문: Could + 주어 + have + p.p. ...?

■ 주어 + must + have + p.p. ...
: 과거의 일[have + p.p.]에 대한 화자의 강한 추측[must]

부정문: 주어 + can't + have + p.p. ...
의문문: Can + 주어 + have + p.p. ...?

★ may · must로 의문문을 만들 수 없는 이유 ☞ p. 112

여러분

'❶ 〈시제〉 현재시제 완료상'에서 강조한 말인데, 질문입니다. '현재완료' 하면 제일 먼저 떠오르는 생각은? 네, 그렇습니다. '과거가 지금과 연관이 있다.'입니다. 이를 염두에 두시고요.

〉 may/must + have + p.p., had to

[may는 추측과 허락을 나타내고, must는 강한 추측과 의무를 나타냅니다. 하지만 과거의 일을 말할 때는 제약이 따릅니다. 그도 그럴 것이, 지난 일인데 과거로 되돌아가 허락해 줄 수도 없고, 과거의 일에 의무를 지금 부여할 수도 없습니다. may와 must는 과거의 일에 대해서는 '추측'만 나타냅니다.]

(지금까지는 화자가 과거형 시제 조동사 'would · could'로 '지금과 연관이 없는' 과거의 일을 나타냈습니다.) 지금부터는 서법 조동사 'may · must'에 현재완료형 'have + p.p.'를 결합시킨 동사구로, '지금과 연관이 있는' 과거의 일에 대한 추측을 나타냅니다. 궁금해집니다. 과거 추측에 왜 현재완료형이 쓰이는지. 아래 두 예문을 비교해 보면,

① They <u>could see</u> the island yesterday.
    그들은 어제 (날씨가 맑아) 그 섬을 볼 수 있었어.
- could: 과거형 시제 조동사 / yesterday: 과거시점
- 부정문: They <u>couldn't</u> see the island yesterday.
    그들은 어제 (날씨가 흐려) 그 섬을 볼 수 없었어.
- 의문문: <u>Could</u> they see the island yesterday?
    그들이 어제 그 섬을 볼 수 있었니?

①은 지금과 단절된 과거사입니다. 지난 일을 돌이켜 생각하는 단지, '과거 회상'일 뿐입니다. 화자의 판단이 들어간 주관적인 생각이 아닙니다.

② They may have seen the island.
  (날씨가 많이 흐리지 않아) 그들은 그 섬을 봤을 지도 몰라.
  - may: 서법 조동사 / have seen: 현재완료형 (과거가 지금과 연관이 있음)
  - 과거의 일에 대한 지금시점에서의 추측
  - 추측: 과거의 일을 들추어 판단, 단지 떠올리는 회상과 다름
  - 부정문: They may not have seen the island.
    (날씨가 그다지 맑지 않아) 그들은 그 섬을 못 봤을 수도 있어.
  - 의문문: Could they have seen the island?
    그들이 (글쎄) 그 섬을 봤으려나?

②는 과거의 일에 대한 '화자의 추측'입니다. 회상과 달리, 추측은 판단이 들어간 화자의 주관적인 생각입니다.

문장 내용은 지난 일인 과거사입니다. 하지만 추측은 언제 하고 있죠? 네, 그렇습니다. 지금 하고 있습니다. 요컨대, 화자는 과거의 일을 들추고, '지금까지 끌어와[have+p.p.]'지금 '추측하고[may]' 있습니다. 이렇게 과거가 지금과 연관이 있습니다. 이것이 서법 조동사와 함께, 현재완료형이 쓰이는 이유입니다.

- They must have seen the island.
  (날씨가 화창했으니) 그들은 그 섬을 분명히 봤을 거야.
  - must: 서법 조동사 / have seen: 현재완료형 (과거가 지금과 연관이 있음)
  - 과거의 일에 대한 지금시점에서의 강한 추측
  - 부정문: They can't have seen the island.
    (날씨가 매우 흐렸으니) 그들은 그 섬을 봤을 리가 없어.
  - 의문문: Can they have seen the island?
    그들이 (과연) 그 섬을 봤을까?

['may/must+have+p.p.'은 (과거형 시제 조동사와 관련된 내용이 아니라) 서법 조동사와 관련된 내용이지만, 조동사로 과거의 일을 말하는 방법이라, 이곳 Unit 9에서 과거형 시제 조동사와 함께 다룹니다.]

과거 추측

추측의 may	강한 추측의 must

• It <u>may have been</u> true.
  사실이었을지도 모른다.
 	
• It <u>may not have been</u> ...
  사실이 아니었을지도 모른다.
 	
• <u>Could</u> it <u>have been</u> ...?
  (글쎄) 사실이었을까?
	• It <u>must have been</u> true.
	  틀림없이 사실이었을 것이다.
	
	• It <u>can't have been</u> true.
	  사실이었을 리가 없다.
	
	• <u>Can</u> it <u>have been</u> true?
	  (정말) 사실이었을까?

아래와 비교해 보십시오.

현재·미래 추측

추측의 may	강한 추측의 must

• It <u>may be</u> true.
  사실일지도 모른다.
 	
• It <u>may not be</u> true.
  사실이 아닐지도 모른다.
 	
• <u>Could</u> it <u>be</u> true?
  (글쎄) 사실이려나?
	• It <u>must be</u> true.
	  틀림없이 사실일 것이다.
	
	• It <u>can't be</u> true.
	  사실일 리가 없다.
	
	• <u>Can</u> it <u>be</u> true?
	  (정말) 사실일까?

예문47은 'may/must+have+p.p.'와 had to가 쓰인 문장입니다.

과거 추측

47-1] "I can't find my mobile. Have you seen it?"
"You <u>may have left</u> it in the car."

47-2] "Why did Mike call me this morning?"
"He <u>may have wanted</u> to apologize to you."

47-3] "You <u>may have called</u> while Betty was out."
"Well, she <u>may have been</u> asleep."

47-4] "I wonder why she didn't go skating yesterday."
"She <u>may</u> not <u>have been feeling</u> well."

47-5] "What do you think that noise was?"
"It <u>may've been</u> a cat." [may've = may have]

47-1] "핸드폰을 못 찾겠어. 내 핸드폰 봤니? "차에 두고 내렸을지도 몰라." [47-2] "오늘 아침에 마이크가 왜 전화했을까?" "너한테 사과하고 싶었겠지." [47-3] "베티가 외출한 사이에 전화했을지도 모르지." "글쎄, 자고 있었을지도 모르지." [47-4] "어제 she가 왜 스케이트를 타러 가지 않았는지 궁금하네." "몸이 좋지 않았을 수도 있어." [47-5] "저게 무슨 소리인 것 같았니?" "고양이 소리였겠지."

47-2] 예 "Why didn't the owner repair the roof?" "주인은 왜 지붕을 수리하지 않았지?"
"There may not have been enough money." "돈이 넉넉하지 않았겠지."

47-4] may + 현재완료진행형

47-5] 의문문: Could it have been a cat? (정말) 고양이 소리였을까?
예 Could Mike have apologized to Betty? (과연) 마이크가 베티에게 사과했을까?

강한 과거 추측

47-6] You <u>must have dropped</u> your mobile somewhere.
47-7] She <u>must have gone</u> out.
47-8] He <u>must have been having</u> a party.
47-9] It <u>must've been</u> a cat. [must've = must have]

47-6] 어딘가에 핸드폰을 분명히 떨어뜨렸을 거야. [47-7] she는 외출한 게 분명해. [47-8] he는 파티를 하고 있던 게 분명해. [47-9] 틀림없이 고양이 소리였을 거야.

47-8] must + 현재완료진행형

47-9] 의문문: Can it have been a cat? (정말) 고양이 소리였을까?
  예 Can Mike have apologized to Betty? (진짜) 마이크가 베티에게 사과했을까?
  Where can she have gone? Can she have gone to school?
  she는 어디로 갔을까? 학교에 갔을까?

47-10] She <u>can't have been</u> asleep. ['must+have+been'의 부정]
47-11] She <u>can't have gone</u> to school. It's Sunday!
47-12] She <u>can't have been skating</u> yesterday afternoon.
47-13] It <u>can't have been</u> a cat.

47-10] she가 자고 있었을 리가 없어. [47-11] she는 학교에 갔을 리가 없어. 일요일이잖아. [47-12] she는 어제 오후에 스케이트를 타고 있었을 리가 없어. [47-13] 고양이 소리였을 리가 없어.

47-12] can't + 현재완료진행형

had to

must는 '현재의 일만' 추측하므로, 과거형이 없습니다. have to 의 과거형인 'had to'를 씁니다. 부정은 'didn't have to'입니다.

47-14] We had to try to do all we could.
47-15] It was too late, so I had to go home.
47-16] You had to be here by eight o'clock at the latest.
47-17] Why did you have to leave the radio on at night?
47-18] She didn't have to diet, but she always did.

47-14] 우리는 할 수 있는 일을 모두 해 봐야 했다. [47-15] 너무 늦어 집에 가야 했다. [47-16] 늦어도 8시까지는 여기에 와야 했다. [47-17] 밤에 라디오를 왜 틀어 놓아야 했나요? [47-18] she는 다이어트를 할 필요가 없었는데, 늘 다이어트를 했다.

덧붙여, 아래는 'needn't+have+p.p.'와 'didn't need to'가 쓰인 문장입니다. ★ needn't, don't need to ☞ p. 134

- I needn't have washed the car.
    (세차를 끝내자 비가 오기 시작했다.) 세차할 필요가 없었다. (그런데 했다.)
    - 이때의 need는 조동사 (일반동사로 쓰인 need와 구별할 것)
    - 긍정문에는 쓰이지 않음 (*NOT* I need have washed it.)

- I didn't need to wash the car.
    (비가 오기 시작했다.) 세차할 필요가 없었다. (그래서 안 했다.)
    - 이때의 need는 일반동사 (조동사로 쓰인 need와 상황이 반대)
    - 긍정문에도 쓰임
        예 I needed to wash it. 세차할 필요가 있었다. (그래서 했다.)

과거형 시제 조동사

생각 더하기
32. 과거 예측 'will + have + p.p.'

- He <u>may have arrived</u> early. 철수는 일찍 도착했을지도 모른다.
  - may + have + p.p.: 완료 상태일 〉 완료할 미래의 일을 추측

may는 현재·미래의 일뿐 아니라, 위 예문과 같이 현재완료형과 함께 과거의 일도 추측합니다. 그럼 will은?

① She <u>will have arrived</u> by twelve o o'clock.
   12시까지는 베티가 도착해 있을 것이다.
  - by two o'clock: 미래시점
  - will + have + p.p.: 완료 상태일 〉 완료할 미래의 일을 예측 ☞ p. 81

② She didn't meet him. He <u>will have arrived</u> late.
   베티는 철수를 만나지 못했다. 철수는 늦게 도착했을 것이다.
  - She didn't meet him: 과거시점
  - will + have + p.p.: 완료 상태인 〉 완료한 과거의 일을 예측

①은 'will have arrived'의 시점이 미래입니다. 즉 '완료 상태일 미래의 일'을 화자가 예측한 말입니다. 반면에, ②는 'will have arrived'의 시점이 과거입니다. 즉 '완료 상태인 과거의 일'을 화자가 예측한 말입니다.

will은 현재완료형과 함께 미래의 일뿐 아니라, 시점에 따라 과거의 일도 예측합니다. 이 또한 화자의 확신도가 매우 높습니다.

- She was very disappointed not to meet you. You <u>will have heard</u> of it already.
  영희가 너를 만나지 못해 몹시 실망했다. 이미 들어 알고 있겠지.

Would

✓ 과거시점에서 본 미래의 일
  - I thought it would rain today.

✓ 과거 습관
  - Mike would often drink till late at night.

✓ 과거 거절 · 거부
  - He wouldn't tell what happened.
  The door wouldn't open.

✓ **used to** 상황이 변한 과거 행동이나 상태
  - I used to take a taxi, but now I take the bus.
  I am not what I used to be.

Could

✓ 과거 능력, 가능
  - When I arrived in Busan, I could smell the sea.

✓ **was/were able to** 특정한 과거 능력, 가능
  - At that time, Mike was able to help me.

may + have + p.p.

✓ 과거 추측
- You may have left it in the car.

must + have + p.p.

✓ 강한 과거 추측
- You must have dropped it somewhere.

had to

✓ 과거 의무
- We had to try to do all we could.

✓ didn't have to 과거 불필요
- She didn't have to diet, but she always did.

46-1] 오늘 비가 올 줄 알았어. (실제로는 오지 않음)

....

46-2] he는 그러지 않겠다고 약속했어.

....

46-3] he는 자주 밤늦게 까지 술을 마셨다.

....

46-4] he는 무슨 일이 일어났는지 말하려고 하지 않았다.

....

46-5] 예전에는 택시를 탔지만, 지금은 버스를 탄다.

....

46-6] 예전에는 일주일에 두 번씩 테니스를 쳤지만, 지금은 시간이 없다.

....

46-7] 여동생은 예전보다 더 자주 스키를 타러 간다.

....

46-8] 우리 할머니는 옛날에 나를 꾸짖는 법이 없으셨다.

....

46-9] 예전에는 그것을 혼자 할 수 있었다.

....

46-10] 예전의 내가 아니다.

46-11] 여동생은 예전에 개를 무서워했다.

46-12] 옛날에는 날씬했나요?

46-13] 옛날에는 이곳이 논이 아니었나요?

46-14] 부산에 도착하니 바다 냄새가 났다.

46-15] 베티가 왜 나를 미워했는지 이해할 수 없었다.

46-16] 마이크는 그때 나를 도울 수 있었다.

46-17] 운 좋게 20%를 할인 받을 수 있었다.

46-18] 사고 나고 2주 후에, 여동생은 걷고 스케이트까지 탈 수 있었다.

47-1] 핸드폰을 차에 두고 내렸을지도 몰라.

....

47-2] 마이크가 너한테 사과하고 싶었겠지.

....

47-3] 글쎄, 베티가 자고 있었을지도 모르지.

....

47-4] 몸이 좋지 않았을 수도 있어.

....

47-5] "저게 무슨 소리인 것 같았니?" "고양이 소리였겠지."

....

47-6] 어딘가에 핸드폰을 분명히 떨어뜨렸을 거야.

....

47-7] she는 외출한 게 분명해.

....

47-8] he는 파티를 하고 있던 게 분명해.

....

47-9] 틀림없이 고양이 소리였을 거야.

....

과거형 시제 조동사

179

47-10] she가 자고 있었을 리가 없어.

47-11] she는 학교에 갔을 리가 없어. 일요일이잖아.

47-12] she는 어제 오후에 스케이트를 타고 있었을 리가 없어.

47-13] 고양이 소리였을 리가 없어.

47-14] 우리는 할 수 있는 일을 모두 해 봐야 했다.

47-15] 너무 늦어 집에 가야 했다.

47-16] 늦어도 8시까지는 여기에 와야 했다.

47-17] 밤에 라디오를 왜 틀어 놓아야 했나요?

47-18] she는 다이어트를 할 필요가 없었는데, 늘 다이어트를 했다.

매일매일 해야 하는 일만큼 힘든 일이 또 있을까요? 설거지나 집안 청소가 더욱 힘든 이유는 매일매일 해야 하기 때문입니다. 영어 공부도 마찬가지입니다.

학습에는 '임계점'이 있고, '절대량'이 있습니다.

실력 발휘가 되는 임계점에 다다를 때까지, 학습의 절대량이 채워질 때까지, 그것이 회화든 문법이든, 발음이든 어휘든, 매일같이 해야 합니다. 이것이 우리의 숙제가 아닐는지요?

빨리 가는 것보다 끝까지 가는 것이 중요한데, 문제는 끝까지 가고 싶어도 끝까지 가지지 않는 것입니다. 여러 가지 이유가 있겠지만, 가장 큰 이유는 기초 부족이 아닐는지요?

서법의 하이라이트, 과거형 서법 조동사

과거형 서법 조동사가 시작됩니다. 기초 중에 기초! 가정법이 끝날 때까지, 이번만은 과거형 서법 조동사를 절대 놓지 마십시오. 영어문법에서 과거형은 과거만을 의미하지 않습니다.

Unit 10

과거형 서법 조동사 & 법
Could · Might · Would · Should & Mood

과거형 조동사의 종류
 └ 과거형 서법 조동사
 └ 과거형 시제 조동사

과거형 서법 조동사
 └ Could, Might, Would, Should

말도 많고 탈도 많은 과거형 서법 조동사와 법을 살펴보려고 합니다. 무엇이 얽히고 뒤틀렸는지 실마리부터 찾겠습니다.

과거형 서법 조동사 & 법

개념 잡기

이 과거는 그 과거가 아닙니다.

― | 서법에서 말하는 과거형은 무엇을 의미할까?

살다 보면, 어떤 일에 대해 확신을 할 때도 있고, 못 할 때도 있습니다. 세상일에는 일어날 수 있는 일도 있고, 없는 일도 있습니다. 또한 사실도 있고, 사실이 아닌 것도 있습니다. 화자의 생각이나 마음은 '확실과 불확실, 현실과 비현실, 사실과 거짓' 사이에 있습니다. 서법은 '확실성, 현실성, 사실성'이 얼마나 되는지 수준을 뜻하는 '정도의 문법'입니다.

서법의 정도는 (서법 조동사 'will · shall · can · may · must'만 나타내는 것이 아니라) 과거형 서법 조동사 'could · might · would · should'도 나타냅니다. 문제는 '과거형' 하면, 반사적으로 과거시제와 함께 과거의 일을 떠올린다는 것입니다.

과거형의 문법적 의미는 두 가지로, '서법적' 의미와 '시제적' 의미로 나뉩니다.

> 과거형의 문법적 의미
> └ 서법적 의미: 불확실, 공손
> └ 시제적 의미: 과거

과거형이라고 과거의 일만 나타내지 않습니다. 과거형 서법 조동사는 형태만 과거형일 뿐, 서법 조동사와 같이, 현재나 미래의 일에 대한 화자의 생각이나 마음을 나타냅니다. 과거시제와 아무 상관없으니, 지금부터는 과거의 일을 떠올리면 안 됩니다.

be동사에 흥미로운 점이 있습니다.

- I am … / You are … / He is … [현재형]
- I was … / You were … / He was … [과거형]

위와 같이, be동사의 현재형은 인칭에 따라 'am, are, is'로 다릅니다. 그런데 과거형은 1인칭과 3인칭이 'was'로 같습니다. 왜 같을까요? 왜 I에 was를 쓸까요?

he는 3인칭입니다. 3인칭은 삼자인 '남(他)'입니다. 남은 나와 '거리가 있는 사람'입니다. 그만큼 '멀게 느껴지는 사람'입니다. 멀게 느껴지는 사람에게 was를 씁니다.

현재의 I는 가깝게 느껴지는 '나(1인칭)'입니다. 하지만 영미인에게 과거의 I는 멀게 느껴지는 '남(3인칭)'과 같습니다. I에 was를 쓰는 이유는 '과거의 I가 멀게 느껴지는 사람'이기 때문입니다. 현재의 I는 1인칭이지만, 과거의 I는 3인칭인 셈입니다.

was를 통해, 과거형이 '인식/심리'와도 관련이 깊다는 사실을 알았습니다. 과거형 서법 조동사의 실마리를 찾았습니다. 조동사가 새로운 국면으로 접어듭니다. 과감하게, 발상 전환!

> be동사의 현재형이 인칭에 따라 'am, are, is'로 다른 이유는 개인 중심의 사고방식을 가진 영미인이 자신으로부터 인칭에 따른 '인식적 거리감'을 느끼고, 이를 내재적으로 의식하기 때문입니다.

과거형 서법 조동사

> could, might

■ 불확실의 could와 might

과거는 거리감이 있고, 그만큼 멀게 느껴집니다. 이를 서법에 적용하면, 인식적/심리적 거리가 멂, 즉 '불확실'을 의미하게 됩니다. 우리는 지금 (시제가 아닌) 서법을 살펴보고 있습니다. 과거형에 대한 인식을 새롭게 할 때가 되었습니다.

시제에서 말하는 과거형은 시간의 문제로 인식되고, 과거사와 과거시점을 의미하지만, 서법에서 말하는 과거형은 '인식/심리의 문제'로 인식되고, '불확실'을 의미합니다. 요컨대, 과거형 서법 조동사 'could · might'가 불확실함을 나타냅니다. 아래와 같이 가능성 · 가망성이 절반 정도로 뚝 떨어집니다.

- He can go there. he는 그곳에 갈 수 있어.
  - 실제적 가능성: 화자의 확신도 100%에 가까움

  He could go there.
    그곳에 아마 갈 수 있을 거야. 〉(갈 것 같지는 않지만) 잘하면 갈 수도 있어.
  - 불확실한 가능성: 화자의 확신도 50% 미만

- He may go there. he는 그곳에 갈 수도 있고, 안 갈 수도 있어. 〉갈지도 몰라.
  - 실제적 가망성, 추측: 화자의 확신도 50% 정도, 반신반의 (may와 could는 화자의 확신도가 거의 같음. may 대신 could를, could 대신 may를 쓸 수 있음)

  He might go there. (안 갈 것 같은데) 어쩌면 그곳에 갈 수도 있어.
  - 불확실한 가망성, 약한 추측: 화자의 확신도 30% 정도, 긴가민가

주의! 앞선 예문의 could와 might는 과거형이지만, 강조합니다. 과거시제와 아무 상관 없습니다. 현재·미래의 일에 대한 '불확실함을 나타내기 위하여' 과거형을 쓴 것입니다.

'may, could, might'는 意가 비슷비슷합니다. 화자의 확신도도 거의 같거나 차이가 그리 나지 않습니다. 그 말이 그 말 같아 may 대신 could를 쓰기도 하고, may 자리에 might를 쓰기도 합니다. 하지만 味가 다릅니다. 확실히 하면,

- He <u>can be</u> right.
  he가 맞을 수 있어.

  He <u>could be</u> right.
  (But I don't think he is right.)
  아마 맞을 수 있을 거야. 〉 (맞는 것 같지는 않지만) 잘하면 맞을 수도 있어.

- He <u>may be</u> right.
  he가 맞을 수도 있고, 틀릴 수도 있어. 〉 맞을지도 몰라.

  He <u>might be</u> right.
  (I think he is wrong. But it is possible that he is right.)
  (틀린 것 같은데) 어쩌면 맞을 수도 있어.

여러분

'아 다르고, 어 다르다.'라는 말이 있듯이, 전달 내용은 같아도 어감은 다를 수 있습니다. 어감의 차이를 자꾸 느껴 보십시오. 언어 감각을 기르는 지름길입니다.

과거형 서법 조동사

아래는 부정문입니다.

- It can't[couldn't] be true. 사실일 리가 없다.
  It can't have been true. 사실이었을 리가 없다.
- It may[might] not be true. 사실이 아닐지도 모른다.
  It may not have been true. 사실이 아니었을지도 모른다.

부정은 긍정보다 어감이 강합니다. can't나 couldn't나, may not이나 might not이나 그 말이 그 말입니다. 정도의 차이가 거의 없습니다.

■ 공손의 could와 might

한편, 나와 거리가 있는 남은 '거리를 두어야 하는' 사람이기도 합니다. 거리를 두고 대해야 하는데, 허물없이 가깝게 대하거나 스스럼없이 말을 놓으면 '대체 사람을 뭐로 보는 거야?', '이 사람 어떻게 된 거 아니야?' 이런 말을 듣기 십상입니다. 실례를 넘어 무례입니다.

거리를 둔다는 말은 (사람을 멀리 한다는 뜻이 아니라) 예의를 갖추고 격식까지 차린다는 뜻입니다. 정중을 넘어 공손입니다. 서법에서 말하는 과거형은 또한 '공손'을 의미합니다. 과거형으로, could로 공손히 요청하거나 제안합니다.

- **Could I** use your phone? [공손한 요청]
    (실례를 해야 하는 상황에서) 전화를 좀 쓸 수 있을까요?
    - 불확실한 가능성으로 물음, 공손을 나타냄
    - can과 비교
        예 Can I use this coupon?
            (상점에서) 이 쿠폰을 사용할 수 있나요? (가능 여부를 물음)

(확실하게 말하면 직접적으로 말하는 느낌입니다. 공손한 느낌이 들지 않습니다. 반면에) 불확실하게 말하면 간접적으로 말하는 느낌입니다. 조심스럽게 말한다고 할까요? 공손한 느낌이 듭니다.

주의! 공손의 정도를 따지면, 'Could I ...?'보다 'May I ...?'가 더 공손한 표현입니다. ★ 'May I ...?' ☞ p. 114

다만, 허락을 'Might I ...?'로는 잘 구하지 않습니다. 이유는 might가 가망성이 너무 낮아 조심스러움을 넘어 주저하는 듯한 느낌이 들기 때문입니다. (기원의 may 대신 might를 쓰지 않는 이유이기도 합니다.) 같은 이유로, might는 주저하는 듯한 말인 'I wonder'와 잘 어울립니다.

- **I wonder** if I **might** use your phone. [공손한 요청]
    전화를 좀 쓸 수 있는지요?
    - I wonder if I might ... : 매우 공손한 표현

주의! 위 예문의 could · might는 과거형 서법 조동사입니다. 과거형이지만 과거시제와 아무 상관 없습니다. '공손을 나타내기 위해' 과거형을 쓴 것입니다.

예문48은 could와 might가 쓰인 문장입니다.

> 불확실

48-1] "What shall we do this evening?"
"Well, we <u>could go</u> to see a movie."
48-2] "<u>Could</u> you <u>stay</u> at Betty's home this weekend?"
"Yes, I suppose I <u>could</u>."
48-3] "Where's my bag? Have you seen it anywhere?"
"Maybe it <u>could be</u> in the car."
48-4] "How's everything going these days?"
"Great. Things <u>couldn't be</u> better."

48-1] "오늘 저녁에 우리 뭘 할까요?" "글쎄, 영화 보러 갈 수 있겠는데." [48-2] "너 말이야, 이번 주말에 베티 집에 묵을 수 있을 것 같니?" "응, 그럴 수 있을 것 같아." [48-3] "내 가방이 어디 있지? 어디서 봤니?" "혹시, 차에 있을지도 몰라." [48-4] "요즘 어때?" "끝내줘. 더 좋을 것 같지 않은데. 〉더 없이 좋아."

48-1] '영화 보러 가면 어떻겠느냐'는 말을 불확실하게 에둘러 말하고 있습니다. ('We can go to see …'는 영화 보러 가자는 말에 가깝습니다.)

48-2] 확인되거나 확정된 사실이 아닙니다. (반면에, 'I can stay …'는 실제적/현실적 가능성을 말하므로, 실제로 묵을 수 있다는 말입니다. 확인되거나 확정된 사실입니다.)

> 예) I think my grandfather couldn't live in Seoul. He hates crowds and noise.
> 할아버지는 서울에서 사실 수 없을 것 같아요. 붐비고 시끄러운 건 질색하시거든요.

48-4] ('Things can't be better.'는 '이보다 더 좋을 수 없다'는 말입니다.)

> 예) I could stay here all day just listening to music.
> 하루 종일 음악만 들으면서, 여기에 머무를 수 있을 것 같아요.

48-5] We <u>might trip</u> abroad this summer holiday.
48-6] I wonder if we <u>might go</u> to Australia.

48-5] 이번 여름휴가 때 해외여행을 갈지도 몰라. [48-6] 과연 호주로 갈지.

48-5] 미래는 불확실한 세계이므로, 미래시점[this summer]이 명시된 미래의 일을 추측할 때는 may나 could보다 좀 더 불확실한 might를 더 많이 씁니다.

48-6] might는 주저하는 듯한 말인 'I wonder'와 잘 어울립니다.

공손한 요청·제안, 가벼운 지시

48-7] <u>Could you</u> pass me the salt, please? [공손한 요청]
48-8] <u>I could</u> do that for you. [공손한 제안]
48-9] <u>You could</u> give me a call later. [가벼운 지시]

48-7] (식사 중에) 소금 좀 주시겠어요? [48-8] 당신 대신 〉 당신을 위해 해 드리겠습니다. [48-9] 나중에 전화 좀 주세요.

48-7] 예 Excuse me, could you tell me how to get to the airport?
실례합니다. (폐가 되지 않는다면) 공항으로 가는 길 좀 알려주시겠어요.
Could I have the receipt? 영수증 좀 주세요.

'Do you think I could ...?'로 요청하면 보다 완곡하게 들립니다.
예 Do you think I could borrow your car?
(괜찮다면) 차를 좀 빌릴 수 있는지요?
(NOT Do you think I can borrow your car?)

과거형 서법 조동사

〉 would

■ 상상의 would

예측의 will이 과거형 'would'가 되면, '불확실한 예측'이 됩니다. 불확실한 예측은 머릿속에 그려 보는 정도를 말합니다. 즉 상상해 보는 일입니다.

여러분

would는 불확실한 세계를 넘어 '화자의 상상'을 나타냅니다.

상상은 비현실입니다. 비현실에는 이것도 있습니다. 다름 아닌 '가정'입니다. 상상은 가정과 불가분의 관계에 있습니다. (가정: 사실이 아닌 것을, 비현실을 임시로 인정함)

눈여겨보십시오. '가정한 일'과 '가정한 일을 상상한 결과'로 이루어진 문장이 바로, '가정문'입니다.

- If I saw you, I <u>would be</u> happy. [가정문: 가정절 + 결과절]
  너를 만나면 기쁠 것이다. 〉 기쁠 텐데.
  – 만남: 가정한 일 [가정절]
  – 기쁨: 가정한 일을 상상한 결과 [결과절]

[가정이나 조건에 따른 결과라 하여 결과절을 "귀결절"이라고도 합니다. 말이 좀 어려워 **생각문법**에서는 '결과절'로 부릅니다.]

상상의 would가 들어간 문장은 대부분 가정문입니다. 과거형 서법 조동사 중, would가 가정문의 결과절에 가장 많이 쓰입니다. 구체적인 내용은 가정문에서 살펴보기로 하고, 여기서는 엿보기만 하겠습니다. 아래 예문을 비교해 보십시오.

- It <u>takes</u> about ten minutes to get there by car.
    차로 그곳에 가는 데 10분 정도 걸립니다.
    - 현재시제로 말함, 100% 객관적인 사실

- It <u>will take</u> about ten minutes to get there by car.
    차로 그곳에 가면 10분 정도 걸릴 것입니다.
    - 차로 그곳에 가 본 경험이 있는 사람이 한 말
    - 본인의 경험을 근거로 예측한 시간을 말함
    - 조건의 의미가 포함된 문장 (If you go there by car, ...)

- It <u>would take</u> about one hour to get there on foot.
    걸어서 그곳에 간다면 1시간 정도 걸릴 것 같습니다.
    - 걸어서 그곳에 가 본 적이 없는 사람이 한 말
    - 주관적인 판단으로 상상한 시간을 말함
    - 가정의 의미가 포함된 문장 (If you went there on foot, ...)

아래는 가정문에서 다룰 예문입니다. 차이점이 무엇인지, 미리 한번 생각해 보십시오.

- It <u>will be</u> lovely to see you.
    너를 만나면 기쁠 거야.

- It <u>would be</u> lovely to see you.
    너를 만나면 기쁠 텐데.

■ 공손의 would

상상을 마음으로 하면, 이는 곧 마음속에 그려 본다는 뜻입니다. 마음속에 그려 봄, 즉 꿈꾸고 원하고 이루어지기를 바랍니다. 이렇듯 상상은 '바람'이기도 합니다. 과거형 'would'로 바랍니다. 특히, 공손한 말로 쓰일 때는 'like, love'와 잘 어울립니다.

- I would like some information about airplanes to Jeju.
  제주로 가는 비행기 편을 알고 싶습니다.

- Yes, please. I'd love a coffee. (I'd = I would)
  네, 커피 한 잔 주세요. 정말 마시고 싶어요.

- I'd hate to lose my job.
  일자리를 잃지 않으면 좋겠어요.

[서법은 화자의 생각이나 마음을 나타내는 문법! 화자의 생각인 will의 '예측'은 would의 '상상'이 됩니다. 화자의 마음인 will의 '의지'는 would의 '바람'이 됩니다.]

또한, 상대방의 의사나 의향을 would로 물음으로써 공손히 요청하거나 제안할 수 있습니다. 'Would you please …?'가 대표적인 표현입니다.

- Would you please open the window? [공손한 요청]
  창문 좀 열어 주시겠어요?

- Would you like a cup of coffee? [공손한 제안]
  커피 한 잔 드시겠어요.

예문49는 would가 쓰인 문장입니다.

[상상의 would와 관련된 예문은 과거형 가정문에서 다룹니다.]

바람, 요청 · 제안

49-1] <u>I'd like</u> to see Mr. Kim. [바람]
49-2] "Coffee or tea?" "<u>I'd prefer</u> tea."
49-3] <u>I'd rather</u> die than surrender.
49-4] <u>I'd be</u> happy to help you.
49-5] <u>I wouldn</u>'t <u>press</u> you to stop it.
49-6] Who <u>would you like</u> to speak to?
49-7] <u>Would you do</u> me a favor? [요청]
49-8] <u>Would you mind</u> sending it again?
49-9] "<u>Would you like</u> to go for a drive?" [제안]

49-1] 김 선생님을 뵙고 싶습니다. [49-2] "커피 아님 홍차?" "홍차가 좋겠어요." [49-3] 항복할 바에는 차라리 죽겠습니다. [49-4] 당신을 도와 드리고 싶습니다. [49-5] 말리고 싶은 마음은 없습니다. [49-6] 어떤 분을 바꿔 드릴까요? [49-7] 부탁 좀 들어주시겠어요? [49-8] 그거 좀 다시 보내 주시겠습니까? [49-9] "드라이브하실래요?"

49-3] 예 I'd sooner fail than cheat.
　　　　커닝하느니 차라리 낙제가 낫겠다. 〉낙제를 하겠다. 〉낙제할지언정 커닝은 안 한다.

49-6] 예 How much would you like to cash?
　　　　얼마를 현금으로 바꾸시겠습니까?

49-7] 예 Would someone please tell me what's going on?
　　　　무슨 일이 일어나고 있는지 누가 저에게 말씀 좀 해주시겠어요?

> should

■ 권고의 should

- You <u>shall quit</u> drinking. [화자의 결의]
  너는 술을 끊고야 말 것이다. 〉 (내가) 너에게 술을 끊게 해 주겠다.

shall은 어감이 매우 강합니다. 조동사는 과거형이 되면 어감이 약해지는데, shall이 어감이 워낙 강하다 보니, 과거형인데도 should는 어감이 그다지 약하지 않습니다.

should는 (must와 have to의 중간 정도인) '화자의 권고'를 나타냅니다. 상대방에게 어떤 일을 하도록 권할 때 should를 씁니다.

사람들은 대개, 옳거나 바른 도덕적인 일, 따라야 하거나 지켜야 하는 규범적인 일을 권합니다. 또는, 안 하고 있거나 못하고 있는 상황에서 하는 것이 합당하거나, 하면 나아지는 일을 권합니다. 한마디로, '바람직한 일'을 권합니다. 권하면서 바라기도 하고, 기대하기도 합니다. [바람직한 일: 바랄 만한 가치가 있는 일]

개념1 ■ 바람직한 일에 대한 화자의 권고

- You <u>should quit</u> drinking for your health. [화자의 권고]
  (바람직한 일이니) 건강을 위해 술을 끊어야 한다. 〉 끊으면 좋겠어. 〉 끊었으면 해.
  예 You should see a doctor. 병원에 가 봤으면 해.
  I should quit drinking. 술을 끊어야 하는데. (그것이 바람직한데, 끊지 못하고 있다.)

should의 부정은 'should not'입니다. 어떤 일을 하지 않도록 권하는 말입니다. 의문문은 should로 만듭니다.

- You <u>should not</u> smoke. [부정문]
  금연(not smoke)을 권한다(should). 〉 금연하면 좋겠다.
  - should not이 일반적, ought not to는 드물게 쓰임

- <u>Should</u> I <u>see</u> a doctor? [의문문]
  병원에 가 봐야 할까요?
  - '내가 병원에 가는 것이 바람직할까요?' 이런 뉘앙스
  - 'Should I see …?'가 일반적, 'Ought I to see …?'는 드물게 쓰임

제안 등을 할 때, should를 쓰면 완곡한 표현이 됩니다.

- <u>Should we</u> go out for lunch?
  점심 먹으러 나가지 않을래요?
  - 'Shall we …?'의 완곡한 표현
    예 Should I carry your bag? 가방을 좀 들어 드릴까요? (이 상황에서 내가 당신의 가방을 들어 드리는 것이 바람직한 일일까요? 〉 들어 드려도 괜찮을까요?)
    What should I do? 어떻게 하면 좋을까요?
      (이 상황에서 내가 어떻게 하는 것이 바람직할까요? - 조언을 구함)
  - shall과 비교 ☞ p. 102
    예 Shall we go out for lunch?
      점심 먹으러 나갈까요?

잠깐! 의무에 must와 have to가 있듯이, 권고에 should뿐 아니라 ought to도 있습니다. 의미는 같아도 성격까지 같지는 않습니다. 살펴보고 넘어가겠습니다.

should는 '주관적인' 권고를 나타내고, ought to는 '객관적인' 권고를 나타냅니다. (must와 have to의 차이점과 닮았습니다.)

- You <u>should to see</u> a doctor.
  (아프다면서, 바람직한 일이니) 의사에게 진찰을 받아 봤으면 좋겠어.
  – 주관적인 생각을 말함. 화자가 마음을 쓴다는 느낌이 ought to보다 많이 듦

- You <u>ought to see</u> a doctor.
  (증세가 그러면 누구나 그렇듯이) 의사에게 진찰을 받아 봐야 한다.
  – 객관적인 사실을 말함. 화자가 마음을 쓴다는 느낌이 should보다 적게 듦

주의! 객관적인 권고를 나타내다 보니, 'You ought to see a doctor.'는 어찌 들으면 병원에 가 봐야 하는 의무로 들립니다. should보다 어감이 강합니다. 이런 까닭에 구어에서는 ought to보다 should를 훨씬 많이 씁니다.

중요한 사실은 should가 'must, have to'와 어감이 다르다는 것입니다. 해석이 비슷하다고 어감까지 비슷하게 보면 안 됩니다. 차이점은 '강제성이 있느냐, 없느냐'입니다.

- You <u>must quit</u> drinking now. [지시나 명령]
  (간이 아주 안 좋다. 술을 마시면 큰일 난다. 선택의 여지가 없다.)
    당장 술을 끊어야 한다. 〉 술을 끊어라.
  – 금주를 요구. 강제성이 있음

- You <u>have to quit</u> drinking for your health. [충고나 조언]
  [의사 말로는 (객관적으로) 간이 안 좋다고 한다.] 건강을 위해 술을 끊어야 한다.
  – 금주하라고 충고. 얼마쯤이라도 강제성이 있음

- You <u>should quit</u> drinking ... [권고나 제안]
  (바람직한 일이니) 건강을 위해 술을 끊어야 한다. 〉 끊어면 좋겠어. 〉 끊었으면 해.
    (바라거나 기대하면서, 내 말을 따라 주면 좋겠다.)
  – 금주를 권함. 강제성이 없음

아래 예문도 비교해 보십시오.

- You must not smoke. [의무 〉 강한 금지]
  (폐암 초기다.) 담배를 피워서는 안 된다.

- You may not smoke. [불허 〉 금지]
  (금연 장소니, 여기서) 담배를 피우면 안 된다.

- You should not smoke. [권고 〉 약한 금지]
  (건강을 위해) 금연을 권한다.

must는 어감이 매우 강한 데다, 화자의 의무 부여는 화자가 원하는 것을 하라는 말과 다름없기 때문에, 상황에 따라 '지시'나 '명령', 또는 '경고'로 들릴 수 있습니다.

- You must apologize to Betty. [지시나 명령]
  (두말할 것 없다. 변명의 여지가 없으니) 베티에게 사과해야 한다. 〉 사과해라.

- You should apologize to Betty. [권고나 제안]
  (사과 아직 안 했니? 바람직하지 않으니) 베티에게 사과하면 좋겠다.

- You have to apologize to Betty. [충고나 조언]
  (자초지종을 들어 보니, 객관적으로 네가 잘못했네.) 베티에게 사과해야 한다.

가정문으로 말하면, 한결 부드러워집니다.

- If I were you, I should quit drinking.
  네가 너라면, (마땅히) 술을 끊을 텐데. 〉 술을 끊을 거야. (금주를 에둘러 말함)
  예 I should see a doctor if I were you.
    나 같으면 (마땅히) 병원에 가 볼 텐데. 〉 병원에 가 볼 거야.

바람직한 일은 누구나 마땅히 합니다. 마땅히 하는 '당위적인' 일입니다. [당위(當爲): 마땅히 그렇게 하는 것 ('바람직한 일 〉 마땅히 하는 일 〉 당위적인 일')] 당위적인 만큼 중요하고, 중요한 만큼 필요하기도 하고, 갈망하기도 합니다. 아래는 권고의 should가 쓰인 that절과 잘 어울리는 형용사입니다.

important　right　necessary　anxious

- It's <u>important</u> that you <u>should</u> quit smoking first.
  너는 담배를 먼저 끊어야 하는 것이 중요하다.

- I'm <u>anxious</u> that you <u>should</u> be healthy.
  네가 건강하기를 간절히 바란다.

당위적인 일은 또한, 하도록 '추천·제안·충고'하기도 하고, 하라고 '주장·요구·명령'하기도 합니다. 아래는 권고의 should가 쓰인 that절과 잘 어울리는 동사입니다.

recommend	suggest	advise	insist
ask	demand	order	command

- I <u>recommend</u> that he <u>should</u> see a doctor.
  나는 (권고의 의미로) he가 의사에게 진찰을 받아 볼 것을 권했다.

- He <u>insisted</u> that I <u>should</u> not give in, but stay.
  he는 내가 포기하지 말고 버티라고 (그랬으면 좋겠다고) 힘주어 말했다.

생각 더하기   33. had better

had better도 권고를 나타냅니다. 지금 당장의 일이나 매우 가까운 미래의 일을 권할 때 씁니다. 다급한 느낌이 들고, 그만큼 어조가 강해, 주어가 2인칭일 때는 '지시·명령, 경고·협박'으로 들릴 수 있습니다.

- You <u>had better</u> hurry up. [지시나 명령]
  서두르는 게 좋겠어. 〉 서둘러야 해.
  – 과거형(had)이지만 과거시제와 무관, 동사원형(hurry)이 옴

- You <u>had better not</u> go there. [경고나 협박]
  그곳에 가지 않는 게 좋을 거야. 〉 가지 말아야 해.
  – 부정: had better not (better 뒤에 not을 씀)

주의! had better는 공손한 표현이 아닙니다. 윗사람이 아랫사람에게, 친구나 동료끼리 쓰는 말입니다. 주어가 2인칭일 때는 되도록 should나 have to를 쓰는 것이 좋습니다.

주의! had better는 권고를 따르지 않으면 불이익이나 좋지 않은 결과가 생길 것 같은 느낌을 줍니다. 하지만 이는 어디까지나 상황이나 문맥의 문제입니다.

- He'<u>d better</u> see a doctor today. (He'd = He had)
  he는 오늘 병원에 가 보는 것이 좋겠어.

- I'<u>d better</u> stay here.
  이곳에 머무는 것이 좋겠어.

■ 예측의 should

앞서 권고의 should에서, 바람직한 일은 누구나 마땅히 하는 당위적인 일이라고 했습니다. 당위적인 일을 정신세계에 비추어 말하면, 개연성이 상당히 높은 '당연히 일어날 일'로 봅니다.

요컨대, should는 '당연시되는 일'에 대한 화자의 예측을 나타냅니다. 화자의 확신도가 will이나 must만큼은 아니지만, 그래도 상당히 높습니다. '80%-90% 정도' 됩니다.

개념2 ■ 당연시되는 일에 대한 화자의 예측

[can/could는 '가능성'을 지니고, may/might는 '가망성'을 지닙니다. will · must는 '확실성'을 지니고, should는 '당위성'을 지닙니다.]

아래 예문을 비교해 보십시오.

- He <u>will</u> be at home. [예측]
  (he가 집으로 가는 걸 봤거든.) he는 (십중팔구) 집에 있을 거야.
  – (비교적 객관적인 근거로) he가 집에 있을 것으로 예측, 사실과 다름없다는 어조

- He <u>must</u> be at home. [강한 추측]
  (집으로 들어가는 걸 봤거든.) 분명히 집에 있을 거야.
  – 개연성이 매우 높고, he가 집에 있다고 강하게 추측, 확신에 찬 어조

- He <u>should</u> be at home. [당연시되는 예측]
  (몸살 났어.) 당연히 집에 있을 거야.
  – 개연성이 상당하고, 정황상 he가 집에 있다고 예측, 확신하는 어조

아래와 같은, 판단이나 감정과 관련된 형용사에 이어진 that절에 예측의 should가 쓰입니다.

strange	sorry	natural	normal
interesting	surprising	amazing	shocked

① It's <u>strange</u> that he <u>should</u> say such a thing.
(당연히 그럴 리가 없는데) he가 너에게 그런 말을 한 점은 〉그런 말을 하다니 이상하다.

①은 반어적인 표현입니다. '실현 가능성이 없거나 낮은 일이 실현되었을 때', that절에 예측의 should를 반어적으로 써서 화자의 '주관적 판단'이나 '감정적 반응'을 나타냅니다.

② It's <u>strange</u> that he <u>says/said</u> such a thing. [현재형/과거형]
he가 그런 말을 하는/한 것은 (객관적으로) 이상하다.

하지만 '객관적인 사실을 말할 때'는 ②와 같이, that절에 예측의 should를 쓰지 않습니다. 다시 말해, that절에 (직설법 동사인) '현재형[says]'이나 '과거형[said]' 동사를 쓰면 객관적인 사실에 관한 말이 됩니다. 아래 예문을 비교해 보십시오.

- I regret that she <u>should have married</u> him.
  (결혼할 줄 몰랐는데) she가 그 사람과 결혼한 일은 〉결혼하다니 유감스럽다.

- I regret that she <u>married</u> him.
  she가 그 사람과 결혼한 일은 (객관적인 사실에 대해) 유감스럽다.

현재·미래에 대한 화자의 확신도

100% 확신	It is true.
강한 확신	It will be true. (100%에 가까움, 예측) It must be true. (100%에 가까움, 강한 추측) (= I'm sure it will be true.) It should be true. (80%~90% 정도, 예측) (= I expect it will be true.)
약한 확신	It may be true. (50% 정도, 추측) It could be true. (50% 미만, 추측) It might be true. (30% 정도, 약한 추측)

과거의 일에 대한 화자의 확신도

100% 확신	It was true.
강한 확신	It will have been true. (100%에 가까움) It must have been true. (100%에 가까움)
약한 확신	It may have been true. (50% 정도) It could have been true. (50% 미만) It might have been true. (30% 정도)

★ will + have + p.p. ☞ p. 174

예문50은 should가 쓰인 문장입니다.

권고

50-1] You <u>should keep</u> your promise.

50-2] Everybody <u>should wear</u> car seat belts.

50-3] That girl who skates <u>should be wearing</u> a helmet.

50-4] You look tired. You <u>should go</u> to bed early.

50-5] The parcel <u>should be sent</u> by ship.

50-6] You <u>shouldn't believe</u> everything in the news.

50-7] I <u>don't</u> think the police <u>should put</u> down
the candlelight protests by force.

50-8] <u>Should we</u> invite Mike to the party?

50-9] <u>Should I</u> go abroad to study, do you think?

50-1] 약속을 지키면 좋겠어. [50-2] 누구나 안전벨트를 매야 한다. [50-3] 스케이트를 타는 저 여자아이는 헬멧을 쓰고 있어야 한다. [50-4] 피곤해 보인다. 일찍 자는 게 좋겠다. [50-5] 소포는 배편으로 보내야 합니다. [50-6] 뉴스에 나온다고 모두 믿으면 안 된다. [50-7] 경찰이 촛불 시위를 무력으로 진압하면 안 된다. [50-8] 파티에 마이크를 초대하는 것이 좋겠지? [50-9] 내가 유학을 가는 것이 낫다고 생각하니?

50-3] should + 진행형

50-4] 예 You should try Kimchi. You'll enjoy that. 김치 좀 먹어 보세요. 맛있을 거예요.

50-6] 예 Children shouldn't be allowed to play in the street.
아이들을 길에서 놀게 하면 안 된다.

50-8] 예 Should we call the police?
경찰을 부르는 것이 좋지 않을까요? (이 상황에서 바람직하지 않을까요?)

과거형 서법 조동사

예측

50-10] Betty has been studying hard. She <u>should pass</u> the exam.
50-11] It rained yesterday. It <u>shouldn't rain</u> today.
50-12] Betty left home an hour ago. She <u>should be</u> here soon.
50-13] Mike is a good golfer. If he played golf with me, he <u>should win</u>.
50-14] The waiter <u>should be</u> friendly.
50-15] I <u>should think</u> so.

50-10] 베티는 (열심히 했으니까, 당연히) 합격하고말고. [50-11] (어제 비가 왔으니까, 당연히) 오늘은 비가 오지 않을 거야. [50-12] 베티가 곧 여기에 도착할거야. [50-13] 마이크가 이길 게 뻔해. [50-14] 웨이터는 친절하겠지. [50-15] (개연성이 상당히 높아) 그럴걸요.

50-12] 예) I wonder where Betty is. She should be here.
　　　　　궁금하네. (당연히 여기 있어야 할) 베티가 어디 있지? 여기 있어야 하는데.

50-15] 예) I should imagine that he's about thirty. he는 서른쯤 되어 보인다.
　　　　　I <u>would think</u> so. (확실하지 않지만) 그럴걸요.

would · should가 의문사와 함께 '의외 · 의아'를 나타냅니다.

50-16] "<u>Why would</u> he do such a thing?"
　　　　"<u>How should</u> I know?"
50-17] I don't understand <u>why</u> you <u>should</u> think so.

50-16] "he는 어째서 그런 일을 하려는 거죠?" "난들 어떻게 알겠어?" [50-17] 네가 왜 그렇게 생각하는지 알다가도 모르겠다.

that절에 쓰인 should

50-18] It's <u>necessary</u> that exception <u>should</u>n't be made.
50-19] It's my <u>wish</u> that my son <u>should</u> achieve his dream.
50-20] Many people <u>demanded</u> that he <u>should</u> resign.
50-21] I <u>advised</u> that he <u>should</u> have an operation.
50-22] It's <u>natural</u> that Betty <u>should</u> be angry with Mike.
50-23] I was <u>shocked</u> that he <u>should</u>n't have been elected.
50-24] It's a <u>pity</u> that you <u>should</u> fail in the exam.

권고: [50-18] 예외를 만들지 않는 것이 필요하다. [50-19] 아들이 꿈을 이루는 것이 내 바람이다. [50-20] 많은 사람들이 he가 사임해야 한다고 요구했다. [50-21] he가 수술을 받아야 한다고 충고했다. 예측: [50-22] 베티가 마이크에게 화를 내는 것은 당연하다. [50-23] he가 (당연히 선출될 줄 알았는데) 선출되지 않아 충격을 받았다. [50-24] 네가 (당연히 시험에 붙을 줄 알았는데) 시험에 떨어지다니 유감이다.

50-23] 예 I was shocked that he <u>wasn't elected</u>. he가 선출되지 않은 사실에 충격을 받았다.
(이렇게 직설법 동사를 쓰면 객관적인 사실에 관한 말이 됨)

★ that절과 should ☞ ❹ p. 32

'could · might · would · should'는 목적절에도 쓰입니다.

50-25] I spoke slowly <u>so that</u> he <u>could</u>[<u>should</u>] understand.
50-26] He stepped aside <u>in order that</u> I <u>might</u> go in.
50-27] I met Betty <u>so that</u> she <u>would</u> get the book.

50-25] he가 이해할 수 있도록 천천히 말했다. [50-26] he는 내가 안으로 들어갈 수 있게 비켜 주었다. [50-27] 그 책을 전하기 위해 베티를 만났다.

Could, Might

✓ 불확실한 가능성 · 가망성
- Well, we could go to see a movie.
  We might trip abroad this summer holiday.

✓ 공손한 요청 · 제안, 가벼운 지시
- Could I have the salt, please?

Would

✓ 상상
- If I saw you, I would be happy.

✓ 공손한 바람, 요청 · 제안
- I'd like to see Mr. Kim.

Should

✓ 권고
- You should keep your promise.

✓ 예측
- She should pass the exam.

✓ **ought to** 객관적 권고
- He ought to see a doctor.

48-1]　"오늘 저녁에 우리 뭘 할까?" "글쎄, 영화 보러 갈 수 있겠는걸."

....

48-2]　너 말이야, 이번 주말에 베티 집에 묵을 수 있을 것 같니?

....

48-3]　혹시, 네 가방 차에 있을지도 몰라.

....

48-4]　"요즘 어때?" "끝내줘. 더 없이 좋아."

....

48-5]　이번 여름휴가 때 해외여행을 갈지도 몰라.

....

48-6]　과연 호주로 갈지.

....

48-7]　(식사 중에) 소금 좀 주시겠어요?

....

48-8]　당신을 위해 해 드리겠습니다.

....

48-9]　나중에 전화 좀 주세요.

....

49-1] 김 선생님을 뵙고 싶습니다.

49-2] "커피 아님 홍차?" "홍차가 좋겠어요."

49-3] 항복할 바에는 차라리 죽겠다.

49-4] 당신을 도와 드리고 싶습니다.

49-5] 말리고 싶은 마음은 없습니다.

49-6] 어떤 분을 바꿔 드릴까요?

49-7] 부탁 좀 들어 주시겠어요?

49-8] 그거 좀 다시 보내 주시겠습니까?

49-9] "드라이브하실래요?" "좋아요."

50-1] 약속을 지키면 좋겠어.

....

50-2] 누구나 안전벨트를 매야 한다.

....

50-3] 스케이트를 타는 저 여자아이는 헬멧을 쓰고 있어야 한다.

....

50-4] 피곤해 보인다. 일찍 자는 게 좋겠다.

....

50-5] 소포는 배편으로 보내야 합니다.

....

50-6] 뉴스에 나온다고 모두 믿으면 안 된다.

....

50-7] 경찰이 촛불 시위를 무력으로 진압하면 안 된다.

....

50-8] 파티에 마이크를 초대하는 것이 좋겠지?

....

50-9] 내가 유학을 가는 것이 낫다고 생각하니?

....

과거형 서법 조동사

50-10] 베티는 (열심히 했으니까) 합격하고말고.

....

50-11] 오늘은 비가 (어제 왔으니까) 오지 않을 거야.

....

50-12] 베티가 (거의 다 왔데.) 곧 여기에 도착할거야.

....

50-13] 마이크가 나랑 골프를 치면, 마이크가 이길 게 뻔해.

....

50-14] 웨이터는 친절하겠지.

....

50-15] (개연성이 상당히 높아) 그럴걸요.

....

50-16] "he는 어째서 그런 일을 하려는 거죠?" "난들 어떻게 알겠어?"

....

50-17] 네가 왜 그렇게 생각하는지 알다가도 모르겠다.

....

50-18] 예외를 만들지 않는 것이 필요하다.

....

50-19] 아들이 꿈을 이루는 것이 내 바람이다.

....

50-20] 많은 사람들이 he가 사임해야 한다고 요구했다.

....

50-21] he가 수술을 받아야 한다고 충고했다.

....

50-22] 베티가 마이크에게 화를 내는 것은 당연하다.

....

50-23] he가 선출되지 않아 충격을 받았다.

....

50-24] 네가 시험에 떨어졌다니 유감이다.

....

50-25] he가 이해할 수 있도록 천천히 말했다.

....

50-26] he는 내가 안으로 들어갈 수 있게 비켜 주었다.

....

50-27] 그 책을 전하기 위해 베티를 만났다.

....

과거형 서법 조동사 & 법

내 것으로 만들기

조동사뿐 아니라 동사도 서법을 나타냅니다.

법
Mood

동사의 어형 변화로 나타나는 서법을 "**법** 法·Mood 마음의 분위기"이라고 합니다. 법에는 '직설법·명령법·가정법'이 있습니다.

- The earth <u>goes</u> around the sun. [직설문]
  지구는 태양 주위를 돈다.

'직설법 Indicative Mood'은 화자의 생각이나 마음을 곁들이지 않고, 있는 그대로 사실만을 나타내는 서법입니다.

- This book <u>is</u> interesting. 이 책은 재미있다.

하지만 엄격히 말하면, 직설법이라고 화자의 주관적인 태도가 전혀 안 들어 있는 것은 아닙니다. 위 예문과 같이 (책이 재미있다고 판단한) 화자의 주관적인 태도가 얼마쯤이라도 들어 있기도 합니다.

정리하면, 직설법은 화자의 주관적인 태도가 들어 있지 않거나 거의 들어 있지 않거나, 무시할 만한 정도로 들어 있습니다.

[이와 관련된 국어의 서법 형태에는 '-는다/-ㄴ다 (서술법)'과 '-느냐? (의문법)'을 비롯해 '-어라 (명령법)', '-자 (청유법)', '-마 (약속법)'이 있습니다. (국어문법에는 '가정법'이 없습니다.) 하위 범주는 말할 것도 없고 기본 형태가 이러한데, 외국인은 국어문법을 배울 때, 서법 때문에 곤혹스러울 것입니다. 하지만 영어의 서법 형태는 얼마 되지 않습니다. 힘내시길 바랍니다.]

〉 동사원형과 명령문

■ 동사원형

① You go there.
 – 이때의 go는 현재형, 현재시제 ★ 현재시제 문법형태 'Ø' ☞ ❶ p. 76

② You will go there.
 – 이때의 go는 동사원형, 무시제

 현재형인 ①의 go와 달리, ②의 go는 '동사원형'입니다. ②는 화자가 주어에 대해, 즉 상대방이 그곳에 가는 행위 자체를 예측한 말입니다. '가는 행위 자체', 동사문법 '시제·상/태·서법'이 결합하지 않은 go, 이것이 동사원형 'go'입니다.

 "**동사원형** the root of a verb"은 동사에 동사문법이 결합하지 않고 '어휘적 의미만 있는' 동사 자체를 말합니다. 의미적으로 '행위 자체'를 뜻합니다.

 [동사원형은 '문장 내에서만' 존재합니다. 문장 내에서 동사에 동사문법이 결합하지 않았다는 것을 드러내기 위해 동사라고 하지 않고, 특히 "동사원형"이라고 합니다. 영어사전에 표제어로 올라가 있는 'walk'는 동사라는 품사고 단어고 어휘입니다. 하지만 walked가 변한 walk는 동사원형인 것입니다. 한편, 국어는 '갈 것이다/가겠다'에서 '가'가 영어의 동사원형에 해당하는 '동사어근'입니다.]

 [동사원형은 시제와 같은 동사문법이 결합하지 않은 형태입니다. 따라서 동사원형이 뒤따르는 서법 조동사가 쓰인 문장이나, 동사원형으로 시작하는 명령문은 시제가 없는 '무시제' 문장입니다.]

■ **명령문** 직접 명령문

동사원형이 쓰이는 대표적인 문장이 '명령문'입니다.

- <u>Put</u> that gun down. [명령문] 총 내려놔.
    - put: 동사원형

명령은 행위 자체를 하게 하는 것입니다. 따라서 행위 자체를 뜻하는 동사원형으로, 동사원형을 문두에 써서 직접적으로 명령합니다. 이를 "명령법 Imperative Mood"이라고 합니다.

- <u>Don't</u> move! 움직이지 마!
    - 부정명령문: Don't + 동사원형

- <u>Be</u> quiet. 조용히 해.
    - be + 형용사
    - 예 Don't be stupid. 어리석은 짓을 하지 마라.

명령은 상대방에게 하므로, 명령문은 상대방을 주어로 표시하지 않습니다. 하지만 명령 받는 사람을 명백히 할 필요가 있으면 표시합니다. (주어가 있어 현재형을 쓰기 쉽습니다. 명령문은 동사원형!)

- <u>The rest of you stay</u> there.
    나머지는 그대로 있어.
    - stay: 동사원형, 현재형이 아님
    - 예 Somebody call the police! 누가 경찰 좀 불러! (NOT ... <u>calls</u> ...)
        Nobody move! 아무도 움직이지 마!

주어로 you를 쓰면, 화자가 화난 느낌이 들기도 합니다.

- <u>You get</u> out! 너 나가!
- <u>You take</u> your hands off me! 손 치워!

명령문 앞에 조동사 'do'를 쓰면, 명령이 강조됩니다.

- <u>Do forgive</u> me. 제발 용서해 주세요.
- <u>Do be</u> careful. 제발 조심해.

'always · never'는 명령문 앞에 씁니다.

- <u>Always lock</u> the door behind you. 나가면서 항상 문을 잠가.
- <u>Never say</u> die. 앓는 소리 좀 그만해라.

'and · or'가 명령문 다음에 오면 조건을 나타냅니다.

- <u>Start</u> now, <u>and</u> you'll catch the school bus.
  지금 출발해라. 그러면 스쿨버스를 탈 수 있어. (= If you start now, you'll catch ...)
  예 Wash your hands, and you can get a snack.
  손 씻으면 간식 먹을 수 있어.

- <u>Start</u> now, <u>or</u> you'll be late for school.
  지금 출발해라. 그러지 않으면 학교에 늦을 거야. (= If you don't start now, you'll be late ...)
  - or: 그러지 않으면 (= otherwise)
  예 Wash your hands, or you can't get a snack.
  손 씻지 않으면 간식 못 먹어.

■ **청유문** 간접명령문

화자 자신이 포함된 경우는 직접적으로 명령할 수 없습니다. 간접적으로, 'Let's ~'를 써서 청유합니다. 어떤 행동을 같이 할 것을 요청합니다.

- **Let's have a party.** [청유문]
  우리로 하여금 파티하게 해라. 〉 (우리) 파티하자.
  - Let's: 'Let us'의 준말 (청유할 때는 'Let us'도 [렛츠]로 발음. [렛 어스]로 발음하면 사역의 의미로 '우리에게 … 시켜주세요. 〉 하게 해 주세요.'라는 말이 됨)
    ★ 사역동사 'let' ☞ p. 296

- **Let's not go fishing.**
  낚시하러 가지 말자.
  - 부정청유문: 'Don't let's ~'도 가능하나 'Let's not ~'이 일반적

아래 예문과 비교해 보십시오.

- **Why don't you take a break?** [권유]
  (몹시 피곤해 보이는데) 왜 쉬지 않니? 〉 좀 쉬는 게 어때? 〉 좀 쉬어.
  예 Why don't we dance?
      (파티에 왔는데) 춤 안 추니? 〉 춤출까? 〉 춤추자.
  - 남에 대해 물으면 권유하는 말이 아님. 단지 이유를 묻는 말
    예 Why doesn't he take a break? he는 왜 쉬지 않니?
  - 과거시제일 때도 단지 이유를 묻는 말
    예 Why didn't you take a break? 왜 쉬지 않았니?

주의! 'Why don't ~?'는 이유를 묻는 '어째서, 왜 않니?' 이런 말입니다. you에게 물으면, 상황에 따라 권유로 들릴 수 있습니다. 'Let's ~'와 뉘앙스가 다르니 구별해야겠습니다.

〉 **직설문**

■ **사실** fact

① 겨울이 오면, 제비는 남쪽으로 이동한다.

겨울이 올 수도 있고, 안 올 수도 있을까요? 겨울이 오는 것은 선택의 여지가 없는 무조적인 자연 현상이고, 누구도 부인할 수 없는 객관적인 사실입니다. 조건의 경우가 아닙니다. 이 경우에 영어는 시간 부사절 'when-현재형'으로 표현합니다.

① <u>When</u> winter <u>comes</u> [시간 부사절], swallows migrate south.
  ─ 시간절: when+주어+현재형 동사[comes] / comes: 직설법 동사

['겨울이 오는 조건이 만족되면(?)'- 말이 좀 이상하죠? 객관적인 사실은 조건으로 내걸 수 없습니다. 어떤 일이 조건이 되려면 얼마쯤이라도 불확실성을 지녀야 합니다. ①은 조건 없는 무조건입니다. ★ 시간과 조건의 부사절에 현재형을 쓰는 이유 ☞ ❶ p. 52]

확인 질문입니다. 아래 예문은 어떤 상황에서 한 말일까요?

• <u>When</u> I <u>go</u> to the market, I <u>will</u> buy it for you. [직설문]
  ─ will: 의지의 will

실제로 시장에 갈 일이 있거나 가기로 되어 있는 '확실한 상황'에서 한 말입니다. '(시장에 갈 건데) 시장 갈 때 〉 시장에 가면 〉 시장 가서 그것을 사다 줄게.' 이런 말입니다.

〉 조건문

■ 일어날 수도 있는 일 possible situations

② 내일 비가 <u>오면</u> 그곳에 가지 않을 것이다.

비는 올 수도 있고, 안 올 수도 있습니다. 내일 비가 오는 것은 일어날 수도 있고, 안 일어날 수도 있는 '불확실한 일'입니다. 바로 이런 일을 조건으로 내건 절이 '조건절'입니다. 이 경우에 영어는 조건 부사절 'if-현재형'으로 표현합니다.

② <u>If</u> it <u>rains</u> tomorrow [조건 부사절], I <u>won't</u> go there [결과절].
  조건절: if + 주어 + 현재형 동사[rains] / rains: 직설법 동사
  조건문: 조건절 + 결과절 (또는, 결과절 + 조건절)

②는 불확실성을 지닙니다. 이런 상황이라야 조건이 될 수 있습니다. 이 점이 ①과 다릅니다. 확인 질문입니다. 아래 예문은 어떤 상황에서 한 말일까요?

• <u>If</u> I <u>go</u> to the market, I <u>will</u> buy it for you. [조건문]

시장에 갈 수도 있고, 안 가거나 못 갈 수도 있는 '불확실한 상황'에서 한 말입니다. '시장에 가게 되면 〉 시장에 가면 (시장에 가는 조건이 만족되면) 그것을 사다 줄게.' 이런 말입니다.

예문51은 직설문과 조건문입니다.

when-현재형, 직설문

51-1] I'll tell you <u>when</u> I <u>see</u> you in person.
51-2] We'll be in Sydney <u>when</u> we <u>wake</u> up tomorrow.
51-3] <u>When</u> you <u>heat</u> ice, it'll turn to water.
51-4] <u>When</u> he <u>lies</u>, he'll touch his nose.

51-1] 직접 만나서 얘기해 줄게요. [51-2] 내일 아침에 눈을 뜨면 시드니에 도착해 있을 거예요. [51-3] 얼음에 열을 가하면 물이 된다. [51-4] he는 거짓말을 하면 코를 만진다.

51-3/4] 이때의 will은 주어의 성질·성향, 습관을 나타냅니다. ☞ p. 25, 43

51-5] <u>When</u> I'<u>m</u> in Busan, I always stay in Haeundae.
51-6] <u>When</u> batteries <u>run</u> down, it can't move.
51-7] Can you buy me pizza <u>when</u> you <u>come</u>?
51-8] Please call me <u>when</u> you <u>are</u> free.
51-9] Always be careful <u>when</u> you <u>use</u> the knife.

51-5] 부산에 가면, 항상 해운대에 머문다. [51-6] 건전지가 다 되면, 그것은 움직일 수 없다. [51-7] 올 때 피자 좀 사다 줄 수 있니? [51-8] 시간 날 때 전화 주세요. [51-9] 칼을 사용할 때는 항상 조심해.

if-현재형, 조건문

51-10] "I can't find my mobile."
"I'll tell you <u>if</u> I <u>find</u> it."
51-11] <u>If</u> I <u>meet</u> Mike, I'll give him your regards.
51-12] What will you buy <u>if</u> you <u>have</u> enough money?
51-13] <u>If</u> you <u>get</u> 100 points, you can have it.
51-14] <u>If</u> it'<u>s</u> warm tomorrow, I'm going to wash my car.
51-15] <u>If</u> she <u>has got</u> an appointment, ... (she has got = she has)

51-10] "핸드폰을 못 찾겠어." "찾으면 말해 줄게." [51-11] 마이크를 만나면 안부 할게. [51-12] 돈이 충분하면 뭘 살 거니? [51-13] 100점을 얻으면 그것을 가질 수 있다. [51-14] 내일 날씨가 따듯하면 세차할 거야. [51-15] 베티가 약속이 있으면, ...

51-16] <u>If</u> Betty <u>is meeting</u> Mike, ... [현재진행 'is meeting': 예정]
51-17] <u>If</u> you'<u>re going to</u> catch the train, you'll have to leave now. [현재진행 'are going to': 의지]
51-18] <u>If</u> I'<u>ve failed</u> the exam again, ... [현재완료 'have failed': 결과]

51-16] 베티가 마이크를 만나기로 했으면, ... [51-17] 그 기차를 타려면 지금 떠나야 합니다. [51-18] 시험에 또 떨어지면, ...

51-18] 합격 발표 전이고, 시험을 본 사람이 한 말입니다. 시험을 볼 사람이면 'If I <u>fail</u> the exam again, ...' 이렇게 말합니다.

> 예 If you see the documentary, you'll know the truth of the incident.
> 다큐멘터리를 보고 나면 사건의 진실을 알게 될 것이다.

—| 가정법 현재? 가정법 미래?

[현재시제나 과거시제를 나타내는 동사를 "직설법 동사"라고 합니다. 그런데 어떤 보통 문법책은 'if-현재형'을 '가정법 현재'로 부르기도 합니다. 참 답답한 노릇인데 if-현재형은 조건이지, 가정의 개념이 아닙니다. 더군다나, 조건절은 동사원형이나 과거형으로 어형 변화를 일으키지 않고, 현재시제를 나타내는 직설법 동사를 그대로 쓰므로 가정법이 아닙니다. if-현재형은 직설법이고, 조건문을 이루는 조건절입니다.]

[동사의 어형 변화로 나타내는 서법은 세 가지로, 서법의 기준이 되는 직설법이 있고, '동사원형으로' 나타내는 명령법이 있고, '과거형 동사로' 나타내는 가정법이 있습니다. 이 세 경우만 "○○법"으로 부를 수 있습니다.]

보통 문법책은 'if-동사원형'을 '가정법 현재'로 부릅니다. 하지만 시대에 뒤떨어진 형식으로, 오늘날은 쓰이지 않습니다.

더군다나, 'if-would+동사원형'과 같은 형태를 '가정법 미래'로 부릅니다. 하지만 "○○법"이란 동사의 어형 변화로 나타내는 서법을 말합니다. 미래형 동사가 따로 있는 것이 아니므로, 조동사가 쓰인 조건절을 가정법 미래로 부르면 안 됩니다. 가정법 현재? 가정법 미래? 이러한 가정법은 없습니다.

'if-현재형'은 대부분 미래의 일을 나타냅니다. 다만, 화자의 생각이나 마음을 나타내기 위해 조건절에 'would[will]·should'가 추가적으로 쓰입니다. 이렇게 받아들일 문제입니다.

[조건절 'if-현재형'에 'would'를 쓰면 'if-would+동사원형'이 됩니다. 이 또한 조건문을 이루는 조건절의 한 가지입니다.]

아래와 같은 경우에 조건절에 'would[will]·should'가 추가될 수 있습니다. ★ 조건절에 조동사가 쓰이는 또 다른 경우 ☞ ❶ p. 55

- If the vending machine would[will] break down, ...
    만약에 자판기가 고장 나면, ... [고장 날 것 같기도 한데 고장 나면, ...]
    만약의 일을 말할 때
    - will을 쓰면 일어날 확률이 좀 더 높아짐
        예 If I would[will] meet Mr. Kim, I will give him your regards.
        혹시라도 선생님을 뵙게 되면 안부를 전해 드릴게요. [뵐 것 같기도 한데 뵙게 되면, ...]

- If it would[will] make you feel better, why don't we go on a picnic tomorrow?
    (혹여, 소풍의 결과로) 당신 기분이 나아지면, 내일 소풍가는 게 어때요?
    결과적인 조건을 말할 때
    예 I'll give evidence in court if it would[will] help you to catch the criminal.
    (혹여, 증언의 결과로) 범인을 잡는 데 도움이 되면 법정에서 증언하겠습니다.

- If you would[will] go there, go alone.
    그곳에 갈 거면, 혼자 가라.
    의지나 고집을 말할 때
    - 이 경우 would[will]에 보통 강세를 둠, will을 쓰면 의미가 좀 더 강해짐
        예 I can't help you if you wouldn't[won't] tell the secret.
        네가 비밀을 말하려 하지 않으면 너를 도와줄 수 없다.

- If he should phone while I'm out, ...
    내가 외출하는 동안, 혹시라도 he에게서 전화가 오면, ...
    개연성이 높지 않은 미래의 일을 말할 때
    예 If I should run into Mike, I will just ignore him.
    (학생식당 같은 데서) 우연히 마이크와 마주치면, 그냥 모르는 척 할 거야.
    (= If I happen to run into Mike, ...)

생각 더하기　　34. only if, even if, as if, what if

- You can have it <u>only if</u> you get 100 points.
  100점을 받아야만 그것을 가질 수 있다.

  only if　(어떤 일이 가능한 유일한 상황에서) 해야만

  예 I'll go only if you promise you'll go with me.
  　나와 함께 가겠다고 약속해야만 갈 것이다.

- I'll get there <u>even if</u> I have to walk.
  걸어야 한다 해도 〉 걸어서라도 거기에 갈 것이다.

  even if　그렇더라도, 한다 해도

  – 가정해 말할 때는 과거형 동사를 씀

  예 Even if I <u>knew</u>, I wouldn't tell you.
  　(모르지만) 알고 있다 해도 말하고 싶지 않다.

- It looks <u>as if</u> it's going to rain.
  비가 올 것 같다.

  as if　…인 것처럼, …와도 같이 (as if = as though)

  – 가정해 말할 때는 과거형 동사나 과거완료형 동사구를 씀

  예 He behaves as if he <u>were[was]</u> a millionaire.
  　he는 (백만장자가 아닌 사람이) 백만장자처럼 행세한다.
  　He talked as if he <u>had visited</u> New York.
  　he는 뉴욕을 (다녀오지 않고서) 다녀온 것처럼 말했다.

- <u>What if</u> the train is late?
  기차가 연착하면 어쩌지?

  what if　(어떤 일이 일어날 수도 있는 상황에서) 어쩌지, 어떨까?

  – 가정해 말할 때는 과거형 동사를 씀 ☞ p. 230

  예 What if we <u>invested</u> in stocks?
  　우리 주식 투자를 해 보면 어떨까?
  　　(= What would happen if we invested in stocks?)

생각 더하기   35. if와 어구 생략

- You tell a lie again, I'll never see you again.
  거짓말을 또 하면 다신 널 보지 않을 거야. (= If you tell a lie again, ...)

  구어에서 종종 if를 생략

  예) He wants to go, let him go.
  he가 가고 싶어 하면 보내 줘.

- <u>Had I</u> arrived on time, ...
  정각에 도착했다면 ... (= If I had arrived on time, ...)

  문어에서 주어와 동사를 도치시킬 때 if를 생략

  예) Were the bus 5 minutes early, ...
  버스가 5분 빨랐다면 ...

- Are you hungry? <u>If so</u>, let's go out for a meal.
  배고프니? 그럼 밥 먹으러 나가자. (If so = If you are hungry.)

  반복을 피해 동일한 어구를 생략

  예) Do you want that cake? If not, I'll have it.
  그 케이크 먹을 거니? 안 먹을 거면 내가 먹을게.

- I'll come again <u>if necessary</u>.
  필요하면 또 올게. (if necessary = if it is necessary.)

  관용적으로 주어와 be동사를 생략

  예) There are few problems, if any.
  문제가 있어도 아주 적다. (거의 없다.)
  He rarely if ever plays the trumpet.
  he는 트럼펫을 분다 해도 어쩌다가 분다. (거의 불지 않는다.)
  If in doubt, delay your decision.
  확신이 서지 않으면 결정을 미뤄라.

과거형 가정문

if-과거형: if+주어+과거형 동사

■ **일어날 수 없는 일** unreal situations

③-a 해가 서쪽에서 <u>뜬다면</u> …
  b 내가 너<u>라면</u> …

해는 서쪽에서 뜨지 않고, 나는 네가 될 수 없습니다. 지극히 '비현실적인', '실제로 일어날 수 없는, 실현 불가능한 일'입니다. 바로 이런 일을 가정한 절이 '가정절'입니다. 이 경우 영어는 ③을 'if-과거형'으로 표현합니다. (가정: 비현실을 현실로 임시로 인정함)

③-a <u>If</u> the sun <u>rose</u> in the west [가정절], …
  – if와 함께 '과거형 동사'로, 지금 이전에 서쪽에서 해가 뜬 것으로 가정

  b <u>If</u> I <u>were</u> you [가정절], …
  – 가정절: if+주어+과거형 동사[rose/were]

> 보통 문법책에 '가정법 과거'라며 '현재 사실의 반대'라는 말이 나옵니다. ('과거형' 하면 과거시제와 연관 짓는 사람에게 현재 사실의 반대라는 말이 과연 얼마나 와 닿을까요?) 현재 사실은 '실제로 있는 일'입니다. 따라서 현재 사실의 반대는 없는 일로 – 현실을 비현실로 – 말하는 것입니다. 이것은 그냥 반대가 아닌가? 가정은 실제로 없는 일을 있는 일로 – 비현실을 현실로 – 말하는 것입니다. 이것이 '현재 가정'입니다. 현실 세계에서 반대와 가정은 다른 것입니다. 현재 사실의 반대는 과거형 가정법의 적확한 풀이말이 아닙니다.

- **일어나기 희박한 일** unlikely situations

③-c 로또 1등에 당첨된다면[당첨되면] ...

세상 모든 일이 일어나거나 일어나지 않거나, 둘 중에 하나로 극단적이지 않습니다. 요컨대, 가정에는 '일어나기 희박한 일'도 포함됩니다. 좋은 예가 '로또 1등 당첨'입니다. 매주 1등 당첨자가 나오긴 하지만, 1등 당첨은 되기가 희박한 일입니다. 이 또한 'if-과거형'으로 표현합니다.

③-c <u>If</u> I <u>won</u> the first prize in the lottery [가정절], ...
   - 가정절: if+주어+과거형 동사[won]

주의! 'If I win ...'과 'If I won ...'의 차이는 (시간이 아닌) '인식/심리'입니다. ③의 rose/were/won은 과거형이지만 과거시제와 아무 상관 없습니다. '가정을 나타내기 위해' 과거형을 쓴 것입니다.

[국어는 조건과 가정을 의미적으로, 정황으로 구별할 뿐, 문법적으로는 구별하지 않습니다. 즉, 조건도 가정도 '-면'으로 표현합니다. 이 점 때문에 조건문과 가정문의 해석이 같을 때가 많습니다. 다만, 가정의 의미를 선명하게 말하고 싶으면 '-면' 대신 '-다면/-라면'으로 표현합니다. 그렇다고 이것이 가정법 형태는 아닙니다.]

① when-현재형 [시간 부사절, 직설문]	사실 - 화자의 확신도: 100% 또는 100%에 가까움
② if-현재형 [조건 부사절, 조건문]	불확실한 일 - 화자의 확신도: 평균 50%
③ if-과거형 [가정 부사절, 가정문]	실현 불가능하거나 희박한 일 - 화자의 확신도: 0% 또는 0%에 가까움

과거형 가정문

—| 가정절에 왜 과거형 동사가 쓰일까?

앞서 과거형 서법 조동사에서, 과거형은 인식적/심리적 거리가 멀다고 했습니다. 가정은 비현실이므로, 어떤 일보다 인식적/심리적 거리가 멉니다. 과거형으로 가정을 표현하는 것입니다.

현재형에서 과거형으로, 즉 '동사의 어형을 변화시켜' 가정을 나타냅니다. 이를 "가정법 Subjunctive Mood"이라고 합니다.

주의! '동사의 어형을 변화시켜 과거형으로 가정을 나타낸다.' 이것이 가정법이라는 문법이 있는 근거고, 영어문법에서 가정법을 문법으로 인정하는 이유입니다. (국어에는 가정법이라는 문법이 없습니다. 조건절도 가정절도 직설법입니다.)

주의! 과거형 서법 조동사는 '불확실'이나 '공손' 등을 나타내고, 가정문의 과거형 동사는 '가정'을 나타냅니다. 둘을 구별해야겠습니다.

여러분

과거형 동사로 가정을 나타내는 문법이 가정법입니다. 따라서 개념 있는 문법용어를 쓰는 우리는 'if-과거형'을 (가정법 과거가 아닌) "과거형 가정법"으로 부릅니다. 같은 논리로, 'if-과거완료형'을 (가정법 과거완료가 아닌) "과거완료형 가정법"으로 부릅니다.

가정문은 가정절과 결과절로 이루어졌습니다. 가정절 못지않게 결과절도 중요합니다. 결과절로 눈을 돌리겠습니다.

―| 왜 가정할까?

아래는 결과절에 would가 쓰인 전형적인 가정문입니다.

③-a If the sun rose in the west, I <u>would marry</u> him.
해가 서쪽에서 뜬다면, 그 사람과 결혼할 것이다.

b If I were you, I <u>wouldn't do</u> such a thing.
내가 너라면 그런 일을 안 할 것이다.

c If I won the first prize in the lottery, I <u>would travel</u> around the world. 로또 1등에 당첨된다면 세계 여행을 할 것이다.

- 결과절: 주어 + 과거형 서법 조동사[would] + 동사원형[marry/do/travel]
- 가정문: 가정절 + 결과절 (또는, 결과절 + 가정절)
  가정한 일 + 가정한 일을 상상한 결과

가정절은 실현 불가능하거나 희박한 일입니다. 이러한 가정절에 이어진 결과절은 어떤 일일까요? 설마 현실적인 일일까요? 가정에 따른 결과니, 비현실적인 일입니다. 즉 '상상해 보는 일'입니다. '상상'하면 would! 그렇습니다. 가정문의 결과절에 would가 쓰이는 것입니다.

그런데 이때의 상상은 가정에 따른 상상이라, 사전적인 의미의 상상과는 다릅니다. 분명히, 가정문을 통해 화자가 말하고 싶은 생각이나 마음이 있을 것입니다.

〉 **결과절**: would/could/might + 동사원형

서법은 화자의 생각이나 마음에서 시작되어야 하고, 가정법도 서법이니, 화자의 생각이나 마음으로 귀결되어야 합니다.

가정에 따른 상상은 원하고 꿈꾸는 '마음속 그림'이 되고, 나아가 이루어졌으면 하는 '바람'이나 '희망'이 됩니다.

③-a ..., I would marry him. [마음속 그림]
   b ..., I wouldn't do such a thing. [바람]
   c ..., I would travel around the world. [희망]

a는 결혼할 마음이 전혀 없다는 말이고, b는 그런 일을 하지 않기를 바란다는 말이고, c는 세계 여행을 희망한다는 말입니다. 이렇듯 would로 화자의 바람이나 희망을 나타내는 것입니다.

바람이나 희망은 누구나 이루어지길 바라지만, 이루어질 수 없으면 아쉽거나 안타까울 것입니다. 아래 예문의 해석을 유심히 보십시오. 두 가지로 해석됩니다.

- If I saw you, I would be happy. [가정문]
     해석①: 너를 만나면 기쁠 거야. (만날 수 없거나 희박한 상황, 만남을 희망)
     해석②: 너를 만나면 기쁠 텐데. (만날 수 없어 아쉬워 함)
  − 만남: 가정한 일 [가정절] / 기쁨: 가정한 일을 상상한 결과 [결과절]
  − I would ...: 화자의 바람·희망 또는 아쉬움·유감을 나타냄

'과거형 동사'로 실현 불가능하거나 희박한 일을 가정하고, 결과절의 'would+동사원형'으로 현재·미래의 일에 대한 화자의 '바람·희망, 아쉬움·유감' 등을 나타냅니다. 이것이 과거형 가정문입니다. '조건문[if-현재형]'과 차원이 다릅니다. 비교해 보십시오. 해석은 비슷해도, 전달 내용은 확연히 다릅니다.

- If I <u>became</u> President, I <u>would</u> ... [가정문]
  대통령이 된다면 …을 하고 싶습니다. (초등학생이 한 말)
  - I would ...: (…을 하고 싶다는) 화자의 바람·희망을 나타냄

  If I <u>become</u> President, I <u>will</u> ... [조건문]
  대통령이 되면 …을 하겠습니다. (대통령 후보가 한 말)
  - I will ...: (…을 하겠다는) 화자의 의지를 나타냄

- If he <u>went</u> to the market, he <u>would buy</u> it for you.
  해석①: he가 시장에 가면 그것을 사다 줄 거야. (he가 시장에 갈 수 없거나 희박한 상황)
  해석②: he가 시장에 가면 그것을 사다 줄 텐데. (he가 시장에 갈 수 없어 아쉬워 함)

  If he <u>goes</u> to the market, he <u>will buy</u> it for you.
  he가 시장에 가게 되면 〉 시장에 가면 그것을 사다 줄게. (he가 시장에 갈 수도 있는 상황)
  - he will buy: (조건이 만족되면 사다 주겠다는) 화자의 의지를 나타냄

- It <u>would be</u> lovely to see you.
  해석①: 너를 만난다면 기쁠 거야. (만남을 희망)
  해석②: 너를 만난다면 기쁠 텐데. (만나지 못해 아쉬워함)
  - to see you: if I <u>saw</u> you [가정절]
    예 It would be great opportunity <u>to work</u> here.
    여기서 일하는 것이 아주 좋은 기회가 될 거야[될 텐데]. (if I <u>worked</u> here)

  It <u>will be</u> lovely to see you.
  너를 만나게 되면 〉 너를 만나면 기쁠 거야. (만남을 기대)
  - to see you: if I <u>see</u> you [조건절]

결과절에 would만 쓰이지 않습니다. could · might도 쓰입니다. 이 역시, 화자의 마음!

- If I <u>were</u> rich, I <u>could lend</u> you some money.

  내가 부자라면 너에게 돈을 빌려줄 수 있겠지. 또는 빌려줄 수 있을 텐데.
  (가능성이 있을 텐데) (나는 부자가 아님) (could = would be able to)

  If my grandmother <u>used</u> a computer, I <u>could e-mail</u> my pictures to her.

  할머니가 컴퓨터를 사용하신다면 사진을 이메일로 보내 드릴 수 있겠지.
  또는 보내 드릴 수 있을 텐데. (할머니는 컴퓨터를 사용하지 않음)

- If I <u>had</u> a car, I <u>might go</u> for a drive with you.

  내가 차가 있다면 너랑 드라이브를 갈지도 모르지.
  (가망성이 있을 텐데) (나는 차가 없음) (might = would possibly)

  If he <u>apologized</u> sincerely, she <u>might accept</u> it.

  he가 정중히 사과한다면, she가 사과를 받아줄지도 모르지. (he는 사과할 마음이 없음)

주의! 과거형 가정문의 결과절에 쓰인 could · might는 can · may로 대체할 수 없습니다.

주의! 과거형 가정문의 결과절에 should는 오늘날 잘 쓰이지 않습니다.

[가정문의 가정절에 과거형 동사가 왜 쓰이는지, 결과절에 would/could/might가 왜 쓰이는지, 우리는 이유를 압니다. 이유를 알기에 암기하지 않고, '감각적으로' 받아들였습니다. 보통 문법책에 나오는 대로 '현재 사실의 반대' 하면서, 마치 수학 공식처럼 'If+주어+동사의 과거형 ..., 주어+would/could/might/should+동사원형 ...' 이렇게 덮어놓고 암기하는 것은 차마 사람이 할 일이 못 됩니다.]

예문52는 과거형 가정문입니다.

> 가정한 일 + 가정한 일을 상상한 결과

52-1] If a ghost <u>appeared</u>, it'<u>d be</u> so scary. (it'd = it would)

52-2] If I <u>found</u> a mobile on the street, I'<u>d give</u> it back to its owner.

52-3] If I <u>forgot</u> my wife's birthday, she'<u>d be</u> upset.

52-4] If you <u>invited</u> Mike, you'<u>d have</u> to tell it to Betty.

52-5] If he <u>applied</u> to the company, he <u>wouldn</u>'t <u>get</u> in.

52-6] What <u>would</u> you <u>do</u> if you <u>lost</u> your job?

52-7] How <u>would</u> you <u>feel</u> if you <u>were</u> in my position?

52-1] 귀신이 나타나면 정말 무서울 것이다. [52-2] 길에서 핸드폰을 주우면 주인에게 돌려줄 것이다. [52-3] 생일을 잊어 먹으면, 아내가 속상해 할 것이다. [52-4] 마이크를 초대하면, 초대한다고 베티에게 알려야 할 것이다. [52-5] he는 그 회사에 지원하면 합격하지 못할 것이다. [52-6] 직장을 잃으면 무엇을 할 것입니까? [52-7] 당신이 내 처지라면 기분이 어떻겠습니까?

52-1] 예 Supposing a ghost appeared. Wouldn't that be funny?
귀신이 나타난다고 생각해 봐. 웃길 것 같지 않니?

52-8] If you <u>took</u> this medicine, you <u>could die</u>.

52-9] If you <u>did</u> the shopping, you <u>might feel</u> better.

52-8] 이 약을 먹으면 죽을 수도 있어. [52-9] 쇼핑하면 기분이 좋아질지도 몰라.

바람 · 희망, 아쉬움 · 유감

52-10] If it <u>snowed</u> tomorrow, I'<u>d accept</u> your proposal.
52-11] If I <u>moved</u> to an apartment, I'<u>d be</u> perfectly happy.
52-12] If I <u>didn't</u> <u>want</u> to go, I <u>wouldn't</u> <u>go</u>.
52-13] I'<u>d tell</u> you if I <u>knew</u> Betty's phone number.
52-14] I'<u>d travel</u> if I <u>had</u> enough time and money.
52-15] If I <u>didn't</u> <u>have to</u> work, I'<u>d go</u> there.

52-10] (한여름에) 내일 눈이 내린다면 네 제안을 받아들이겠다. [52-11] 아파트로 이사한다면 더할 나위 없이 행복할 텐데. [52-12] 내가 가고 싶지 않으면 가지 않겠지. (원해서 가는 거야.) [52-13] 베티 전화번호를 알면 너에게 말해 줄 텐데. [52-14] 시간과 돈이 충분하면 여행을 갈 텐데. [52-15] 일을 안 해도 되면 그곳에 갈 텐데.

52-16] I'd help you if I <u>could</u>.
52-17] If my grandmother <u>could use</u> a computer, I could e-mail my pictures to her.
52-18] I'd travel more often if I <u>could afford</u> it.

52-16] 제가 할 수 있는 일이면 도와 드릴 텐데. [52-17] 할머니가 컴퓨터를 사용할 줄 아신다면 사진을 이메일로 보내 드릴 수 있을 텐데. [52-18] 형편이 되면 좀 더 자주 여행을 갈 텐데.

52-16~18] 가정절에 could가 추가적으로 쓰였습니다. (if-과거형에 could를 쓰면 'if-could+동사원형'이 됩니다. 이 또한 가정문을 이루는 가정절의 한 가지입니다.)

52-17] (could use = were able to use / could e-mail = would be able to e-mail)

If ... were[was] ...

가정절의 be동사는 인칭에 상관없이 과거형 'were'를 씁니다.

52-19] If I <u>were</u> you, I'd look for another job.

52-20] If I <u>were</u>n't married, ...

52-21] If he <u>were[was]</u> efficient and reliable, ...

52-22] If there <u>were</u> no computers, our lives would be very inconvenient.

52-23] If it <u>were</u>n't raining, we could have lunch outside.

52-19] 나 같으면 다른 일을 알아보겠다. [52-20] 내가 미혼이라면, ... [52-21] he가 유능하고 믿을 만하다면, ... [52-22] 컴퓨터가 없다면 우리 생활은 매우 불편할 것이다. [52-23] 비가 오고 있지 않으면, 밖에서 점심을 먹을 수도 있을 텐데.

52-19] 'If I were you, ...'는 상대방에게 완곡하게 충고나 조언할 때 주로 씁니다. (= If I were in your place, ...)

52-21] 예 If Betty were[was] here, ... 베티가 여기 있다면 ....

52-22] 예 If South and North Korea were reunified, we would visit Pyongyang.
남북통일이 된다면 평양을 방문해 볼 텐데.

주의! 가정절의 be동사로 were를 쓰지 않고, was를 쓰는 사람도 많습니다. 이를 문법적 오용으로 보는 사람도 있고, 구어에서 흔히 쓰는 말로 보는 사람도 있습니다. 사용률도 반반이고, 의견도 반반입니다. 다만, were를 쓰는 것이 문법적입니다. 특히, '내가 너라면, ...'만큼은 'If I were you, ...'로 말하는 것이 좋습니다.

과거형 가정문

If it were[was] not for

뒤바뀔 수 있는 현재의 일을 말할 때, 'If it were[was] not for'를 씁니다. '…이 없다면, …만 아니면'으로 해석됩니다.

52-24] **If it were[was] not for** his help, I wouldn't do it.
52-25] **If it were[was] not for** the exam, we could go to the concert tonight.

52-24] 그이의 도움이 없다면 그 일을 하지 못할 거야. [52-25] 시험만 아니면 오늘밤 콘서트에 갈 수 있을 텐데.

52-24] if를 생략하고, 'Were it not for his help, …' 이렇게 도치할 수 있습니다. (= But for his help, …)

If ... were[was] to

좀 더 일어나기 희박한, 좀 더 일어날 것 같지 않은 미래의 일을 말할 때, 'If … were[was] to'를 씁니다.

52-26] **If** a war **were[was] to** break out, many people would be killed.
52-27] **If** you **were to** die in a car accident, …

52-26] 혹시라도 전쟁이 일어난다면, 많은 사람들이 죽을 것이다. [52-27] 만에 하나 고객님이 교통사고로 사망하신다면, …

공손한 요청

52-28] Would it be all right <u>if</u> I <u>visited</u> you tomorrow?
52-29] It'd be grateful <u>if</u> you <u>helped</u> me with my luggage.
52-30] Excuse me, but would you mind <u>if</u> I <u>asked</u> some questions?

52-28] 내일 찾아뵈어도 될까요? [52-29] 가방을 좀 들어주시면 정말 감사하겠습니다. [52-30] 외람되지만, 몇 가지 여쭤 봐도 될까요?

52-28] 가정문으로 확고하지 않게 요청하면, 이는 거절을 받아들일 마음의 준비를 단단히 한 상태라는 의미입니다. 상대방에게는 거절의 여지를 충분히 남겨 주고, 거절의 부담을 확실히 덜어 줍니다. (조건문은 정중한 요청이고, 가정문은 공손한 요청입니다. ★ 조건절에 조동사가 쓰이는 경우와 비교 ☞ ❶ p. 55)

52-30] ▶ 'Would you mind if I+과거형 동사 …?': 가정문, 최고로 공손한 표현입니다.
  예 Would you mind if I <u>used</u> this computer? 이 컴퓨터를 좀 써도 될는지요?

▶ 'Do you mind if I+현재형 동사 …?': 조건문, 매우 공손한 표현입니다.
  예 Do you mind if I <u>use</u> this computer? 이 컴퓨터를 좀 써도 될까요?

가정절에 could를 추가해 공손히 요청할 수도 있습니다.

52-29] … <u>if</u> you <u>could help</u> me with my luggage.
가방을 좀 들어줄 수 있으시면 …
  - 'would[will]·should'가 추가적으로 쓰인 조건절과 혼동하지 말 것 ☞ p. 225
  예 If I <u>would meet</u> Mr. Kim, I will give him your regards. [조건문]
  혹시라도 선생님을 뵙게 되면 안부를 전해 드릴게요.
  (조건문 'If I <u>meet</u> Mr. Kim, …'에 would 추가)

과거형 가정문

직설문

✓ 사실
  − I'll tell you when I see you in person.

조건문

✓ 불확실한 일
  − I'll tell you if I find it.

과거형 가정문

✓ 실현 불가능하거나 희박한 일
  − If a ghost appeared, it would be so scary.

✓ 바람 · 희망, 아쉬움 · 유감
  − If it snowed tomorrow, I'd accept your proposal.
    If I moved to a apartment, I'd be perfectly happy.

✓ 공손한 요청
  − Would it be all right if I visited you tomorrow?

51-1] 직접 만나서 얘기해 줄게요.

　　　　　..

51-2] 내일 아침에 눈을 뜨면 시드니에 도착해 있을 거예요.

　　　　　..

51-3] 얼음에 열을 가하면 물이 된다.

　　　　　..

51-4] he는 거짓말을 하면 코를 만진다.

　　　　　..

51-5] 부산에 가면, 항상 해운대에 머문다.

　　　　　..

51-6] 건전지가 다 되면, 그것은 움직일 수 없다.

　　　　　..

51-7] 올 때 피자 좀 사다 줄 수 있니?

　　　　　..

51-8] 시간 날 때 전화 주세요.

　　　　　..

51-9] 칼을 사용할 때는 항상 조심해.

　　　　　..

51-10] "핸드폰을 못 찾겠어." "찾으면 말해 줄게."

....

51-11] 마이크를 만나면 안부할게.

....

51-12] 돈이 충분하면 뭘 살 거니?

....

51-13] 100점을 얻으면 그것을 가질 수 있다.

....

51-14] 내일 날씨가 따듯하면 세차할 거야.

....

51-15] 베티가 약속이 있으면, ...

....

51-16] 베티가 마이크를 만나기로 했으면, ...

....

51-17] 그 기차를 타려면 지금 떠나야 합니다.

....

51-18] 시험에 또 떨어지면, ...

....

52-1] 귀신이 나타나면 정말 무서울 것이다.

　　　　………………………………………………………………

52-2] 길에서 핸드폰을 주우면 주인에게 돌려줄 것이다.

　　　　………………………………………………………………

52-3] 생일을 잊어 먹으면, 아내가 속상해 할 것이다.

　　　　………………………………………………………………

52-4] 마이크를 초대하면, 초대한다고 베티에게 알려야 할 것이다.

　　　　………………………………………………………………

52-5] he는 그 회사에 지원하면 합격하지 못할 것이다.

　　　　………………………………………………………………

52-6] 직장을 잃으면 무엇을 할 것입니까?

　　　　………………………………………………………………

52-7] 당신이 내 처지라면 기분이 어떻겠습니까?

　　　　………………………………………………………………

52-8] 이 약을 먹으면 죽을 수도 있어.

　　　　………………………………………………………………

52-9] 쇼핑하면 기분이 좋아질지도 몰라.

　　　　………………………………………………………………

52-10] 내일 눈이 내린다면 네 제안을 받아들이겠다.

52-11] 아파트로 이사한다면 더할 나위 없이 행복할 텐데.

52-12] 내가 가고 싶지 않으면 가지 않겠지.

52-13] 베티 전화번호를 알면 너에게 말해 줄 텐데.

52-14] 시간과 돈이 충분하면 여행을 갈 텐데.

52-15] 제가 할 수 있는 일이면 도와 드릴 텐데.

52-16] 일을 안 해도 되면 너를 만날 수 있을 텐데.

52-17] 할머니께 사진을 이메일로 보내 드릴 수 있을 텐데.

52-18] 형편이 되면 좀 더 자주 여행을 갈 텐데.

52-19] 나 같으면 다른 일을 알아보겠다.

_____

52-20] 내가 미혼이라면, ...

_____

52-21] he가 유능하고 믿을 만하다면, ...

_____

52-22] 컴퓨터가 없다면 우리 생활은 매우 불편할 것이다.

_____

52-23] 비가 오고 있지 않으면, 밖에서 점심을 먹을 수도 있을 텐데.

_____

52-24] 그이의 도움이 없다면 그 일을 하지 못할 거야.

_____

52-25] 시험만 아니면 오늘 밤 콘서트에 갈 수 있을 텐데.

_____

52-26] 혹시라도 전쟁이 일어난다면, 많은 사람들이 죽을 것이다.

_____

52-27] 만에 하나 고객님이 교통사고로 사망하신다면, ...

_____

과거완료형 가정문

if-과거완료형: if + 주어 + 과거완료형 동사구

■ **과거 사실의 반대** unreal past situations

보통 문법책에 '가정법 과거완료'라며 '과거 사실의 반대'라는 말이 나옵니다. 어떻게 생각하시는지요?

지나간 과거는 돌이킬 수 없고, 절대 변하지 않습니다. 이는 과거가 가정하기에 완벽한 조건을 갖춘 '사실 세계'라는 의미입니다. 이미 일어난 일을 일어나지 않은 일로 말하니, 과거 가정은 그야말로 과거 사실의 반대입니다. 과거 사실의 반대는 과거완료형 가정법의 적확한 풀이말입니다. (과거 가정 = 과거 사실의 반대)

['과거완료형 가정법'은 그런 일이 일어났는데 일어나지 않은 것으로, 즉 '사실을 비사실로' 가정하는 것입니다. 반면에, '과거형 가정법'은 이런 일은 일어나지 않는데 일어나는 것으로, 즉 '비현실을 현실로' 가정하는 것입니다.]

과거 가정은 'if-과거완료형'으로 표현합니다.

- **If** it **had been** a clear day yesterday [가정절], ...
  어제 날씨가 맑았다면 ...
  – if와 함께 과거완료형으로 어제 날씨를 맑은 것으로 가정
  – 가정절: **if + 주어 + 과거완료형**(had been)

이번에는 가정절 못지않게 중요한 결과절을 살펴보겠습니다.

> **결과절:** would/could/might/should + have + p.p.

아래는 조동사로 과거의 일을 말하는 세 번째 방법입니다. 다름 아닌, '과거완료형 가정문의 결과절'입니다.

방법3 ■ would/could/might/should + have + p.p.
　　　　　- 과거형 서법 조동사와 현재완료형으로

　■ 주어 + would/could/might/should + have + p.p. ...
　　: 과거의 일[have+p.p.]에 대한 화자의 '아쉬움·유감, 후회·책망' 등을 would/could/might/should로 표현

　● ..., we would have gone to the island [결과절].
　　　..., 우리는 그 섬에 갔을 거야. 〉갔을 텐데. (못 간 것을 아쉬워 함)

　● ..., we could have seen the island.
　　　..., 우리는 그 섬을 볼 수 있었을 거야. 〉볼 수 있었을 텐데. (못 본 것을 아쉬워 함)

　- 결과절: 주어 + 과거형 서법 조동사(would/could) + 현재완료형(have gone[seen])
　- 과거의 일을 아쉬워하는 화자의 마음을 나타냄

결과절 내용은 지난 일인 과거사입니다. 하지만 아쉬움은 언제 하고 있죠? 네, 그렇습니다. 지금 하고 있습니다. 요컨대, 화자는 과거의 일을 들추고, '지금까지 끌어와[have+p.p.]' 지금 '아쉬워하고[would/could]' 있습니다. 이렇게 과거가 지금과 연관이 있습니다. 이것이 과거형 서법 조동사와 함께, 결과절에 현재완료형이 쓰이는 이유입니다.

여러분

과거 사실을 반대로 (일어난 과거 사실을 일어나지 않은 비사실로), 왜 가정해 말할까요? 단순히 과거의 일을 떠올리는 회상에 머물지 않고 과거의 일을 들추어 되씹는 이유가 무엇일까요? 그만큼 과거의 일이 아쉽고 유감스럽고, 후회되고 못마땅하기 때문이 아닐까요?

과거 사실을 반대로 가정해 말하는 이유는 가정함으로 결과가 달라지고, 달라진 결과로 과거의 일에 대한 '아쉬움·유감, 후회·책망' 등을 나타내기 위해서입니다.

과거완료형 'had+p.p.'로 과거의 일을 가정하고, 이어서 결과절의 'would/could/might/should+have+p.p.'로 과거의 일에 대한 화자의 '아쉬움·유감, 후회·책망' 등을 나타냅니다. 이것이 과거완료형 가정문입니다.

- If I <u>had had</u> a car, I <u>would have gone</u> for a drive with you. 차가 있었다면 너랑 드라이브를 갔을 거야. 〉갔을 텐데. (못 간 것을 아쉬워 함)
    - 예 ..., I might have gone to see you.
        ... 너를 보러 갔을지도 모르지. (가지 못해 유감)
        (= ..., perhaps I would have gone to see you.)
      I should have gone to see you.
        너를 보러 갔어야 했는데. (가지 못해 후회)
        (= I think I had to go to see you.)
    - 과거형 가정법과 비교
        예 If I had a car, I would go for a drive with you.
        해석①: 차가 있다면 너랑 드라이브를 갈 거야. (갈 수 없거나 희박한 상황, 가기를 희망)
        해석②: 차가 있다면 너랑 드라이브를 갈 텐데. (갈 수 없어 아쉬워 함)

예문53은 과거완료형 가정문입니다.

과거 사실의 반대

53-1] If he'd asked me to go to the party with him, I wouldn't have gone there. [he'd asked = he had asked]

53-2] What would have you done if you had gone there?

53-3] If he hadn't been wearing a seat belt, he'd have been injured. [he'd have = he would have]

53-4] If he hadn't helped me, I'd have been in trouble.

53-1] he가 나에게 파티에 가자고 했다면, 나는 가지 않았을 거야. [53-2] 그곳에 갔다면 무엇을 했겠니? [53-3] 안전띠를 매고 있지 않았다면, he는 다쳤을 거야. [53-4] he가 나를 도와주지 않았다면, 나는 곤경에 처했을 거야.

아래 예문을 유심히 보십시오. 과거완료형 가정문의 결과절에 현재완료형을 쓰지 않고, '동사원형[be]'을 써서, 가정한 과거의 일로 '상상한[would]' 현재나 지금의 결과를 말할 수도 있습니다.

53-5] If you hadn't taken this pill, you would be in hospital.

53-6] If I'd gone mountain climbing yesterday, I'd be tired now.

53-5] 이 약을 먹지 않았다면, 너는 (현재) 입원해 있을 거야. [53-6] 어제 등산을 갔다면 (I'd gone = I had gone), 지금 피곤할 거야. (I'd be = I would be)

53-5/6] 과거완료형 가정문의 가정절 + 과거형 가정문의 결과절

아쉬움·유감, 후회·책망

53-7] If I'd studied harder, I'd have passed the exam.
53-8] He wouldn't have felt guilty if he'd told the truth.
53-9] I wouldn't have been injured if I'd been wearing
    a seat belt.

53-7] 좀 더 열심히 공부했더라면 시험에 합격했을 텐데. [53-8] 진실을 말했더라면, he는 죄책감을 느끼지 않았을 텐데. [53-9] 안전띠를 매고 있었다면, 다치지 않았을 텐데.

53-7] (= As I didn't study harder, I failed the exam. 좀 더 열심히 공부하지 않아 …)

53-9] if … + 과거완료진행형

53-10] If I hadn't been tired, I could have walked fast.
53-11] If I hadn't broken my leg, I could've gone
    on a school trip. [could've = could have]
53-12] If you'd apologized sincerely, she might have
    accepted it.
53-13] …, I might've told you. [might've = might have]

53-10] 피곤하지 않았다면 빨리 걸을 수도 있었을 텐데. [53-11] 다리가 부러지지 않았다면 수학여행을 갈 수도 있었을 텐데. [53-12] 네가 정중히 사과했더라면, she가 사과를 받아줄 수도 있었을 텐데. [53-13] …, 너에게 말했을 지도 모를 텐데.

53-10] (= I was tired, so I couldn't walk fast. 피곤해서 빨리 걸을 수 없었다.)

'should+have+p.p.'는 대체로 가정절 없이, 결과절만 쓰입니다. 주로 '후회·책망'을 나타냅니다.

53-14] I <u>should have studied</u> harder.
53-15] You <u>shouldn't have talked</u> like that.
53-16] I <u>should've worn</u> a seat belt. [should've = should have]

53-14] 좀 더 열심히 공부했어야 했는데. [53-15] 네가 그런 식으로 말하지 않았어야 했는데. [53-16] 안전띠를 맸어야 했는데.

If it had not been for

뒤바뀔 수 있었던 과거의 일을 말할 때, 'If it had not been for'를 씁니다. '…이 없었다면, …만 아니었으면'으로 해석됩니다.

53-17] <u>If it hadn't been for</u> his help, I don't know what I'd have done.
53-18] <u>If it hadn't been for</u> the exam, we might've gone to the concert last night.

53-17] 그의 도움이 없었다면 무엇을 했을지 모르겠어. [53-18] 시험만 아니었으면 어젯밤 콘서트에 갈 수도 있었을 텐데.

53-17] if를 생략하고, 'Had it not been for his help, …' 이렇게 도치할 수 있습니다. (= But for his help, …)

생각 더하기　　36. I wish 가정문

- I wish (that) you **wouldn't** **drink** tonight.
  네가 오늘 저녁에 술을 마시지 않기를 바란다.

  I wish ... + would/could + 동사원형　　미래의 일에 대한 희망

  예 Don't you wish she would go abroad to study?
  　　너는 she가 유학 가기를 바라지 않니?
  I wish I could live in Jeju forever.
  　　제주에서 영원히 살 수 있으면 〉 살았으면 좋겠다.

- We all wish you **didn't** **drink**.
  우리 모두는 네가 (평소에) 술을 마시지 않기를 바란다.

  I wish ... + 과거형 동사　　현재의 일에 대한 희망 (바라는 대로 되지 않거나 될 수 없는 상황)

  예 Do you ever wish you went abroad to study?
  　　너는 유학을 갔으면 하고 바란 적 있니?
  I wish I were[was] tall.
  　　키가 컸으면 좋겠다. (= It would be nice if I were tall.)

- I wish you **hadn't** **talked** like that.
  네가 그런 식으로 말하지 않기를 바랐는데. 〉 않았으면 좋았을 텐데.

  I wish ... + 과거완료형 동사구　　과거의 일에 대한 아쉬움 등

  예 She wishes she had gone abroad to study.
  　　she는 유학을 갔을 걸 하고 아쉬워한다. 〉 후회한다.

실현 가능한 미래의 일이 꼭 실현되기를 희망할 때는 'I hope ... + 현재형'을 씁니다. (현재형 = 절대적인 미래)

- I hope (that) you **go** abroad to study.
  네가 유학 가는 일이 반드시 일어나길 바란다. 〉 유학 가기를 바란다.

  예 I hope you enjoy your stay in Korea.
  　　한국에 머무시는 동안 즐거운 시간을 보내시길 바랍니다.

생각 더하기 37. if only 가정문

if가 only와 함께 있어 간절한 느낌이 듭니다.

- If only you <u>would give</u> Betty this letter, I would help you with it.
  네가 이 편지를 베티에게 전해 주기만 하면 그것을 도와줄게.

  If only ... + would/could + 동사원형   미래의 일에 대한 희망

  예 If only I could turn back time.
     시간을 돌려놓을 수만 있다면 좋을 텐데.
  If only the rain would stop soon.
     비라도 곧 그쳐 주면 좋으련만.

  ★ 'only if ...'와 혼동하지 말 것 ☞ p. 226

- If only I <u>had</u> more money, I could buy it.
  돈이 더 있으면 그것을 살 수 있을 텐데.

  If only ... + 과거형 동사   현재의 일에 대한 희망

  예 If only I were rich.
     내가 부자라면 얼마나 좋을까.
  If only he didn't snore!
     he가 코를 골지만 않는다면!

- If only I <u>had worn</u> a seat belt, I wouldn't have been injured.
  안전띠를 매기만 했다면 다치지 않았을 텐데.

  If only ... + 과거완료형 동사구   과거의 일에 대한 아쉬움 등

  예 If only he'd remembered to send the letter.
     he가 잊지 않고 편지를 부치기만 했어도. (좋았을 텐데).
  If only I had gone by subway!
     지하철을 타고 갔더라면! (늦지 않았을 텐데.)

어떻습니까? 가정법까지 끝내고 나니, 서법이 눈에 확 들어오지 않습니까? 조동사가 손에 확 잡히지 않습니까?

가정법, 화자의 마음을 나타내는 또 하나의 방법

'과거형 조동사'와 '과거형 동사'가 과거시제만 나타내는 것이 아니라, 화자의 생각이나 마음을 나타낸다는 사실을 알았습니다. 과거가 아닌 과거형, 과거형의 새로운 발견이었고, 과거형으로 표현되는 또 다른 세계가 있다는 사실에 적잖이 놀랐습니다. 놀란 만큼, 나의 영어실력이 한 단계 더 올라간 사실도 알았습니다.

• • •

과거완료형 가정문

✓ 과거 사실의 반대
- If he hadn't helped me, I'd have been in trouble.

✓ 아쉬움 · 유감, 후회 · 책망
- If I'd studied harder, I'd have passed the exam.
He wouldn't have felt guilty if he'd told the truth.

[서법을 마쳤습니다. 태로 넘어가기 전에 부정사와 동명사를 살펴보겠습니다. 부정사와 동명사는 동사문법에 속하지는 않지만, 동사가 변한 품사라 여기서 다룹니다. 특히, 부정사에는 서법적 의미가 들어 있습니다. 눈여겨보시길 바랍니다.]

53-1]　　he가 나에게 파티에 가자고 했다면, 나는 가지 않았을 거야.

　　　　．．

53-2]　　그곳에 갔다면 무엇을 했겠니?

　　　　．．

53-3]　　안전띠를 매고 있지 않았다면, he는 다쳤을 거야.

　　　　．．

53-4]　　he가 나를 도와주지 않았다면, 나는 곤경에 처했을 거야.

　　　　．．

53-5]　　이 약을 먹지 않았다면, 너는 (현재) 입원해 있을 거야.

　　　　．．

53-6]　　어제 등산을 갔다면 지금 피곤할 거야.

　　　　．．

53-7]　　좀 더 열심히 공부했더라면 시험에 합격했을 텐데.

　　　　．．

53-8]　　진실을 말했더라면, he는 죄책감을 느끼지 않았을 텐데.

　　　　．．

53-9]　　안전띠를 매고 있었다면, 다치지 않았을 텐데.

　　　　．．

53-10] 피곤하지 않았다면 빨리 걸을 수도 있었을 텐데.

....

53-11] 다리가 부러지지 않았다면 수학여행을 갈 수도 있었을 텐데.

....

53-12] 네가 정중히 사과했더라면, she가 사과를 받아줄 수도 있었을 텐데.

....

53-13] ..., 너에게 말했을 지도 모를 텐데.

....

53-14] 좀 더 열심히 공부했어야 했는데.

....

53-15] 네가 그런 식으로 말하지 않았어야 했는데.

....

53-16] 안전띠를 맸어야 했는데.

....

53-17] 그이의 도움이 없었다면 무엇을 했을지 모르겠어.

....

53-18] 시험만 아니었으면 어젯밤 콘서트에 갈 수도 있었을 텐데.

....

Unit 11

부정사 · 동명사
Infinitive · Gerund

동사는 주어를 설명하는 서술어지만, 탈바꿈하여 명사 역할까지 합니다. '동사가 명사처럼' 이것이 부정사고, '동사가 명사로' 이것이 동명사입니다.

[부정사와 동명사는 공통적으로 명사 역할을 합니다. 다른 점은 동명사는 명사 역할만 하고, 부정사는 형용사와 부사 역할도 합니다. 부정사의 형용사 · 부사 역할은 별개의 문제라 따로 다룹니다.]

[분사와 더불어 부정사 · 동명사를 '동사에 준한다' 하여 "준동사"라고 합니다. 준동사는 동사가 변한 품사라 동사의 성질을 지닙니다. 구문적으로 주어를 갖고, 목적어와 보어를 취할 수 있고, 부정될 수 있습니다. 문법적으로 시제와 상을 나타내고 수동태로 바뀔 수 있습니다.]

[부정사는 인칭 · 수 · 시제에 의해 형태가 달라지지 않습니다. 다시 말해, 인칭 · 수 · 시제로 형태가 '규정(定)되지 않는(不) 말(詞)'입니다. (이를 "비정형 동사"라고 합니다.) 이것이 부정사로 부르는 이유입니다. (인칭 · 수 · 시제의 영향을 받아 형태가 달라지고 규정되는 동사를 "정형동사"라고 합니다. ＊ see · sees, saw) 한편, 보통 문법책에는 부정사가 명사 역할뿐 아니라 형용사와 부사 역할도 해서, 어느 한 역할로 '정할 수 없다'고 해서 부정사로 부른다고 나옵니다. 문법적이지 않게, 이렇게 억지로 끼워 맞추면 안 됩니다.]

〉 부정사와 동명사의 개념

- *NOT* <u>가다</u>가 어렵다.

'가다'가 주어 자리에 있습니다. '가다'는 동사고, 동사는 주어 자리에 올 수 없습니다. 다시 말해, 명사 역할을 할 수 없습니다. 위 예문은 '가다'가 명사 역할을 할 수 있는 말로 바꿔어야 합니다. 동사어근에 '-기/-(으)ㅁ'이 첨가됩니다. [-기/-(으)ㅁ: 이하 '기/음']

- **가기**가 어렵다. [가 ← 기 〉 가기]
- **감**이 어렵다. [가 ← ㅁ 〉 감]

영어도 국어와 똑같습니다. '가다'와 같은 이유로,

- *NOT* <u>Go</u> is difficult.

위 예문은 동사 'go'를 명사 역할을 할 수 있는 품사로 바꿔야 합니다. 동사원형에 'to/-ing'을 결합시킵니다.

- **To go** is difficult. [to+go 〉 to go]
- **Going** is difficult. [go+ing 〉 going]

동사가 변해 명사 역할을 할 수 있게 된 'to go'와 같은 형태를 "**부정사** 不定詞 · Infinitive"라고 하고, 'going'과 같은 형태를 "**동명사** 動名詞 · Gerund"라고 합니다. 동사가 변했다는 것이 핵심!

〉 'to'와 'ing'의 기능과 의미

'기'와 '음'에 흥미로운 점이 있습니다. '가기가 어렵다.'는 전혀 어색하게 느껴지지 않습니다. 그런데 '감이 어렵다.'는 왠지 어색하게 느껴집니다. 어디서 배운 적도 없는데, 그냥 느껴집니다. 이렇게 직감적으로 구별되는 이유는 우리가 '무엇'을 내재적으로 알고 있기 때문입니다. '무엇'을 알면, 부정사와 동명사도 직감적으로 구별할 수 있지 않을까요? '무엇'은 바로, 이것입니다.

문법형태의 (문법적) 기능
문법형태의 (문법적) 의미

'기/음'이나 'to/-ing'와 같은, 문법을 나타내는 형태를 "문법형태"라고 합니다. 문법형태는 저마다 기능과 의미를 지닙니다. 앞서 살펴본 것이 문법형태의 기능입니다. (-ing: 이하 'ing')

'to/ing'의 기능: 동사의 명사 역할
— 동사로 하여금 명사 역할을 하게 함

'기/음'과 'to/ing'의 문법적 기능은 '동사의 명사 역할'로, 동사로 하여금 명사 역할을 하게 합니다. (동사 'go'에 'to/ing'가 결합해 부정사 'to go'와 동명사 'going'이 되어 주어 역할을 할 수 있게 되었습니다.)

이제 '기/음'과 'to/ing'의 문법적 의미를 살펴볼 차례입니다.

아래 보기를 유심히 보십시오.

①-a 내년에 해외여행 가기
  b 작년에 해외여행 가기(?)

'기'는 a처럼 '미래'와 어울립니다. b처럼 과거와 어울리지 않습니다. a는 해외여행을 가겠다는 말로 '의지'를 드러냅니다.

> 기[to]: 미래, 의지
> – 미완결성, 의도성을 지님

②-a 작년에 해외여행 감
  b 내년에 해외여행 감

'음'은 a처럼 '과거'와 잘 어울립니다. a는 해외여행을 했다는 말로, 실제로 일어난 '과거 사실'입니다. b는 '내년에 해외여행을 가는 일이 있다.', 다시 말해 '내년에 해외여행을 가는 일은 사실이다.'라는 말입니다. 알고 있는, 또는 정해진 '현재 사실'입니다.

> 음[ing]: 과거/현재, 사실
> – 완결성, 사실성을 지님

여러분

'가기'가 부정사 'to go'에 해당하고, '감'이 동명사 'going'에 해당합니다. 영어문장에 적용해 보겠습니다.

- I want (travel) abroad next year.
    내년에 해외여행을 가고 싶다.

(동사 'travel'이 목적어 자리에 있습니다. travel을 명사 역할을 하는 부정사나 동명사로 바꿔야 합니다.) 해외여행은 아직 안 간 미래의 일입니다. 위 예문은 해외여행을 가고 싶은, 가겠다는 의지의 표현으로 미래와 의지를 말하니, travel을 부정사 'to travel'로 바꿔야 합니다.

['X to Y'에서, to는 X가 Y로 가서 '붙음'을 의미합니다. 'want to travel abroad' – 원하는 마음이 해외여행에 붙어 있습니다. 붙어 있으니, '해외 여행을 가고 싶다'로 해석됩니다. * He went to Busan. he는 부산에 갔다. (부산에 붙어 있으니, 지금 부산에 있다는 말) / He left for Busan. he는 부산으로 떠났다. (부산을 향해 떠났을 뿐, 부산에 도착했는지는 모름]

[부정사의 to는 (전치사가 아닌) 일종의 문법형태입니다.]

- Betty's hobby is (travel) abroad.
    베티의 취미는 해외여행이다.

(동사 'travel'이 보어 자리에 있습니다. travel을 보어 역할을 하는 to travel이나 travelling으로 바꿔야 합니다.) 취미는 과거에도 했고, 현재에도 하는 일입니다. 과거 사실이고, 현재 사실입니다. 위 예문은 과거/현재와 사실을 말하니, travel을 동명사 'travelling'으로 바꿔야 합니다.

[동사가 변해 명사 역할을 하는 부정사·동명사는 명사어에 속할까요, 동사어에 속할까요? 부정사는 동사 역할에서 명사 역할로 '기능만 바뀌어' 명사처럼 쓰입니다. 동사어에 속합니다. 동명사는 동사에서 명사로 '품사가 전성되어' 명사로 쓰입니다. 명사어에 속합니다. 동명사는 명사와 다를 바 없습니다. 명사 취급하면 됩니다.]

아래 예문을 비교해 보십시오.

- I'd like to swim. 수영하고 싶어요.
- I like swimming. 수영을 좋아해요.

'to swim'은 물을 가르고 헤엄치는 장면이 떠오르는 말입니다. 위 예문은 (푹푹 찌는 이런 날은 물속에 뛰어 들어) 수영하고 싶다는 말입니다. 이렇듯 부정사는 의미적으로 동사에 보다 가깝습니다.

'swimming'은 스포츠의 한 종류인 수영을 뜻합니다. 위 예문은 스포츠나 취미로 수영이라는 운동을 좋아한다는 말입니다. 이렇듯 동명사는 명사라 해도 과언이 아닙니다.

> 동사 'develop/confess'에 접미사 '-ment/-ion'이 붙으면 명사 'development/confession'으로 품사가 바뀝니다. (이렇듯 접미사는 품사 범주를 바꿉니다. 이를 "품사전성"이라고 합니다.) 접미사가 붙어 명사가 될 수 없는 동사[swim]는 '동명사[swimming]'가 되어 명사로 쓰입니다.
>
> * 동명사 (동사): building 건물 (build 짓다) / smoking 흡연 (smoke 피우다) / drinking 음주 (drink 마시다) / reading 독서 (read 읽다) / learning 학습 (learn 배우다) / painting 그림 (paint 그리다) / collecting 수집 (collect 모으다)

> 'swimming · building, smoking · collecting'과 같은 말은 동사가 명사로 명사화된 말로 이때의 '-ing'는 어미지만 접미사와 다를 바 없습니다. '기능바꿈'을 넘어 '품사전성'이라 해도 무방합니다. 이렇듯 '동사가 명사로 쓰인다' 하여 "동명사"라고 합니다. 앞으로 동명사는 명사 취급! (분사의 'ing/ed'는 활용되는, 기능만 바뀌는 어미입니다.)

- She was stupid <u>to love</u> such a man.
  <small>she가 어리석었다. 그런 사람을 사랑하다니.</small>
  - She: to love의 의미상의 주어
  - such a man: to love의 목적어
  - she의 사랑을 평가. 어리석었다고 판단

- He seemed <u>to be</u> rich. <small>he는 부자인 것 같았다.</small>
  - He: to be의 의미상의 주어
  - rich: to be의 보어
  - he의 상태를 평가. 부자인 것 같았다고 판단

부정사와 동명사는 동사의 성질을 지녀 구문적으로 주어를 갖습니다. 이를 부정사와 동명사의 "의미상의 주어"라고 합니다. 이뿐 아니라 'to love <u>such a man</u>'처럼 목적어를 취할 수도 있고, 'to be <u>rich</u>'처럼 보어를 취할 수도 있습니다.

여기서 강조하고 싶은 점이 있습니다. 동명사와 달리, 부정사에는 서법적 의미가 – 화자의 생각이나 마음이 – 들어 있다는 것입니다. 구체적으로, 주관적인 '평가'와 이에 따른 '판단'이 들어 있습니다. 위 예문을 보면, 화자가 주관적으로 문장 내용에 대해 평가하고 판단하고 있습니다.

부정사는 '명사처럼' 쓰이고, 동명사는 '명사로' 쓰입니다. 이 둘의 차이를 명사적 용법을 통해 낱낱이 파헤쳐 보겠습니다.

["명사적 용법"이란 명사적으로 쓰였다는, 즉 '명사 역할을 한다'는 말입니다. 명사 역할은 '주어·목적어·보어'입니다. 부정사가 문장에서 '주어·목적어·보어' 역할을 하면 그것이 부정사의 명사적 용법입니다. 이는 동명사도 마찬가지입니다.]

〉 부정사와 동명사의 명사적 용법

■ **주어 역할** (가주어-진주어 구문, 의미상의 주어)

부정사의 문법적 의미는 '미래·의지'입니다. 쉽게 말해, '앞으로 할 일'이나 '일어날 일'을 말합니다. 앞으로의 일이니, 상황에 따라 앞으로의 일에 대해 생각해 보지 않을까요? 판단하지 않을까요? '미래의 일을 생각해 본다. 〉 평가한다. 〉 판단한다.'입니다. 부정사에는 '판단'이라는 서법적 의미가 들어 있습니다.

- <u>To travel</u> abroad next year is difficult.
    - 내년에 해외여행을 가는 것은 어렵다.
    - 부정사는 일반적으로 주어 자리에 오지 않음
    - 딱딱하게 들리는 격식체, 오늘날은 거의 쓰이지 않는 구문

위 예문은 화자가 주관적으로 내년 해외여행을 평가하고, 가기가 어렵다고 판단한 말입니다. 평가와 판단은 주관적이라, 영어는 문두에 대놓고 직접적으로 말하지 않습니다. 간접적으로 말합니다. 이것이 '가주어-진주어 구문'이 있는 이유입니다.

- <u>It</u>'s difficult <u>to travel</u> abroad next year.
    - 그거 어려워. 내년에 해외여행 가는 거 말이야.
    - 가주어: It, 형식적인 문장의 주어 / 진주어: to 이하 / 주보어: difficult
    - 가주어-진주어 구문을 써서 간접적으로 말함, 부드럽게 들림
    - 주어가 길어 가주어-진주어 구문을 쓰는 것이 아님
    - 이때의 주보어는 '판단'과 관련된 형용사

판단의 부정사니, 판단과 관련된 말과 잘 어울립니다. 아래와 같은 형용사로 부정사가 서술되면, 가주어-진주어 구문을 씁니다.

difficult	easy	hard	possible
important	necessary	right	wrong
strange	natural	normal	dangerous

판단과 관련된 형용사

부정사는 의미상의 주어를 - 부정사의 주체가 되는 말을 - 명시할 필요가 있으면, 부정사 앞에 'for+(대)명사'를 씁니다.

- It's difficult **for me[Betty]** to travel abroad next year.
    그거 나에게는[베티한테는] 어려워. 내년에 해외여행 가는 거 말이야.
  - 가주어: It / 진주어: to 이하 / 의미상의 주어: for me[Betty]

    예 It's necessary for you to learn English grammar.
    　　여러분은 영어문법을 배울 필요가 있습니다.

    It's not easy for American to learn Korean.
    　　미국 사람에게는 국어를 배우는 것이 쉽지 않다.

    It can be impossible for you to persuade your boss.
    　　사장님을 설득하는 것이 너한테는 불가능할 수 있어.

    It's not strange for your mother to get angry.
    　　너희 엄마가 화를 내시는 것은 이상한 일이 아니야. 〉당연해.

    It's really important for you to relax.
    　　휴식이 네게는 정말 중요해. 〉필요해.

주의! 의미상의 주어를 명시하는 for는 '상대적인 평가·판단'을 뜻합니다. 즉, 'for me[Betty]'는 '다른 사람에게는 쉬울지 몰라도, 상대적으로 나에게는[베티한테는] (내년에 해외여행을 가는 것이 어렵다.)'는 말입니다. (평가·판단은 주관적이고 상대적입니다. for와 잘 어울립니다.) ★ 상대적인 평가·판단의 for ☞ ❹ p. 296

여기서 짚고 넘어가고 싶은 것이 있습니다.

- It's kind of you to help me.
  나를 도와주다니, 당신은 친절하군요.

위 예문과 관련해 보통 문법책에 ▶ 'kind · nice · good · polite · clever · generous · wise · brave'와 같은 '성격'이나 'rude · bad · cruel · silly · foolish · stupid · crazy · selfish'와 같은 '성품'을 뜻하는 형용사는 부정사의 의미상의 주어를 나타낼 때, for를 쓰지 않고 of를 쓴다고 나옵니다. ◀ of는 for와 전혀 다른 전치사입니다. 겉만 보고 속은 보지 않은, 억지로 끼워 맞춘 설명입니다.

칭찬이라도, 'You're kind. 당신은 친절합니다.' 이렇게 직접적으로 대놓고 말하면, 상황에 따라서는 오히려 듣기에 거북할 수도 있습니다. 해서, 'It's kind of you.' 이렇게 간접적으로 말합니다. 아래 예문을 비교해 보십시오. 끊어지는 곳부터 다릅니다.

- It's kind of you / to help me.
  - 'It's kind of you.'는 온전한 문장
  - It은 형식적인 주어, you는 kind의 주어, kind는 주보어
  - to help me: 부사어 (온전한 문장 뒤에 덧붙는, 없어도 되는 말)
    부사어라 'Of you to help me is kind.'로 바꾸면 말이 안 됨
    kind를 부사적으로 설명, 부사적 용법의 부정사

- It's difficult / for you to help me. 네가 나를 돕는 것은 어렵다.
  - 'It's difficult for you.'는 온전한 문장이 아님
  - It은 가주어, you는 difficult의 주어가 아님
  - to help me: 주어 (문장을 이루는, 없어서는 안 되는 말)
    주어라 'For you to help me is difficult.'로 바꿔도 말이 됨
    가주어-진주어 구문, 명사적 용법의 부정사

동명사는 동사가 명사로 명사화된 품사로 명사어에 속합니다. 명사와 다름없이 주어 자리에 옵니다. 명사와 비교해 보십시오.

- Travelling by train is economical. [동명사]
  기차로 여행하는 것은 경제적이다.

- Train travel will be an unforgettable memory. [명사]
  기차 여행은 잊지 못할 추억이 될 것이다.
  - 동명사와 명사형의 뜻이 같을 때는 둘 다 가능하지만, 대개 명사형을 씀
    예 동명사: her arriving[refusing] / executing criminals 범죄자를 처형
    명사형: her arrival[refusal] / execution of criminals 범죄자의 처형

동명사는 명사 취급! 동명사의 의미상의 주어를 명시할 필요가 있으면, (명사 앞에 소유격을 쓰듯) 동명사 앞에 소유격을 씁니다.

- My studying is going well today. 오늘은 공부가 잘된다.
- He failed his driving test three times.
  he는 운전면허 시험에 세 번 떨어졌다.

[동명사의 의미상의 주어를 명시한다는 말은 곧 동명사를 한정한다는 뜻입니다. 한정은 '한정어'가 합니다. 소유격은 관사와 같은 한정어입니다. 동명사를 명사 취급하고, 명사 앞에 소유격을 쓰듯 쓰면 됩니다. * his car 그이의 차, his driving 그이의 운전

아래 경우를 제외하면, 관사는 동명사 앞에 쓰이지 않습니다.

- The smoking of cigarettes is ... 흡연은 ...
  - 동명사가 명사와 of로 연결될 때 (= Smoking cigarettes is ...)
- This is yours for the asking. 말만 하면 이것은 네 것이다.
  - 관용적으로 (for the asking: 말만 하면, 부탁만 하면)

■ **목적어 역할** (가목적어-진목적어 구문, 전치사의 목적어)

부정사는 '미완결성 · 의도성'을 지니며 '일시적인/구체적인' 일을 나타냅니다.

- I decided to quit my job. [미완결된 미래의 일, 의지나 의도]
  일을 그만두기로 마음먹었다.
  - (마음을 먼저 먹었으니) decide가 먼저, to quit은 나중

- I'd like to play tennis with you. [일시적인/구체적인 일]
  당신과 테니스를 치고 싶습니다.
  - 앞으로 당신과 테니스를 치고 싶다는 말

목적어로 쓰인 부정사는 아래와 같은, '미완결된 미래'의 의미를 내포한 동사와 잘 어울립니다.

want	expect	hope	aim
promise	plan	arrange	manage
intend	decide	choose	demand
ask	offer	agree	refuse
afford	need	pretend	seem

목적어로 부정사를 수반하는 동사
- '바람 · 희망, 결심 · 계획, 제안 · 요구, 동의 · 거절' 등의 의미

- We agreed to meet again the following Tuesday.
  우리는 다음 주 화요일에 다시 만나기로 합의를 봤다.

- I intend to try to study English.
  영어를 공부해 볼 생각이다.

가주어-진주어 구문이 목적어에 자리에 오면, '가목적어-진목적어 구문'이 됩니다. 평가·판단은 생각과 관련이 있으므로, 가목적어-진목적어 구문은 아래와 같은 생각동사와 잘 어울립니다.

| think | believe | find | consider |

- I thought it strange for your mother to get angry.
  너희 엄마가 화를 내시는 게 이상하다고 생각했다.
  - 가목적어: It / 진목적어: to 이하 / 의미상의 주어: for your mother
  예 I believe it best to work here.
  　　여기서 일하는 것이 최선이라고 믿는다.
  　I found it dangerous to walk alone at night.
  　　밤에 혼자 걷는 것이 위험하다는 것을 알았다.

부정사는 의문사와 결합해 쓰이기도 합니다. 아래는 목적어로 쓰인 '의문사+부정사' 구문입니다. 부정사 고유의 구문이니, 꼭 익히시길 바랍니다.

- I don't know what to do. 무엇을 해야 할지 모르겠어.
  I wonder where to go. 어디로 가야 할지 잘 모르겠어.
  I can't decide when to leave. 언제 떠나야 할지 결정을 못 내리겠어.
  I can't tell which car to buy. 어떤 차를 사야할지 모르겠어.
  I'm not sure how to use it. 그것을 어떻게 사용하는지 잘 모르겠어.

['why+부정사' 구문은 쓰이지 않습니다. 한편, 'whether(접속사)+부정사' 구문도 쓰입니다. * I can't decide whether to go or stay. 가야 할지 머물러야 할지 결정을 못 내리겠어.]

동명사는 '완결성·사실성'을 지니며 '지속적인/습관적인' 일을 나타냅니다.

- I quitted working. [완결된 과거의 일. 과거 사실]
  일을 그만두었다.
  - (하던 일을 그만두었으니) quit은 나중, working이 먼저

- I like playing tennis with you. [지속적인/습관적인 일]
  당신과 테니스를 치는 것이 좋습니다.
  - 평소에 당신과 테니스를 치는 것이 좋다는 말
  예 My grandmother likes calling me "Candy."
  할머니는 나를 "캔디"로 부르는 걸 좋아하신다.

목적어로 쓰인 동명사는 아래와 같은, '완결된 과거/현재'의 의미를 내포한 동사와 잘 어울립니다.

quit	delay	postpone	keep
finish	deny	dislike	mind
doubt	avoid	escape	give up
miss	admit	forgive	enjoy
practice	suggest	consider	imagine

목적어로 동명사를 수반하는 동사
- '중지·연기, 부정·회피, 제안·고려' 등의 의미

- I heard you gave up drinking and smoking.
  술하고 담배를 끊었다면서요.

- Betty enjoys eating Korean food.
  베티는 한국 음식을 즐긴다.

생각 더하기　　38. 동명사와 진행분사의 구별

　　동명사와 진행분사는 '~ing'로 형태가 같습니다. 형태만 같을 뿐, 문맥으로 쉽게 구별됩니다.

- Betty's hobby is <u>travelling</u>. [동명사]
    베티의 취미는 여행이다.
    - 여행은 취미가 될 수 있음
    - 'Hobby travels. 취미가 여행한다(?)', 동사로 바꾸면 말이 안 됨
    - '취미 = 여행', 이때의 travelling은 동명사 (현재시제 문장)
        예 My favourite activity is riding. 내가 가장 좋아하는 활동은 승마다.

- Betty is <u>travelling</u> around Busan. [진행분사]
    베티는 부산 여기저기를 여행하고 있다.
    - 여행은 사람인 베티가 될 수 없음
    - 'Betty travels. 베티가 여행한다.', 동사로 바꿔도 말이 됨
    - '베티 = 여행 중', 이때의 travelling은 진행분사 (현재시제 진행상 문장)
        예 I was riding a horse. 나는 말을 타고 있었다.

　　동명사는 명사와 함께 '복합명사'를 이룰 수 있습니다.

- a <u>sleeping</u> pill [동명사]
    수면을 위한 약, 수면제 (= a pill for sleeping)
    - 자고 있는 약(?), 말이 안 됨
    - sleeping이 pill을 수식하는 것이 아님. 두 명사로 이루어진 복합명사 '목적·용도'의 의미, 이때는 동명사 앞에 관사를 쓸 수 있음
        예 a waiting room 대기실

- a <u>sleeping</u> baby [진행분사]
    자고 있는 아기 (= a baby that is sleeping)
    - 수면을 위한 아기(?), 말이 안 됨
    - sleeping이 baby를 수식, 형용사 역할
        예 a waiting limousine 대기 중인 리무진

전치사 뒤에 있는 말은 목적어입니다. 이를 "전치사의 목적어"라고 합니다. 전치사의 목적어로, 명사와 다를 바 없는 동명사가 쓰입니다. 부정사는 쓰이지 않습니다. 동명사는 명사 취급!

['전치사+목적어(명사어)'는 내용상 사실이나 정보입니다. 부정사는 '주관적/이성적'입니다. 사실·정보와 상반됩니다. 부정사는 전치사의 목적어로 쓰이지 않습니다.
★ that절과 전치사 ☞ ❹ p. 34]

- I relax on weekends <u>by playing</u> tennis. [전치사+동명사]
  주말에 테니스를 치며 휴식을 취한다. 〉 피로를 푼다.
  예 Bulguksa is certainly worth visiting.
  　　불국사는 확실히 방문할 만하다. (이때의 worth는 전치사)
  What is it like living in this house? 이 집은 살기가 어때요?

- She <u>succeeded in losing</u> weight. [동사+전치사+동명사]
  she는 다이어트에 성공했다.
  예 I don't feel like drinking beer tonight.
  　　오늘 저녁은 맥주를 마실 기분이 아니에요. 〉 맥주가 내키지 않아요.
  I'm thinking of taking this class. 이 수업을 들을까 생각 중이에요.

- He's <u>good at playing</u> tennis. [형용사+전치사+동명사]
  he는 테니스를 잘 친다.
  예 Don't be afraid of making mistakes in English.
  　　영어를 하면서 실수를 두려워하지 마라.
  I'm sorry for making such a fuss. 그렇게 불평해서 미안해요.

- What was <u>the purpose of using</u> this? [명사+전치사+동명사]
  이것을 사용한 목적이 무엇이었나요?
  예 He made the mistake of telling the secret.
  　　he는 비밀을 말하는 실수를 저질렀다.
  Make a habit of getting up early. 일찍 일어나는 습관을 들여라.

동명사가 특히 전치사 'to'의 목적어로 쓰이는 경우, 부정사로 오인하고 'to+동사원형'으로 쓸 수 있으니 신경을 써야겠습니다.

- I'm <u>looking forward to</u> seeing you.
  만나 뵙기를 손꼽아 기다리고 있겠습니다. (look forward to+동명사)

- I'm <u>used to</u> driving at night.
  야간 운전에 익숙하다. (be used to+동명사)

- I <u>prefer</u> living in the country <u>to</u> living in the city.
  도시에서 사는 것보다 시골에서 사는 것이 더 좋다. (prefer to+동명사)

- Do you <u>object to</u> smoking at a bar?
  술집에서 담배 피우는 것에 반대하느냐? (object to+동명사)

- He has <u>taken to</u> getting up early.
  He는 (규칙적으로) 일찍 일어나기 시작했다. (take to+동명사)
  (take to: …을 하기 시작하다, …을 하는 버릇이 생기다, …에 빠지다)

관용적으로, 전치사가 생략되기도 합니다.

- Let's <u>go shopping</u> this evening. [동사+동명사]
  오늘 저녁에 쇼핑하러 가자.
  - go (on) shopping (go [swimming/skating/skiing/climbing/camping/hunting])

- Betty is <u>busy studying</u> for her exams. [형용사+동명사]
  베티는 시험공부하느라 〉 시험공부로 바쁘다.
  - busy (in) studying

- He lost all that <u>money gambling</u>. [명사+동명사]
  he는 도박하느라 〉 도박으로 돈을 몽땅 잃었다.
  - money (in) gambling

■ 보어 역할

보어가 무엇이냐고 물어보면, 학생 대부분이 '보완하는 말'이라고 답합니다. 잘 모르는 것 같아, 보어를 먼저 살펴보겠습니다.

- He is a doctor. he는 의사다.

위 예문과 관련해 보통 문법책에 ▶ "is는 주어를 온전히 설명하지 못한다. '불완전 동사'다. a doctor와 같은 '보완하는 말'이 필요하다. 이를 "보어"라고 한다." ("주어를 보완하면 '주격 보어'고, 목적어를 보완하면 '목적격 보어'다. '주어+불완전자동사+주격 보어'로 이루어진 문장을 '2형식 문장'이라고 한다.") 이렇게 나옵니다. ◀ '(불)완전 동사'라는 문법용어가 있기는 하지만, 대학 과정의 전공자면 모를까, 일반인 학습자는 알 필요가 없습니다. 영어문장을 이해하는 데 전혀 지장이 없습니다.

- He is a doctor.
  - He⌒a doctor. (앞말과 뒷말을 이어 준다는 표시로 '⌒'를 사용)
  - is: be동사. 품사로 말하면 '연결동사', 문장성분으로 말하면 '연결어'

be동사는 대표적인 연결동사로, 앞말의 존재나 상태를 알리며 '의미적으로/문법적으로' 앞말과 뒷말을 잇는 '연결어'입니다.

연결동사는 주어를 설명하지 못하는 동사가 아닙니다. 도리어 반대로, 주어를 설명하지 않는, 설명할 필요가 없는, 설명을 안 해도 되는 동사입니다. (주어를 설명하는 '서술동사'가 아닌데, '연결동사'인데 어째서 연결동사가 주어를 설명?) '주어를 온전히 설명하지 못해 불완전 동사다.'라는 말은 연결동사를 서술동사를 기준으로 판단한, 서술동사로 취급한 오류입니다.

문장은 기본적으로 '주어 + 서술어'의 형식을 갖춥니다. 아래 예문에도 주어와 서술어가 없을 리 없습니다.

- He is a doctor.
    - 주어(He) + 연결어[연결동사](is) + 서술어(a doctor)
    - 연결어인 연결동사 다음에 오는 서술어는 보어로 부름
    - a doctor: 주어를 설명하는 보어 〉 주보어 〉 주어 설명어

He는 주어고, 연결동사인 is는 연결어입니다. 주어를 설명하는 서술어는 다름 아닌, 'a doctor'입니다. 상대방이 모르거나 모를 것 같아 He의 직업이 의사라고, He를 'a doctor'가 실질적으로 설명하고 있습니다.

보어는 '보완하는 말'이 아닙니다. 그렇습니다. '설명하는 말'입니다. 다만, (서술동사의 역할인 서술어와 구별하기 위해) 연결어인 연결동사 다음에 오는 서술어는 관용적으로, "보어"라고 합니다.

보어: 앞말을, 즉 주어나 목적어를 설명하는 말
- 주어를 설명하면 '주보어', 목적어를 설명하면 '목적보어'
- 주보어 〉 주어 설명어, 목적보어 〉 목적어 설명어

영어는 앞말을 뒷말이 설명합니다. 보어는 설명하는 말!

[보통 문법책을 보면, '주격 보어, 목적격 보어'라는 문법용어가 나옵니다. 격은 품사로서 (대)명사의 기능을 표시할 때나 쓰는 말입니다. 무분별하게, 여기서는 '격'이라는 말을 쓸 필요가 없습니다. 한편, '보완하는 말'이라는 뜻의 보어로 부르는 것보다 '설명하는 말'이니, '주보어, 목적보어'를 직관적으로, '주어 설명어, 목적어 설명어'로 부르는 것을 권합니다. ★ 서술어 ☞ ❸ p. 227, 229]

- He is a doctor.
  - 주어(He) + 연결어(is) + 주보어(a doctor)

위 예문은 '주어+연결어+주보어'로 이루어진 문장입니다. 복잡하게 생각하지 마십시오. He를 'a doctor'가 설명한다고 생각하고, 'He ⌒ a doctor' 이렇게 여기면 그만입니다. 더는 알 것도 없고, 알 필요도 없습니다.

[be동사를 '이다, 있다'로 해석하면 뒤로 갔다가 다시 앞으로 오게 됩니다. 의식의 흐름이 '역행'합니다. 인간의 사고가 아닙니다. 하지만 be동사를 연결어로 생각하면 의식의 흐름이 '순행'합니다. 인간의 사고입니다. be동사는 연결동사, 연결어!]

[보어를 보완하는 말로 오인하면, 'a doctor'가 He를 '후위수식'을 한다면서, 역시 역행적 사고를 하게 됩니다. 반면에, 보어를 설명하는 말로 인식하면 순행적 사고를 하게 됩니다. 역행과 순행, 영어 공부의 성공 여부를 판가름하는 결정적 차이입니다.]

명사와 더불어, ('상태·성질·속성' 등을 나타내는) 형용사도 보어로 쓰입니다. 같은 보어지만, 명사와 성격이 다릅니다.

- Betty's father is <u>a doctor</u>. [명사 보어] 베티 아빠는 의사다.
  - father (사람) = doctor (사람) ('The doctor is Betty's father.' - 도치해도 말이 됨)
  - 도치해도 등호가 성립되면, 말이 되면 명사 보어
    예] He is a <u>Korean</u>. [명사] (사람이 한국인, 사람 = 사람)

- Betty's father is <u>busy</u>. [형용사 보어] 베티 아빠는 바쁘다.
  - father (사람) ≠ busy (상태), 사람은 사람이지 사람이 상태일 수 없음
    ['Busy is Betty's father(?)' - 도치하면 말이 안 됨]
  - 도치해서 등호가 성립 안 되면, 말이 안 되면 형용사 보어
    예] He is <u>Korean</u>. [형용사] (국적이 한국인, 사람 ≠ 국적)

- Betty's father seemed <u>to be a doctor</u>. [명사 보어]

    베티의 아버지는 의사인 것 같았다.
    - 부정사의 명사적 용법: Betty's father (사람) = a doctor (사람)

    My plan is <u>to go</u> to England for study.

    내 계획은 영국으로 유학 가는 것이다.
    - My plan (계획) = to go ... (계획)

        예 The function of the heart is to pump blood around the body.
        [to 이하 주보어] 심장의 기능은 온몸으로 혈액을 내보는 것이다.
        [The function (기능) = to pump ... (기능)]

        I intended my son to be a soccer player. [to 이하 목적보어]
        아들을 축구 선수로 만들 생각이었다.
        [my son (사람) = a soccer player (사람)]

- Betty's father seemed <u>to be busy</u>. [형용사 보어]

    베티의 아버지는 바쁜 것 같았다.
    - 부정사의 형용사적 용법: Betty's father (사람) ≠ busy (상태)

    I'm <u>to go</u> to England for study next year.

    내년에 영국으로 유학 갈 예정이다.
    - I (사람) ≠ to go ... (계획)
    - 이른바 'be to 용법'은 형용사적 용법 ☞ p. 291

동명사는 명사와 진배없이 보어로 쓰입니다.

- One of my hobbies is <u>collecting antiques</u>.

    내 취미 중 하나는 골동품을 수집하는 것이다.
    - 주어: One of my hobies / 주보어: collecting antiques

- We call such an act <u>cheating</u>.

    그와 같은 행동을 부정행위라고 한다.
    - 목적어: such an act / 목적보어: cheating

부정

부정사도 동명사도 앞에 부정부사 'not'을 써서 부정합니다.

- He wanted <u>not to go</u> there. [not+부정사]
  he는 그곳에 가지 않기를 원했다.
  - 본동사를 부정한 경우와 비교
    예 He <u>didn't want</u> to go there. he는 그곳에 가고 싶어 하지 않았다.
      (이 경우는 의미 차이가 나지 않음. 'He didn't want to go there.'가 일반적)
    I <u>didn't promise</u> to smoke. 담배를 피우겠다고 약속하지 않았다.
      (이 경우는 'I promised <u>not to smoke</u>. 담배를 피우지 않겠다고 약속했다.'와 의미 차이가 남)

- I'm sorry for <u>not attending</u> the meeting. [not+동명사]
  미팅에 참석하지 못해 죄송합니다.
  예 I've regretted not listening to your advice.
    네 충고를 듣지 않은 것을 후회했다.

명사와 다를 바 없는 동명사, '불가능한 일'이나 '허용되지 않는 일'을 말할 때, 명사를 부정할 때와 마찬가지로, 동명사 앞에 한정사 'no'를 씁니다. (부사 앞에는 no를 쓰지 못합니다.)

- There's <u>no saying</u> who will win. [no+동명사: 불가능]
  누가 이길지 알 도리가 없다.
  - no는 관사와 같은, 명사를 한정하는 한정사 (not은 부사)
    예 There's no holding him. 그를 말릴[제지할] 도리가 없다.

- <u>No Smoking</u> [금지] 금연
  예 No Parking (Here) 주차 금지

예문54는 명사적 용법으로, 부정사가 쓰인 문장[ⓐ] vs. 동명사가 쓰인 문장[ⓑ]입니다.

54-1-ⓐ] <u>To see</u> is to believe.

ⓑ] <u>Seeing</u> is believing.
    보는 것이 믿는 것이다. 〉 보기 전에는 믿지 않는다. ('백문이 불여일견'과 다른 말)

ⓐ 딱딱하게 들리는 격식체입니다.
ⓑ 주어 자리에는 일반적으로 동명사가 옵니다.

54-2-ⓐ] Nice <u>to meet</u> you. 만나서 반가워.

ⓑ] Nice <u>meeting</u> you. 만나서 반가웠어.

ⓐ 초면인 사람과 만났을 때 하는 인사말입니다. ('It is'가 생략됨)
ⓑ 헤어질 때 하는 인사말입니다. ('It was'가 생략됨)
    예 Nice talking to you. 대화 즐거웠습니다.

이 예문과 같이 동명사도, 아래와 같은 특정한 표현으로, 가주어-진주어 구문이 쓰입니다. (It: 가주어 / 동명사 이하: 진주어)

예 It's worth <u>studying</u> English.
    영어 공부는 가치가 있다. (이때의 worth는 형용사, 'worth'가 강조됨)
    [= English is worth studying. (이때의 worth는 전치사)]

It's no use <u>crying</u> over spilt milk.
    엎질러진 우유를 두고 울어 봐야 소용없다. (엎질러진 물이다.) 〉 후회해도 소용없다.
    (이때의 use은 '소용'을 뜻하는 명사, 'no use'가 강조됨)

It's no use[good] (in) <u>trying</u> to butter me up.
    아첨해 봐야 소용없다.

It's no fun <u>playing</u> by yourself.
    혼자 노는 것은 재미없다.

아래와 같은 동사는 목적어로 부정사를 취하기도 하고, 동명사를 취하기도 합니다. 물론, 의미 차이가 납니다.

like	love	prefer	hate
try	intend	propose	agree
forget	remember	regret	mean
start	begin	continue	stop

목적어로 부정사·동명사 둘 다 취하는 동사

54-3-ⓐ] **Remember to post the letter.**
　　편지 부치는 것을 잊지 마라. (앞으로 ~할 것을 기억하다)

　　ⓑ] **I remember posting the letter.**
　　편지 부친 기억이 난다. (이전에 ~한 것을 기억하다)

ⓐ 동사+부정사: '미래'의 일, 즉 편지 부치기
　　예 I forgot to call him.
　　　그에게 전화할 〉 전화하는 것을 잊어 버렸다.
　　I'm sorry to be late.
　　　(지금 가고 있어. 미팅에 앞으로) 늦게 되어 〉 늦어서 미안해.
　　I paid the painter to paint the house.
　　　집을 페인트칠해 달라고 도장공에게 돈을 지불했다. (지불 먼저, 칠 나중)

ⓑ 동사+동명사: '과거'의 일, 즉 편지 부침
　　예 I forgot calling him.
　　　그에게 전화한 것을 잊어 버렸다.
　　I'm sorry for being late.
　　　(미팅 후, 오늘 미팅에) 늦게 와서 〉 늦어서 미안해.
　　I paid the painter for painting the house.
　　　집을 페인트칠한 것에 대해 도장공에게 돈을 지불했다. (칠 먼저, 지불 나중)

54-4-ⓐ] I prefer to stay at home this evening.
오늘 저녁은 집에 있는 게 낫겠어요.

ⓑ] I prefer staying at home to going out on weekends. 주말에는 밖에 나가는 것보다 집에 있는 게 나는 더 좋아.

ⓐ 동사＋부정사: 오늘 저녁 일은 '일시적인' 일이고, 특정한 '구체적인' 일
예 I hate to tell a lie. (지금) 거짓말을 하고 싶지 않다.
She's ready to listen. she는 (바로) 들을 준비가[경청할 자세가] 되어 있다.

ⓑ 동사＋동명사: 주말마다의 일은 '지속적인' 일이고, '습관적인' 일
예 I hate telling a lie. (평소) 거짓말을 싫어한다.
She's good at listening. she는 (보통) 남의 말을 잘 들어 준다.

▷ prefer A to B B보다 A를 선호하다: 이때의 to는 전치사로 '비교'를 의미합니다.
예 He's senior to me. he는 나보다 선배다.
(길고 짧은 것을 대보듯, A를 B에 붙임 〉 대봄 〉 견줌 〉 비교)

54-5-ⓐ] Would you like to wait?
기다려 주시겠어요?

ⓑ] Would you mind waiting?
기다려 주실는지요?

ⓐ (상대방의 의지를 요구) 기다려 달라고 예의 있게 바라는, 공손한 요청입니다.
ⓑ (상대방의 의향을 묻기만 함) 기다려 주기를 조심스럽게 바라는, 매우 공손한 요청입니다.

▷ 'Would you mind my[me] smoking? 담배를 피워도 되겠습니까?': 동명사의 의미상의 주어는 소유격(my)으로 나타냅니다. 구어에서는 목적격(me)을 쓰기도 합니다.
예 I can't imagine Mike's[Mike] stealing the book.
책을 훔친 마이크가 상상이 안 가. (이때의 Mike는 목적격)

54-6-ⓐ] I regret to say that all the tickets are sold out.
　　　　　유감스럽게도 표가 매진되었습니다.

　　ⓑ] I regret saying it. 그것을 말한 것을 후회한다.

　ⓐ 유감의 뜻을 밝힘 (…을 말하게 되어 유감스럽다)
　　[예] We regret to inform you that your application has been rejected.
　　　　유감이지만, 귀하의 지원이 불합격되었음을 알려드립니다.
　ⓑ 과거의 일을 후회 (~한 것이 후회스럽다)
　　[예] I regret going to the party instead of preparing for the exam.
　　　　시험 준비를 하지 않고, 파티에 간 것을 후회한다.

54-7-ⓐ] We agreed to meet again next week.
　　　　　우리는 다음 주에 다시 만나기로 합의했다.

　　ⓑ] We agreed on meeting again.
　　　　　우리는 다시 만나는 일에 관해 합의했다.

　ⓐ [예] He's able to do it. he는 그것을 할 수 있다.
　ⓑ [예] He's capable of doing it. he는 그것을 할 수 있는 능력이 있다.

54-8-ⓐ] I tried to grow some mushrooms.
　　　　　버섯을 재배하려고 애썼다.

　　ⓑ] I tried growing some mushrooms.
　　　　　(결과가 어떨지, 시험 삼아) 버섯을 재배해 보았다.

　ⓐ [예] He means to break the promise. he는 약속을 깰 작정이다.
　ⓑ [예] It means breaking the promise. 그것은 약속을 깨는 것을 의미한다.

아래 예문은 시작된 시점이 중요하지 않아, 의미 차이가 나지 않습니다.

54-9-ⓐ] It started to rain. 비가 오기 시작했다.
ⓑ] It started raining.

ⓐ 진행형 다음에는 대개 부정사가 옵니다.
  예] It's beginning to rain. (이제 막) 비가 오기 시작했다.
ⓑ 지속적인 일에는 동명사가 옵니다.
  예] It continued raining[to rain] all day. 하루 종일 계속해서 비가 내렸다.

• • •

부정사와 동명사의 명사적 용법

✓ 주어 역할
  – To see is to believe. / Seeing is believing.
   Nice to meet you. / Nice meeting you.

✓ 목적어 역할
  – Remember to post the letter. /
   I remember posting the letter.
   Would you like to wait? /
   Would you mind waiting?

✓ 보어 역할
  – My plan is to go to England for study.
   One of my hobbies is collecting antiques.

54-1]　보는 것이 믿는 것이다. (부정사로)

....

보는 것이 믿는 것이다. (동명사로)

....

54-2]　만나서 반가워.

....

만나서 반가웠어.

....

54-3]　편지 부치는 것을 잊지 마라.

....

편지 부친 기억이 난다.

....

54-4]　오늘 저녁은 집에 있는 게 낫겠어요.

....

주말에는 밖에 나가는 것보다 집에 있는 게 나는 더 좋아.

....

54-6]　기다려 주시겠어요?

....

기다려 주실는지요?

....

54-5] 유감스럽게도 표가 매진되었습니다.

....

그것을 말한 것을 후회한다.

....

54-7] 우리는 다음 주에 다시 만나기로 합의했다.

....

우리는 다시 만나는 일에 관해 합의했다.

....

54-8] 버섯을 재배하려고 애썼다.

....

시험 삼아 버섯을 재배했다.

....

54-9] 비가 오기 시작했다. (부정사로)

....

비가 오기 시작했다. (동명사로)

....

부정사·동명사

───────────────

　동명사와 다르게, 부정사는 형용사와 부사 역할도 합니다. 다시 말해, 동사가 부정사가 되어 형용사와 부사 역할을 합니다.

　다른 품사도 아니고 동사가 변해, 명사 역할도 모자라 형용사와 부사 역할까지 하다니. 이 점은 실로 문법적으로 매우 중요한 의미를 갖습니다. 아무리 강조해도 지나치지 않습니다. 형용사적 용법부터 살펴보겠습니다.

───────────────

부정사가 '주어·목적어·보어 역할'을 하면 명사적 용법
부정사가 '(대)명사를 설명'하면 형용사적 용법
부정사가 '동사·형용사를 설명'하면 부사적 용법

〉 부정사의 형용사적 용법 – 수식과 설명 (★★★ 매우 중요)

형용사는 대상이 명사입니다. 명사를 대상으로, 위치에 따라 역할이 달라지는데, 명사 앞에서는 명사를 '수식'하고, 명사 뒤에서는 명사를 '설명'합니다. 질문입니다. 수식과 설명의 차이는?

- a <u>tall</u> boy [명사 수식]

'키 큰 아이'라고 형용사 'tall'이 명사 'boy'를 '수식하고' 있습니다. 이와 같이 형용사는 명사 '앞에서' 명사를 수식합니다.

형용사의 수식 역할 [형용사+명사] :
형용사가 명사 '앞에' 있으면 명사 '수식'

"수식"이란 명사에 대해 알고, 아는 만큼 의미를 더하며, 앞에서 명사를 꾸며 주는 것을 말합니다. (아이 키가 큰 줄 아니까, 키가 크다고 앞에서 수식할 수 있는 것입니다. 아니까 앞에서 수식)

[대명사는 상대방이 이미 알고 있는 '구정보'입니다. 구정보라, 대명사는 수식의 대상이 아닙니다. 형용사는 대명사를 앞에서 수식하지 않고, 뒤에서 설명만 합니다.]

[보통 문법책에서는 형용사의 명사 전위수식을 '형용사의 한정적 용법'이라고 합니다. 수식하면 수식 용법이지, 왜 한정 용법? 한정은 한정사의 역할로, 영어는 한정을 수식과 엄격히 구분합니다. 수식은 형용사의 역할이므로, '한정 용법'이라는 말은 쓰면 안 됩니다. 더구나, 수식은 형용사 본연의 역할입니다. '주어 용법'이라고 하지 않듯이 거창하게 용법으로 부를 것도 없습니다.]

- **The boy is tall.** [명사 설명] 아이는 키가 크다.
  - tall: 아이가 어떻다고? 키가 크다고 주어 'the boy'를 설명. 주보어

- **Please leave the door open.** [명사 설명] 문을 열어 두세요.
  - open: 문을 어떻게 하라고? 열라고 목적어 'the door'를 설명. 목적보어

'아이는 키가 크다고', '문을 열라고' 형용사 'tall'과 'open'이 명사 'the boy'와 'the door'를 '설명하고' 있습니다. 이와 같이 형용사는 (대)명사 '뒤에서' (대)명사를 설명합니다.

형용사의 설명 역할 [(대)명사+형용사]:
(대)명사 '뒤에' 형용사가 있으면 (대)명사 '설명'

"설명"이란 상대방이 (대)명사에 대해 모르거나 모를 것 같아 알 수 있도록 뒤에서 (대)명사를 풀이하는 것을 말합니다. (모르니까 뒤에서 설명) 수식은 앞에서, 뒤에서는 설명! 확실히 하면,

'I need something. 뭔가가 필요해요.' 이렇게만 말하면, 상대방은 뭔가가 뭔지를 알 수 없어, '뭔가가 뭔데요?' 이렇게 묻게 됩니다. 아래 예문과 같이, 뭔가가 뭔지를 설명해 주어야 합니다.

- **I need something to drink.** [대명사 설명] 마실 것 좀 주세요.
  - to drink: something이 무엇인지 모름. 모르니까 뒤에서 설명. 목적보어

[부정대명사 'someone · something' 등은 '불특정한 사람 · 사물을 가리키는 말'입니다. 다시 말해, 구체적으로 누구인지 · 무엇인지 모르는 말입니다. 알아야 아는 만큼 수식할 텐데, 모르니 앞에서 수식할 수 없습니다. 뒤에서 설명해야 합니다. to drink가 something을 뒤에서 수식한다고 하면, 후위수식을 한다고 하면, 영어는 끝!]

['덥다'는 형용사입니다. (국어는 형용사가 서술어 역할을 하는 '용언'에 속합니다.) '날씨가 덥다.' 이렇게 주어를 설명합니다. 다시 말해, (대)명사 뒤에서 (대)명사를 설명합니다. 국어나 영어나, 형용사가 뒤에서 설명하기는 마찬가지입니다. (덥다 = be hot)]

[보통 문법책에 '형용사의 서술용법'이라는 말도 나옵니다. 동사 역할이 '서술어'라 서술은 되도록 동사에 한해서 써야 합니다. 알다가도 모를 일은 서술용법이라고 해놓고 '명사 후위수식'이라고 한다는 것입니다. 한정과 수식을 구분하지 않더니, 한술 더 떠 서술과 수식을 구분하지 않습니다. 서술과 수식은 완전히 다른 말인데, 무슨 말장난 하는 것도 아니고, 참 답답한 노릇입니다.]

생각 더하기   39. 후위수식?

영어는 말의 '위치'나 '순서'로 문법적인 관계를 나타내는 '구조어'입니다. 말인즉, "I love you."에서 you가 목적어인 이유는 love '뒤에' 있기 때문이고, love '앞에' 있어 I가 주어인 것입니다.

영어는 '구조어'라, 명사 앞에 있는 형용사와 명사 뒤에 있는 형용사는 역할이 같을 수 없습니다. '전위수식'이고 '후위설명'입니다. 수식 구조인 국어에 영어를 맞추다 보니 후위수식으로 오인하는 것입니다.

[세상에, 뒤에서 수식하는 말이 어디 있습니까! 수식은 앞에서만 하고 뒤에서는 설명합니다. 뒤에서도 수식한다고 억지를 부리면, 주어를 뒤에서 설명하는 동사도 후위수식을 한다고 해야 합니다. 후위수식은 영어 문장이 '서술식 구조'라는 사실을 알지 못해 범한 치명적이며 결정적인 오류입니다. 이뿐 아니라, 대표적인 역행적 사고입니다. 후위수식을 하는 순간 영어는 끝나 버립니다. ★ 서술식 영어 문장구조 ☞ p. 303]

■ **주보어 역할**

부정사의 형용사적 용법1 ■ (대)명사 뒤, (대)명사 설명
— 이때의 형용사적 부정사는 주보어 또는 목적보어

부정사는 수식어가 아닙니다. 앞에서 명사를 수식하지 않습니다. 강조합니다, 부정사는 설명어입니다. 보어로 쓰인 형용사처럼 뒤에서 (대)명사를 설명합니다. 부정사는 뒤에서 설명!

아래 예문의 부정사는 형용사적으로 쓰인 '주보어'입니다. 부정사가 주어 자리에 있는 (대)명사를 설명합니다.

- **Betty's father seemed <u>to be busy</u>.** [주보어]
  베티의 아버지는 바쁜 것 같았다.
  — 형용사 보어: Betty's father(사람) ≠ to be busy(바쁜 상태)
  ★ 명사어와 형용사어의 구별 ☞ 276
  — 주보어: 주어[Betty's father]를 형용사적으로 설명, 형용사적 용법
  예 He appeared to be nervous. he는 초조해 보였다.

> 형용사를 주보어로 취할 수 있는 동사가 앞말과 뒷말을 의미적으로/문법적으로 이어 주는 '연결동사 Linking Verbs'입니다. 문장편에서 자세히 살펴보겠지만, 많지 않으니 영영사전에서 미리, 꼭 한번 찾아보시길 바랍니다.
> — be, seem · appear, look · sound
> — taste · smell · feel
> — become · get · grow, go · come, turn · prove · fall
> — keep · remain, stay · lie etc.

부정사의 형용사적 용법에는 이른바 'be to 용법'의 부정사가 포함됩니다.

[용법으로 부르려면, 특별한 뜻이 be to에만 있거나 특정한 말이 be to 다음에 와야 합니다. 그런데 be to에는 별다른 의미적/구문적 특성이 없습니다. 'be to 구문'이면 모를까, 용법으로 부를 것까지는 없습니다. 주어와 부정사가 be동사로 연결된 것이고, 주보어로서 주어를 설명하는 것입니다. 이것으로 끝!]

- The President is <u>to visit</u> England next week. [예정]
  - 대통령은 다음 주에 영국을 방문할 예정이다[방문하기로 되어 있다].
  - 미래성을 지닌 부정사가 예정을 나타내는 것은 당연함
  - 'The President visits England ...' 이렇게 현재시제로 나타내도 됨. 격식체
    - 예 US President to Visit Korea 미국 대통령 방한 예정 (신문의 헤드라인, be를 생략)
  - 예정을 결과적으로 해석하면 '운명', 주로 과거의 일을 말함
    - 예 He was never to see his family again. [운명]
      - he는 두 번 다시 가족을 못 볼 운명이었다. 〉(결과적으로) 못 봤다.

- You're <u>to do</u> your homework first. [의무 〉 지시]
  - 숙제를 먼저 할 상태에 있다. 〉숙제를 먼저 해야 한다.
  - (단호한 어조의 명령문 'Do your homework first. 숙제 먼저 해.'와 비교)
  - 의무는 해야 할 일. 미래성을 지닌 부정사가 의무를 나타내는 것은 마땅함
    - 예 All children in this house are to be in bed by ten.
      - 이 집에 사는 아이들은 10시까지는 잠자리에 들어야 한다.
    - To be taken three times a day before meals 하루에 세 번씩 식전에 복용
  - 의무로 해석되는 'what to do 무엇을 해야 할지'도 같은 맥락
    - 예 I'm not sure what to do after graduation.
      - 졸업한 후 무엇을 해야 할지 모르겠어.

- If you're <u>to go</u> there, ... [(조건문에서) 목적이나 의도] 그곳에 가려면, ...
  - 의도성을 지닌 부정사가 의도나 목적을 나타내는 것은 당연함
    - 예 If you're to be a doctor, you should study really hard.
      - 네가 의사가 되려면, 정말 열심히 공부해야 한다.

■ 목적보어 역할 − to 부정사

- I want <u>to see</u> a doctor.
    - 나는 진찰 받기를 원한다.
    - 원하는 사람도 나, 진찰 받을 사람도 나
    - to see: 목적어로 쓰인 부정사, 명사적 용법

아래 예문의 부정사는 형용사적으로 쓰인 '목적보어'입니다. 부정사가 목적어 자리에 있는 (대)명사를 설명합니다.

- I want you <u>to see</u> a doctor.
    - 나는 네가 진찰 받기를 원한다.
    - 원하는 사람은 나, 진찰 받을 사람은 너, 화자의 의지가 작용
    - to see: 목적보어, 목적어[you]를 형용사적으로 설명, 형용사적 용법
    - 예) I think him to be honest.
        그이가 정직하다고 생각한다. (= I think he is honest.)

아래와 같은 동사는 '사람(목적어) + 부정사(목적보어)' 구문으로 잘 쓰입니다. (모르면 안 되는 동사입니다. 영영사전에서 꼭 한번 찾아보시고, 관련 예문과 함께 구문을 꼭 익히시길 바랍니다.)

advise	allow	ask	bear
beg	command	expect	force
get	help	love	mean
need	oblige	order	permit
persuade	prefer	request	require
teach	tell	want	warn

아래 예문을 비교해 보십시오.

① The doctor <u>advised</u> me <u>to take</u> regular exercises.
   (나를 진찰한 그) 의사는 나에게 규칙적인 운동을 하라고 충고했다.
   – 사람인 목적어(me)가 있으면 부정사(to take)를 씀 (The doctor: 특정한 의사)
   예 We don't allow[permit] people to smoke here. 여기서는 흡연하지 못합니다.

② Doctors <u>advise taking</u> regular exercises.
   (세상 모든) 의사는 규칙적인 운동을 권한다.
   – 사람인 목적어가 없으면 동명사(taking)를 씀 (Doctors: 총칭의 의사)
   예 We don't allow[permit] smoking here.

①은 의사의 의지가 목적어에 작용한 말입니다. 요컨대, 나에게 행동으로 옮기라고 의사가 '의지를 갖고' 한 말입니다. 의지가 작용하니, 부정사가 쓰입니다. 하지만 ②는 의사의 의지와 상관없는 일반적인 사실에 관한 말입니다. 사실이니, 동명사가 쓰입니다. 확실히 하면, 아래 예문은 비문입니다. 왜 비문일까요?

- *NOT* I wouldn't <u>suggest[recommend]</u> <u>to go</u> there to you.
  네가 그곳에 가는 것을 제안[추천]하고 싶지 않다. 〉 안 가면 좋겠다.

충고는 화자의 의지가 작용하지만, 제안·추천은 작용하지 않습니다. 요컨대, 위 예문은 행동으로 옮기라는 뜻으로 한 말이 아니라, 단순한 제안·추천에 – 단순히 말만 하고 – 그친 말입니다. 부정사로 표현하면 안 되고, 동명사나 that절로 나타냅니다.

- ... suggest[recommend] <u>going</u> there to you.
  ... suggest[recommend] <u>that you (should) go there</u>.

- **목적보어 역할 – 원형 부정사** (사역동사·지각동사 다음에)

'부정사' 하면, to가 있는 'to 부정사'를 말합니다. 경우에 따라 to가 없기도 한데, to가 없는 부정사를 "원형 부정사"라고 합니다. (부정사를 원형 부정사와 구별할 필요가 있을 때만 'to 부정사'로 부릅니다.)

원형 부정사는 이미 배웠고, 잘 알고 있습니다. 네? 배운 적이 없다고요?

to 부정사 'to+동사원형'에서, to를 없애면 동사원형만 남게 됩니다. 이는 곧 원형 부정사가 곧 동사원형이라는 뜻입니다. (원형 부정사 = 동사원형)

[동사원형과 원형 부정사는 같은 개념입니다. 그 말이 그 말이라, 원형 부정사로 불러도 되고, 동사원형으로 불러도 됩니다. 다만, to 부정사가 쓰일 자리를 대신하면 대개 원형 부정사로 부릅니다. 이 경우가 아니면, 보통 동사원형으로 부릅니다.]

'사역동사·지각동사' 다음에는 목적보어로 원형 부정사가 옵니다. 아래는 사역동사입니다. (사역: 사람을 부리어 일을 시킴)

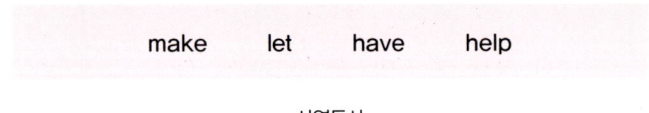

사역동사

- I <u>made</u> my son <u>wash</u> the car. [사역동사 – 원형 부정사]
  아들에게 세차를 (강제로) 시켰다.

궁금하지 않을 수 없습니다. 왜 원형 부정사가 쓰일까요? 이유는 명령문에 들어 있습니다. ★ 명령문 ☞ p. 217

- **Put** that gun down. [명령문: 동사원형]
  총 내려놔.

동사원형과 원형 부정사는 같은 개념이고, '하라는 말 [명령]'이나 '시키는 말 [사역]'이나 하게 하는 것은 똑같습니다. 동사원형으로 명령하듯, 원형 부정사로 시키는 것입니다. 그런데……

아래 예문은 비문입니다. 왜 비문일까요?

- *NOT* He <u>forced</u> me <u>wash</u> the car.
  he는 내게 세차를 강요했다.
  예 He commanded his men <u>to retreat</u>. he는 부하들에게 후퇴하라고 명령했다.
  I ordered him <u>to keep</u> his mouth shut. 그에게 입 닥치고 있으라고 지시했다.

의미적으로 보면, 'force 강요하다 · compel 강제하다, command 명령하다 · order 지시하다' 등, 이러한 동사도 시키는 말이니 사역동사로 보입니다. 그런데 뜻밖에도 사역동사가 아닙니다. 사역동사가 아니니 목적보어로 to 부정사가 쓰입니다. (wash → to wash) 이유는 동사에 이미 명확한 사역의 의미가 들어 있기 때문이고, 원형 부정사를 써서 사역의 의미를 더할 필요가 없기 때문입니다. 역으로,

'make · let · have · help'는 사역의 의미를 분명히 하기 위해 목적보어로 원형 부정사가 쓰입니다. 이 동사 네 개만 사역동사로 부릅니다. 하나씩 살펴보겠습니다.

make는 '無에서 有'를 뜻합니다. ('만들다'도 無에서 有) 이를 사역의 의미로 풀면, '없던 일을 있게 하는 것', 즉 '어떤 일을 하게 하는 것'입니다. 강제성이 있습니다.

- I <u>made</u> my son <u>wash</u> the car. [사역동사 - 원형 부정사]
  아들에게 세차를 시켰다.
  - (아버지의 권위로) 아들에게 세차라는 행위 자체를 하게 함. 강제로 세차를 시킴
  - make는 화자와 청자가 상하 관계에 있는 경우에 주로 쓰임
    예 Parents should make their children <u>sit</u> still during the concert.
    부모님은 연주회 중에 아이들이 가만히 앉아 있게 해야 합니다.

- His joke <u>made</u> me <u>laugh</u>.
  그이의 농담이 날 웃게 만들었다. 〉웃게 했다. 〉웃겼다. (나는 그이의 농담에 웃었다.)
  - 주어가 사람이 아니면 강제성이 배제됨. 어떤 일을 일어나게 함
    예 What made you <u>come</u> here so early?
    무엇이 당신으로 하여금 여기에 일찍 오게 했나요? 〉왜 이렇게 일찍 오셨어요?

let은 '허락·허가'를 뜻합니다. 이를 사역의 의미로 풀면, '어떤 일을 하도록 내버려 두는 것'입니다. 강제성이 전혀 없지는 않습니다.

- My mother wouldn't <u>let</u> me <u>go</u> to the party.
  엄마는 내가 파티에 가게 하지 〉가게 해 주지 〉보내 주지 않으실 거야.
  - 보통 '하게 하다 〉해 주다'로 해석

- <u>Let</u> me <u>carry</u> your suitcase for you.
  제가 가방을 들게 해 주세요. 〉가방을 들어 드릴게요.
  - 도움을 자청 ★ 청유문 ☞ p. 219
  - Let me ~ : 상대방에게 거절의 여지를 남겨 주지 않음. 강제성이 엿보임
    예 Let me <u>know</u> about it.
    그것에 대해 알게 해 달라. 〉알려 줘. (= Allow me to know about it.)
    Let me <u>explain</u> it. 그것을 설명하게 해 줘. 〉설명해 줄게.

have는 '소유상태 가지고 있다'를 뜻합니다. 이를 사역의 의미로 풀면, '어떤 상태가 되도록 어떤 일을 하게 하는 것'입니다. 중요한 점은 '강제성이 없다'는 것입니다.

- I <u>had</u> my son <u>wash</u> the car.
  아들에게 세차를 맡겼다. 〉 부탁했다.
  − (강제성 있는 '시키다'가 아닌) 강제성 없는 '맡기다'
  예 I had Betty <u>play</u> the piano. 베티에게 피아노를 치라고 했다. 〉 피아노를 맡겼다.
  (이를테면, 성가대에 피아노를 칠 줄 아는 사람이 베티밖에 없어 베티에게 맡김)

- I <u>had</u> the mechanic <u>change</u> the flat tire.
  정비공에게 펑크 난 타이어를 맡겼다. 〉 교체해 달라고 했다.
  (정비공에게 맡겨 펑크 난 타이어가 교체된 상태가 되도록 함)
  − 정비공에게 '책무(responsibility)'를 부여함
  − 직접 하지 않고, 맡기거나 부탁하는 경우에 have를 많이 씀
  예 I had the porter <u>carry</u> my baggage.
  짐꾼에게 짐을 옮겨 달라고 했다.

사역동사로 쓰인 have 다음에 목적보어로 진행분사도 옵니다.

- I had my daughter <u>playing</u> the piano. [진행분사]
  딸에게 피아노를 치고 있으라고 했다. 〉 피아노 치는 일을 시작하게 했다. 〉 치라고 했다.
  − 딸에게 피아노 치는 일을 '시작하게 했다'는 말
  − 안 하고 있던 일을 진행하게 함 〉 시작하게 함 〉 하게 함
  예 He had me <u>laughing</u>. he는 나를 웃게 했다. 〉 웃겼다.
  − 이 경우 get도 많이 씀
  예 I got my daughter <u>clearing</u> the table. 딸에게 식탁을 치우라고 했다.
  (안 하고 있던 식탁 치움을 진행하게 함 〉 시작하게 함 〉 하게 함)
  Don't get him <u>talking</u> about it. 그이가 그것에 대해 말을 시작하지 못하게 〉
  꺼내지 못하게 해. ('어떤 일이 생기지 않도록 해.' 이런 말)
  ★ 목적보어로 쓰인 수동분사 ☞ p. 341

help는 뜻 그대로 '어떤 일을 하도록 도와주는 것'입니다. 다른 사역동사와 달리, to 부정사가 쓰이기도 합니다.

- Come and <u>help</u> me (to) <u>move</u> the table.
    이리 와서 내가 탁자를 옮길 수 있도록 도와줘. 〉 탁자를 옮기는 것 좀 거들어.
    - 비격식체에서는 원형 부정사를 쓰고, 격식체에서는 to 부정사를 씀
    - 미국영어에서는 주로 원형 부정사를 씀
        예 Have you ever help your mother (to) <u>cook</u>?
            엄마가 요리하는 것을 도와준 적이 있니?

get은 사역동사는 아니지만, 사역의 의미로 쓰이기도 합니다.
to 'convince' sb to do sth, or to 'trick' sb into doing sth 누군가에게 어떤 일을 하도록 설득시키다[유도하다]. 또는, 어떤 일을 하도록 속임수를 쓰다[수작을 부리다/꼬드기다/달래다].

- She <u>got</u> her son <u>to have</u> an injection.
    she는 아들이 주사를 맞도록 설득시켰다. 〉 아들을 달래 주사를 맞혔다.
        (주사 맞기 싫어 울고불고 난리 치는 아이에게 엄마가 어떻게 하는지를 보면 쉽게 이해됨)
    - [have는 '(소유)상태'에 초점이 있고] get은 '과정·변화'에 초점이 있음
        예 He can't get Betty <u>to call</u> you.
            he는 베티가 너에게 전화하도록 설득시킬 수 없을 것이다.
                (무슨 수를 써도 베티가 넘어가지 않을 것이라는 뉘앙스)

[동사 'ask 요청하다'의 목적보어로, 요청은 시키는 사역과 상반되므로, 원형 부정사가 올 수 없습니다. 이 말이 이제는 쉽게 이해되실 것입니다. * He asked me <u>to buy</u> it. he는 나에게 그것을 사다 달라고 부탁했어.]

확인 질문입니다. 아래 예문에 이어질 적절한 말은?

"If you meet Betty, ..."
"베티를 만나면, ..."

① <u>make</u> her call me.
"(강제적으로) 나에게 전화하게 해라."

② <u>have</u> her call me.
"나에게 전화하라고 부탁해라. 〉전화하라고 해라."

③ <u>let</u> her call me.
"나에게 전화하도록 내버려 두어라."

문맥상, ②입니다. 나머지는 특정한 상황이 아니면 어색합니다. 한 번 더! 아래 예문의 대답으로 적절한 말은?

"Betty didn't know your phone number."
"베티가 네 전화번호를 모르더라고."

① "Did you <u>make</u> her know my phone number?"
"베티에게 내 전화번호를 (강제적으로) 알게 했니?"

② "Did you <u>have</u> her know my phone number?"
"베티에게 내 전화번호를 알도록 부탁했니? 〉알아달라고 했니?"

③ "Did you <u>let</u> her know my phone number?"
"베티에게 내 전화번호를 알게 했니? 〉알려 주었니?"

문맥상, ③입니다.

여러분

감각기관과 관련된 동사로, 감각동사와 지각동사가 있습니다. 동사의 성격과 이어지는 말이 달라, 둘로 나눌 필요가 있습니다.

look ···처럼 보이다	taste ···한 맛이 나다
sound ···처럼 들리다	smell ···한 냄새가 나다
	feel ···한 느낌이 나다

감각동사

see ···을 보다[알다/만나다]	taste ···을 맛보다
watch ···을 지켜보다	smell ···을 냄새 맡다
look at ···을 바라보다	feel ···을 느끼다
observe ···을 관찰[주시]하다	notice ···을 알아채다
hear ···을 (들려서) 듣다	
listen to ···을 (귀 기울여) 듣다	

지각동사

감각동사는 '연결동사(자동사)'로 (주어의 '상태·성질·속성'을 나타내는 형용사) 보어를 취합니다. 지각동사는 '서술동사(타동사)'로 목적어를 취합니다. ★ 상태동사 ↔ 동작동사 ☞ ❶ p. 38, 142

- It <u>looks[tastes/feels] good</u>. [감각동사, 연결동사, 자동사 – 보어를 취함]
  좋아 보인다[좋은 맛이/느낌이 난다. 〉 냄새가/느낌이 좋다].

- I <u>saw my son</u> yesterday. [지각동사, 서술동사, 타동사 – 목적어를 취함]
  어제 아들을 보았다.

사역동사뿐 아니라 지각동사 다음에도 목적보어로 원형 부정사가 옵니다.

- I <u>saw</u> my son <u>wash</u> the car yesterday. [지각동사 - 원형 부정사]
  어제 아들이 세차하는 것을 보았다.

이 또한 궁금하지 않을 수 없습니다. 왜 원형 부정사가 쓰일까요? 이유는 to 부정사에 숨어 있습니다.

to 부정사에는 '서법적 의미'가 들어 있습니다. 구체적으로, 평가/판단과 같은 '주관적인/이성적인' 화자의 생각입니다.

사람에게는 눈이라는 감각기관이 있고, 눈을 뜨면 그냥 보입니다. 주관적으로 평가할 것도, 이성적으로 판단할 것도 없습니다. 지각동사는 말 그대로 '본능적/감각적'입니다. 그런데 to 부정사는 주관적/이성적입니다. 이것이 지각동사 다음에 목적보어로 to 부정사가 오지 않는 이유입니다. 행위 자체를 뜻하는 동사원형이 원형 부정사가 쓰이는 것입니다.

[명령에 따르는 것이 복종입니다. 복종은 그냥, 바로 하는 것입니다. 주관적으로 평가하고, 이성적으로 판단하는 것이 아닙니다. 이것이 동사원형으로 명령문을 시작하는 또 다른 이유입니다.]

[조동사 다음에도 <u>동사원형</u>이 옵니다. * I can <u>do</u> it. (can: 서법 조동사) / I could <u>see</u> the island yesterday. (could: 시제 조동사) 서법 조동사가 쓰인 문장은 원래 시제가 없는 문장이기 때문에 동사원형이 옵니다. 시제 조동사가 쓰인 문장은 이미 시제 조동사가 시제를 나타냈기 때문에, 또 시제를 나타낼 필요가 없기 때문에 동사원형이 옵니다.]

- I watched the robot <u>dance</u>. [원형 부정사: 행위 자체]
  로봇이 춤추는 것을 (행위 자체를) 지켜보았다.
  - the robot dance: robot을 dance가 설명. '로봇이 춤추다'

  (the dancing robot: dancing이 robot을 수식. '춤추는 로봇')

  예 I could hear my dog <u>go</u> out.
  개가 나가는 소리를 들었다.

  I felt something <u>touch</u> my shoulder.
  뭔가 내 어깨에 닿는 것을 느꼈다.

  Did you notice a thief <u>come</u> in?
  도둑이 들어오는 것을 (직감적으로) 알았니?

지각동사 다음에 목적보어로 진행분사도 옵니다. 원형 부정사와 비교해 보십시오.

- I saw the thief <u>stealing</u> things. [진행분사: 동작·행위]
  도둑이 물건을 훔치고 있는 것을 보았다. (그런 행위[모습]을 보았다.)
  (행위[모습]을 눈으로 보았다는 말이니. 이때의 stealing은 동명사일 수 없음)
  - 물건을 훔치고 있는 행위[모습]을 봄. 물건을 훔치던 상황을 묘사

  예 I looked at the birds <u>flying</u> to the south. 남쪽으로 날아가는 새를 보았다.
  Listen to the birds <u>singing</u> a song. 들어 봐. 새들이 지저귀는 소리를.
  I could smell something <u>burning</u>. 뭔가 타고 있는 냄새가 났다.
  He could feel his heart <u>beating</u>. he는 심장이 뛰고 있는 것을 느꼈다.

- I saw the thief <u>steal</u> things. [원형 부정사]
  도둑이 물건을 훔치는 것을 (행위 자체를) 보았다.
  - 절도 행위를 봄. 절도한 사실, 절도 사건을 언급

★ 목적보어로 쓰인 분사와 부정사 ☞ ❸ p. 402, 404

> **생각 더하기**   40. 서술식 영어 문장구조 (★★★ 매우 중요)
>
> 국어와 영어의 문장은 어순도 다르고 구조도 다릅니다. 달라도 너무 달라, 처음에 한 번은 앞말과 뒷말의 '의미관계'를 이해하고, '의미구조'를 파악할 필요가 있습니다.
>
> '주보어냐, 목적보어냐?', 그것이 '명사적이냐, 형용사적이냐?' 이런 문제를 무작정 암기한 것이 아니라, 한 번 따져 보았습니다. 한 번만 따져 봐도, 한 번만 이해하면 내 안에 고도로 발달된 언어 감각이 어릴 때부터 자리하고 있어, 그 다음부터는 한결 편하게 영어 문장을 대할 수 있습니다.
>
> '문법을 배우되, 문법을 떠나라.'
>
> 영어문장은 <u>가장 중요한 말이 제일 먼저 나오면서 앞말을 뒷말이 설명해 나가는</u> '서술식 구조'입니다. (자세한 내용은 **생각문법 ❸** 〈문장의 구조〉에서 다룹니다.)
>
> 방금 한 말이 지금은 와 닿지 않겠지만, 영어의 비법이라면 비법입니다. 이런 뜻에서 '서술식 영어 문장구조'를 한번 구경해 보겠습니다.
>
> 아래 예문을 영작해 보십시오.
>
> '나는 어제 동생 생일에 쓸 케이크를 사러 빵집에 갔다.'

'나는 어제 동생 생일에 쓸 케이크를 사러 빵집에 갔다.'

- **I** 나는
  - 누가, 'I'를 제일 먼저 씀 (주어라서? 가장 중요한 말이니까!)

  I went 갔다
  - I가 어찌했는지, I를 'went'가 설명 (서술 = 설명 = 풀이)

  went to the bakery 빵집에
  - '갔다'와 어울리는 말은 '어디에'
  - 어디에 갔는지, went를 'to the bakery'가 설명

  went to the bakery to buy 사러
  - 빵집에 왜 갔는지, went to the bakery를 'to buy'가 설명

  to buy a cake 케이크를
  - '샀다'와 어울리는 말은 '무엇'
  - 무엇을 샀는지, to buy를 'a cake'가 설명

  a cake for my brother's birthday 동생 생일에 쓸
  - 어떤 케이크인지, a cake를 'for my brother's birthday'가 설명

  yesterday 어제
  - 마지막으로, 이런 일이 언제 일어났는지 'yesterday'가 설명

 살펴본 바와 같이, 영어문장은 지극히 단순한 논리로 시종일관 앞말을 뒷말이 설명하다가 끝납니다. (이것이 영어가 배우기 쉬운 언어에 속하는 이유입니다.)

- I / went / to the bakery / to buy / a cake / for my brother's birthday / yesterday.

■ **명사 설명어** (★★★ 매우 중요)

매우 중요한 약속을 하나 하겠습니다. 앞말이 어떤 말이든, 지금부터 '앞말을 설명하는 말'을 '설명어'로 부릅니다. 명사 뒤에 덧붙어, 뒤에서 '명사를 설명하는 말'은 '명사 설명어'로 부릅니다.

★ 명사 설명어 ☞ ❹ p. 63, 119

부정사가 목적어나 보어 자리에 있는 명사 뒤에 덧붙어, 뒤에서 명사를 설명합니다. 뒤에서 설명하며 말과 말을 이어 갑니다.

부정사의 형용사적 용법2 ■ **명사 뒤, 명사 설명**
— 이때의 형용사적 부정사는 명사 설명어

- Do you remember <u>your promise</u> <u>to buy</u> a car for me?
    나에게 차를 사주겠다는 약속 기억하죠?
    - 약속이 무슨 약속인지, 'your promise(명사(목적어))'을 to buy가 설명
    - to buy: 부정사의 형용사적 용법 (역할로 말하면 형용사구, 형태로 말하면 부정사구)
        이때의 부정사는 목적보어가 아님, 명사 뒤에 덧붙는 명사 설명어
    예 I have no wish to go there.
        그곳에 갈 생각이 없다. (to 이하: no wish을 설명)

- It's <u>time</u> <u>to buy</u> it for me.
    나에게 그것을 사줄 때가 됐어요.
    - 때가 어떤 때인지, 'time(명사(보어))'를 to buy가 설명
    예 Now is a good time to invest in the property market.
        지금이 부동산 시장에 투자하기 좋은 때다. (to 이하: a good time을 설명)
    It's my dream to play for Korea.
        국가 대표 선수로 뛰는 것이 내 꿈이다. (to 이하: my dream을 설명)

중요한 사실은 명사 설명어로서 부정사에 '문법적인 연결 기능'이 있다는 것입니다. 명사를 뒤에서 설명하며, '주어와 서술어의 관계' 또는 '서술어와 목적어의 관계'로 말과 말을 이어 갑니다.

- This is <u>the app</u> <u>to teach</u> you English. [주어와 서술어의 관계]
    이것이 너에게 영어를 가르쳐 줄 앱이다.
    - the app: 의미상 to teach의 주어, 'the app teaches'

    Have you got <u>a key</u> <u>to open</u> the lock?
    자물쇠를 열 열쇠를 갖고 있니?
    - a key: to open의 주어, 'a key opens'
    예 Do you have anything to cure AIDS? 에이즈 치료제가 있나요? (anything cures)

- There're <u>many sights</u> <u>to see</u> in Sydney. [서술어와 목적어의 관계]
    시드니는 구경할 곳이 많다.
    - many sights: 의미상 to see의 목적어, 'see many sights'

    I need <u>something</u> <u>to write</u> on. 쓸 종이가 필요하다.
    - something: on의 목적어, 'write on something'
    예 something to write with: 쓸 도구 / something to write about: 쓸 내용
        We need a place to live in. 우리는 살 곳이 필요하다. (live in a place)

문법적인 연결 기능은 분사에도 있습니다.

- Who is <u>the lady</u> <u>singing</u> on the stage?
    무대에서 노래 부르고 있는 여자는 누구지?
    - the lady: singing의 주어, 주어와 서술어의 관계
    - '... the lady who is singing ...?'에서 'who is'가 생략됨, 보통 생략해 씀
        예 I learned the Korean alphabet (which is) called "Hangeul" in Korean.
        한국어 알파벳을 배웠어. 한국어로 "한글"이라고 불리는 알파벳 말이야.

〉 부정사의 부사적 용법

부사도 형용사와 같은 수식어고 설명어입니다. 형용사는 명사를 대상으로 하고, 부사는 명사를 제외한 품사를 대상으로 합니다. 대상이 다를 뿐, 형용사와 마찬가지로, 부사도 '앞에서 수식'하고 '뒤에서 설명'합니다.

- I ate <u>enough</u>. [동사 설명]
  먹을 만큼 먹었다.
  – 먹었는데 충분히 먹었다고, 동사(ate)를 부사(enough)가 뒤에서 설명

- This house isn't big <u>enough</u> for us. [형용사 설명]
  이 집은 우리가 살 만큼 크지 않다.
  – 안 큰데 충분히 안 크다고, 형용사[(not) big]를 부사(enough)가 뒤에서 설명
  예 He acts very well. he는 연기를 아주 잘한다.
  (very well: 동사 acts를 뒤에서 설명 / very: 다른 부사 well을 앞에서 수식)

부정사가 [뒤에서 (대)명사를 설명하면 형용사적 용법이고, (대)명사를 제외한 나머지] '동사·형용사'를 뒤에서 설명하면 부사적 용법입니다. 부사적으로 쓰인 부정사도 앞말을 설명하는 말, 설명어!

[부정사의 부사적 용법: 동사·형용사로 서술된, 주어의 서술 내용에 대해, 뒤에서 부정사가 부사적 의미로 부연 설명하는 경우를 말합니다. 부정사가 부사적로도 쓰일 수 있는 이유는 부정사에 '평가·판단'과 같은 서법적 의미가 들어 있기 때문입니다.]

['장소·시간'을 비롯해 '이유·원인, 목적·결과, 조건·가정·양보'와 '빈도·정도 양태·비교'를 나타내는 말이 부사입니다. 부사 역할은 (형용사의 대상인 명사를 제외한) '동사·형용사, 다른 부사·문장 전체'를 앞에서 수식하거나 뒤에서 설명합니다. 한편 '부사, 부사구, 부사절' 이 셋을 하나로 묶어 "부사어"라고 합니다.]

여기서 '부사 adverb'의 말뜻을 살펴보고 넘어가겠습니다.

부사의 부는 한자로 '副 버금/둘째/다음 부'입니다. 일례로, 사장이 있는 다음에 부(副)사장이 있습니다. 이는 어떤 말이 나온 다음에 부사가 나온다는 의미입니다. 요컨대, 어떤 말은 '온전한 문장'이고 설명어로 쓰인 부사는 온전한 문장 다음에 옵니다.

온전한 문장은 마침표를 찍을 수 있는, 의사소통이 일단 되는 문장입니다. 다시 말해, '말이 찬 〉 말을 더하지 않아도 되는 〉 할 말을 한' 문장입니다. 말이 일단락된 것입니다.

그럼 할 말을 하고 난 다음에 하는 말은 어떤 말일까요? 할 말이 남았으면, 그 말은 어떤 말일까요? 의미상, '장소·시간, 이유·원인, 목적·결과, ...' 이런 말이 아닐까요? 이런 말을 덧붙여 자세히 말하지 않을까요? (부연: 설명을 덧붙여 자세히 말함)

> **온전한 문장 + 부사어**
> **부사:** (부사적 의미로) '**부연(副)**'하는 '**말(詞)**'
> – 부사적 의미: '장소·시간, 이유·원인, 목적·결과' 등

- I got up early <u>to go</u> there. [부정사의 부사적 용법: 목적]
  그곳에 가기 위해 아침 일찍 일어났다.
  – 'I got up early.': 온전한 문장
  – to go: 온전한 문장 다음에 온 말, 즉 부사어

[부사가 영어로 'adverb'입니다. 'ad = add 더하다', 여기에 'verb 동사'가 결합한 말입니다. (verb에 add함, 동사에 더함) 이는 동사의 서술 내용에 대해 부연 설명한다는 의미입니다. 곧 밝혀지겠지만, 부사는 일차적으로 '동사 설명어'로 쓰입니다.]

■ 동사 설명어

부정사가 '동사 설명어'로서, 뒤에서 동사를 설명합니다. 부사적 의미로 '목적·결과, 조건·양보'를 나타냅니다.

부정사의 부사적 용법1 ■ 동사 뒤, 동사 설명
- 이때의 부사적 부정사는 동사 설명어
- 목적·결과, 조건·양보를 나타냄

아래 예문을 비교해 보십시오.

- Birds fly <u>to catch</u> the worm. [목적의 부사적 용법]
  새는 벌레를 잡기 위해 난다.
  - 'Birds fly.': 온전한 문장
  - to catch: 온전한 문장 다음에 온 말, 즉 부사어
    목적의 부사적 의미를 나타내며 뒤에서 동사 'fly'를 부연 설명
  - 목적의 의미를 명확히 하고 싶으면 'in order to'나 'so as to'를 씀
    예) I got up early in order to go there.
       그곳에 가기 위해 아침 일찍 일어났다. ('so as to'보다 좀 더 격식을 차린 표현)
    I'm going to leave now, so as not to be late.
       늦지 않으려면, 지금 떠나야 한다.

- I want <u>to fly</u> in the sky. [목적어로 쓰인 명사적 용법]
  하늘을 날고 싶다.
  - 'I want'는 온전한 문장이 아님, 목적어가 필요
  - to fly: want의 목적어, 명사적 용법

주의! 'I go to work by bus. 버스로 출근한다.'에서 work는 명사입니다. 즉 'go+to(전치사)+work(명사) 직장에 (일하러) 가다'입니다. ('go+to 부정사'가 아닙니다.)

  * go to school[church/home/sleep]

- The little girl grew up to be a pianist. [결과]

    어린 소녀는 커서 피아니스트가 되었다.
    - 'grow up 성장하다, awake 깨다, live 살다' 등은 의지와 상관없음
       의지적이지 않아 이어지는 부정사는 목적으로 해석되지 않고 결과로 해석됨
       예) He studied hard for the exam only to fail.
           he는 시험을 위해 열심히 공부했지만 결국 실패했다.
       I awoke to find myself famous.
           잠에서 깨어 보니, 내가 유명해진 것을 알았다. 〉 유명해져 있었다.
       He left his home, never to return. he는 고향을 떠난 뒤 다시 돌아오지 않았다.
       My grandmother lived to be ninety. 할머니는 90세까지 사셨다.
       I opened the door to let the cat out.
           [결과] 문을 열어 고양이를 나가게 했다. / [목적] 고양이가 나가도록 문을 열었다.

- You'll pass the exam to study hard. [조건]

    열심히 공부하면 시험에 합격할 것이다. (= ... if you study hard.)
    예) To hear him speak, you'll take him for an American.
        그이가 말하는 것을 들어 보면 미국 사람으로 착각할 거야. (= If you hear him speak, ...)

- To see it, you would not believe it. [양보]

    그것을 봐도, 너는 믿지 않을 거야. (= Even if you saw it, ...)
    예) To do my best, I probably could not pass the exam.
        최선을 다한다 해도, 아마 시험에 합격하지 못할 거야. (= Even if I did my best, ...)

동명사와 비교해 보십시오.

- I stopped to smoke. [부사어]

    담배를 피우려고 멈춰 섰다. [stop+부정사: 담배를 피울 목적으로 멈춤]
    예) He went out to fish. he는 낚시하러 나갔다. (물고기를 잡을 목적으로 나감)

- I stopped smoking. [명사어]

    담배를 끊었다. [stop+동명사: 하던 일을 멈춤]
    예) He went fishing. he는 낚시 갔다. (평소에 낚시를 다님)

■ 형용사 설명어

부정사가 '형용사 설명어'로서, 뒤에서 형용사를 설명합니다. 부사적 의미로 '이유·원인, 판단의 근거'를 나타냅니다.

> 부정사의 부사적 용법2 ■ 형용사 뒤, 형용사 설명
> – 이때의 부사적 부정사는 형용사 설명어
> – 이유·원인, 판단의 근거를 나타냄

'감정'과 관련된 형용사 뒤에서 '이유·원인'을 나타냅니다.

- (I'm) glad[pleased] <u>to see</u> you. [이유] 만나서 반가워.
  - to see you : glad[pleased]의 이유 (반갑다. 왜? 너를 만나서.)
    예 We're happy to be here. 여기에 오게 되어 기쁩니다.
  - '(It's) nice[good] to see you.'는 가주어–진주어 구문, 명사적 용법

  I'm sorry <u>to disturb</u> you. 방해해서 미안합니다.
  - 현재 상황, 즉 '하고 있거나 하게 될 일'에 대해 사과할 때는 부정사를 씀
    예 I'm sorry to be late. (지금 가고 있어, 미팅에 앞으로) 늦게 되어 〉 늦어서 미안해.
  - 과거 상황, 즉 '한 일'에 대해 사과할 때는 동명사를 씀
    예 I'm sorry for being late. (미팅 후, 오늘 미팅에) 늦게 와서 〉 늦어서 미안해.

- I was surprised <u>to hear</u> about your accident. [원인]
  너의 사고 소식을 듣고 놀랐어.
  - to hear about … : surprised의 원인 (놀랐다. 왜? 너의 사고 소식을 듣고서.)
    예 I was shocked to see how ill you were. 네가 얼마나 아픈지를 알고 놀랐다.

  I'm afraid <u>to do</u> business. 사업하는 것이 두렵다.
  - 의지와 상관없는, 어떤 일이 일어나는 것이 두렵다고 말할 때는 동명사를 씀
    예 I'm afraid of failing in business. 사업 실패가 두렵다.

'판단'과 관련된 형용사 뒤에서 '판단의 근거'를 나타냅니다.

- You were foolish to do such a thing. [판단의 근거]

    그런 짓을 하다니, 네가 어리석었다. (그런 짓을 한 것에 대해 평가·판단, 그것을 근거로 삼음)
    - to do ...: 평가·판단의 부사적 의미를 나타내며 뒤에서 형용사 'foolish'를 설명
    - 형용사와 뜻이 같은 명사면, 명사 뒤에서도 판단의 근거를 나타낼 수 있음

        예 You were a fool to do such a thing.

        It's my pleasure to help you. (= I'm pleased to help you.)

- Korean is difficult for Americans to learn.

    국어는 미국 사람이 배우기에 어렵다.
    - to learn: 형용사 'difficult'를 설명

        예 She is easy to please.

        she는 비위를 맞추기에 쉽다. 〉 깐깐하지 않다. (= It's easy to please her.)

        It's likely to rain. 비가 올 것 같다.
    - 명사적 용법의 가주어-진주어 구문과 구별할 것

        예 It's difficult for Americans to learn Korean.

        한국어를 배우는 것은 미국 사람에게는 어렵다.

- You're sure to win. [부정사]

    네가 이기기에 〉 이길 것이 확실해.
    - 주어가 이길 것으로 판단(to win), 화자의 생각을 말함, 확신의 주체는 화자
    - 화자 관점에서 이길 것이 '확실'

    You're sure of winning. [동명사]

    너는 승리를 확신하는구나.
    - 승리(winning)를 확신하는 주어의 생각을 말함, 확신의 주체는 주어
    - be of (= have): '내적 소유', you가 승리(winning)를 마음속에 소유한(of) 상태(be)
    - 주어 관점에서 승리를 '확신'

        ★ be sure that ☞ ❹ p. 45

아래 예문은 이른바 'too … to ~ 용법'입니다. '판단에 중점'을 둔 말입니다. 반대말은 'enough to ~'입니다.

- This stone is (too) heavy for me to lift.
    내가 들기에는 이 돌은 (너무) 무거워.
    − to lift: 형용사 'heavy'를 설명. 돌을 들기에 무겁다고 평가하고 판단
    예 She's too young to marry.
        she가 결혼하기에는 너무 어리다. 〉 she는 아직 결혼할 나이가 아니다.
    He spoke a little fast for me to understand.
        he가 말이 좀 빨랐다. 내가 이해하기에는.
    There was (too) much snow for my kids to go out.
        애들이 나가기에는 (너무) 많은 눈이 내렸다. (much는 한정사, snow는 명사)

주의! 'too(부사)'는 'heavy(형용사)'를 수식하는 말입니다. 수식어는 꼭 써야 하는 말이 아닙니다. ('너무'가 '지나치다, 넘치다'라는 부정적인 뉘앙스라) too를 쓰면 돌을 들 수 없다는 부정적인 결과를 내비치게 되지만, 내비칠 뿐이지, 부정적인 결과를 말하는 것은 아닙니다. 'But I can do. 하지만 돌을 들 수 있어.'라는 긍정의 말이 얼마든지 이어질 수 있습니다. 결과는 상황의 문제고, 위 예문은 판단에 중점을 둔 말입니다. 'too … to ~' 하면서 암기할 일이 아닌 것입니다.

- She is old enough to marry.
    she가 결혼하기에는 나이가 충분히 들었다. 〉 she는 이제 결혼할 나이가 되었다.
    − … enough to: 'too … to ~'의 반대말. 긍정적인 결과를 내비침
    예 He could be rude enough to do so.
        그렇게 할 정도로, he는 무례하고도 남을 수 있지.
        (enough는 형용사 뒤에 씀. 뒤에서 형용사를 설명하는 부사)

주의! 'so … that …' 구문은 '결과에 중점'을 둔 말입니다. ('들기에는 돌이 무겁다.'는 판단, '무거워 돌을 들 수 없다.'는 결과, 서로 다른 말) ★ 결과 부사절 ☞ ❹ p. 78
  * This stone is so heavy that I can't lift it.
        이 돌은 매우 무거워 내가 들 수 없다. (결과적인 말)

- **독립 부정사**

"독립 부정사"란 주로 '조건·양보'의 부사적 의미를 나타내며 삽입구처럼 쓰여 문장 전체를 설명하는 부정사구를 말합니다.

- <u>To begin with</u>, I don't like it.
  우선, 나는 그것을 좋아하지 않는다.
  예) to be sure 확실히, 보나 마나
  to do justice 공정히 평가하면
  to conclude 결론을 내리면

- <u>To tell the truth</u>, Betty was my first love.
  사실대로 말하면, 베티는 내 첫사랑이었다.
  예) so to speak 말하자면
  strange to say 이상하게 들리겠지만
  needless to say (not to mention) 말할 것도 없이
  to be brief (to make a long story short) 요약하면
  to be frank with you (to be quite honest about it) 솔직히 말하면
  to speak strictly 엄격히 말하면

- <u>To make matters worse</u>, it began to snow.
  설상가상으로 눈이 내리기 시작했다.

동일한 동사나 어구의 반복을 피해, 'to+동사원형'에서 동사원형을 생략하고 to만 쓰이기도 합니다. 이를 "대부정사"라고 합니다.

* Anyone who wants to can apply. 원하면 누구든 지원할 수 있다.
  ('... want to apply can ...'에서 반복된 동사 'apply'를 생략)
* You can go there if you want to. 그곳에 가고 싶으면 가.
  ('... want to go there.'에서 반복된 어구 'go there'를 생략)

부정사의 형용사적 용법

✓ 주보어
- Betty's father seemed to be busy.
  The President is to visit England next week.

✓ 목적보어
- I want you to see a doctor.
  I made my son wash the car.
  I saw my son yesterday.

✓ 명사 설명어
- Do you remember your promise to buy a car for me.
  It's time to buy it for me.

부정사의 부사적 용법

✓ 동사 설명어
- Birds fly to catch the worm.
  The little girl grew up to be a pianist.
  You'll pass the exam to study hard.
  To see it, you would not believe it.

✓ 형용사 설명어
- (I'm) glad[pleased] to see you.
  You were foolish to do such a thing.

✓ 독립 부정사
- To begin with, I don't like it.

> 부정사와 동명사의 시제와 상

■ 단순형 부정사: to + 동사원형

본동사의 시제가 현재[과거]면, 본동사의 시제를 따라, 단순형 부정사의 시제도 현재[과거]입니다.

- He seems to be a nice man.
  he는 좋은 사람인 것 같다. (= It seems that he is a nice man.)
  - 본동사 'seems': 현재시제 / 단순형 부정사 'to be': 현재의 일

- He seemed to be a nice man.
  he는 좋은 사람인 것 같았다. (= It seemed that he was a nice man.)
  - 본동사 'seemed': 과거시제 / 단순형 부정사 'to be': 과거의 일

또는, 미래의 일을 가리킵니다. 문맥으로 쉽게 파악됩니다.

- I expect him to arrive soon.
  그이가 곧 도착할 것으로 생각한다. (= I expect that he will arrive soon.)
  - 본동사 'expect': 현재시제 / 단순형 부정사 'to arrive': 미래의 일
  예) He's certain to come tomorrow.
     he는 틀림없이 내일 올 것이다. (= It's certain that he will come tomorrow.)

- I expected him to arrive soon.
  그이가 곧 도착할 것으로 생각했다. (= I expected that he would arrive soon.)
  - 본동사 'expected': 과거시제 / 단순형 부정사 'to arrive': 과거시점에서 아직 일어나지 않은 과거의 일, 과거시점에서 본 미래의 일
  예) I hoped to see you at that time.
     그때 너를 만나기를 바랐다. (= I hoped that I would see you at that time.)

■ 단순형 동명사: 동사원형+ing

본동사의 시제가 현재[과거]면, 본동사의 시제를 따라, 단순형 동명사의 시제도 현재[과거]입니다.

- He's ashamed of <u>being</u> poor.
  he는 가난한 것을 부끄러워한다. (= He's ashamed that he <u>is</u> poor.)
  — 본동사 'is': 현재시제 / 단순형 동명사 'being': 현재의 일

- He was ashamed of <u>being</u> poor.
  he는 가난한 것을 부끄러워했다. (= He was ashamed that he <u>was</u> poor.)
  — 본동사 'was': 과거시제 / 단순형 동명사 'being': 과거의 일

또는, 미래의 일을 가리킵니다.

- There is no hope of his <u>coming</u>.
  그이가 올 가능성이 없다. (= There is no hope that he <u>will come</u>.)
  — 본동사 'is': 현재시제 / 단순형 동명사 'coming': 미래의 일

- There was no hope of his <u>coming</u>.
  그이가 올 가능성이 없었다. (= There was no hope that he <u>would come</u>.)
  — 본동사 'was': 과거시제 / 단순형 동명사 'coming': 과거시점에서 아직 일어나지 않은 과거의 일, 과거시점에서 본 미래의 일

[단순형 부정사의 형태는 'to+동사원형'이고, 단순형 동명사의 형태는 '동사원형 +ing'입니다. 이렇게 동사원형이 쓰이는데, 동사원형은 시제가 결합하지 않은 형태 입니다. 이는 부정사와 동명사만으로는 시제를 나타낼 수 없다는 의미입니다. 부정사 와 동명사의 시제는 본동사의 시제를 기준으로 정해지고, 본동사의 시제를 따릅니다.]

- **완료형 부정사: to + have + p.p.**

완료형 부정사는 본동사의 시제보다 먼저 일어난 일을 나타냅니다. (p.p.: Perfect Participle 완료분사)

- He seems <u>to have been</u> rich.
    - he는 (과거에) 부자였던 것처럼 (지금) 보인다.
    - [= It seems that he <u>was</u> (or <u>has been</u>) rich.]
    - 본동사 'seems': 현재시제
    - 완료형 부정사 'to have been': 과거의 일
        - 예 I'm sorry not to have come to the party.
            - 파티에 가지 못해 미안해.
            - (= I'm sorry that I <u>didn't</u> <u>come</u> to the party.)
        - It's nice to have finished my homework.
            - 숙제를 끝내 기분이 좋다.
            - (= It's nice that I <u>have finished</u> my homework.)

- He seemed <u>to have been</u> rich.
    - he는 (앞선 과거에) 부자였던 것처럼 (과거에) 보였다.
    - (= It seemed that he <u>had been</u> rich.)
    - 본동사 'seemed': 과거시제
    - 완료형 부정사 'to have been': 과거보다 앞선 과거의 일
        - 예 I was sorry not to have come to the party.
            - 파티에 가지 못해 미안했다.
            - (= I was sorry that I <u>hadn't</u> <u>come</u> to the party.)
        - It was nice to have finished my homework.
            - 숙제를 끝내 기분이 좋았다.
            - (= It was nice that I <u>had finished</u> my homework.)

★ 현재시제 완료상 ☞ ❶ p. 171
★ 과거시제 완료상 ☞ ❶ p. 257

미래적인 '희망·예정·의도'를 뜻하는 과거동사와 함께 완료형 부정사가 쓰이면, '실현되지 않은 과거의 일'을 나타냅니다.

- I hoped to have seen you at that time. [희망]
  그때 너를 만나기를 바랐다. (하지만 만나지 못했다.)
  (과거동사 + to have p.p. = had p.p. + 단순형 부정사)
  (= I had hoped to see you at that time.)
  - 과거동사 + 완료형 부정사 ('hope·wish, want·expect'와 같은 동사와 함께)
    예) I expected to have seen you when I visited Sydney.
    시드니에 갔을 때, 너를 만나기를 기대했는데. (만나지 못했다.)

- We were to have met the next day. [예정]
  우리는 그 다음날 만나기로 되어 있었다. 〉 만나기로 했었다. (하지만 만나지 못했다.)
  예) I was to have gone to the movies with you.
  너와 영화 보러 가기로 했는데. (보러 가지 못했다.)

- He intended to have bought a diamond ring. [의도]
  he는 다이아몬드 반지를 사려고 했다. (하지만 사지 못했다.)
  예) I meant to have called you, but I forgot. 연락하려고 했는데 깜빡했다.

아래는 '[완료]진행형 부정사'입니다.

- He seems[seemed] to be studying. [진행형 부정사]
  he는 공부하고 있는 것처럼 보인다[보였다]. (= It seems that he is[was] studying.)
  - seems[seemed]: 현재[과거]시제
  - to be studying: 진행 중인 현재의 일[진행 중이던 과거의 일]
    예) He pretends[pretended] to be sleeping. he는 자는 척하고 있다[있었다].

- He seemed to have been studying. [완료진행형 부정사]
  (그때까지) he는 공부하고 있는 것처럼 보였다. (= It seemed that he had been studying.)
  - seemed: 과거시제
  - to have been studying: 앞선 과거에서 과거까지 진행되던 일
    예) He pretended to have been sleeping. (그때까지) he는 자는 척하고 있었다.

- **완료형 동명사: having + p.p.**

완료형 동명사도 본동사의 시제보다 먼저 일어난 일을 나타냅니다.

- I'm ashamed of <u>having made</u> such a mistake.
    그런 실수를 한 것이 부끄럽다.
    [= I'm ashamed that I <u>made</u> (or <u>have made</u>) such a mistake.]
  - 본동사 'am': 현재시제
  - 완료형 동명사 'having made': 과거의 일
    예 I remember having seen you in the library.
        너를 도서관에서 본 기억이 난다.
        [= I remember that I <u>saw</u> (or <u>have seen</u>) you in the library.]
    He denies having stolen the books.
        he는 그 책들을 훔친 것을 부인한다.
        (= He denies that he <u>stole</u> the books.)

- I was ashamed of <u>having made</u> such a mistake.
    (앞선 과거에) 그런 실수를 한 것이 (과거에) 부끄러웠다.
    (= I was ashamed that I <u>had made</u> such a mistake.)
  - 본동사 'was': 과거시제
  - 완료형 동명사 'having made': 과거보다 앞선 과거의 일
    예 I remembered having seen you in the library.
        너를 도서관에서 본 기억이 났다.
        (= I remembered that I <u>had seen</u> you in the library.)
    He denied having stolen the books.
        he는 그 책들을 훔친 것을 부인했다.
        (= He denied that he <u>had stolen</u> the books.)

기억은 과거의 일을 기억하는 것입니다. 망각도 후회도 그렇습니다. 'remember 기억하다 · forget 잊다 · regret 후회하다'와 같은 동사는 과거의 일만 대상으로 삼기 때문에, 전달 내용이 과거의 일인 줄 알기 때문에, 완료형 동명사 대신 단순형 동명사를 써도 본동사의 시제보다 먼저 일어난 일을 나타낼 수 있습니다.

- I remember <u>seeing</u> (= having seen) you in the library.
  (과거에) 너를 도서관에서 본 기억이 난다.
  [= I remember that I <u>saw</u> (or <u>have seen</u>) you in the library.]
  예 I regret not studying hard.
  (과거 한때) 열심히 공부하지 않은 것을 후회한다.
  [= I regret that I <u>didn't study</u> (or <u>haven't studied</u>) hard.]

- I remembered <u>seeing</u> (= having seen) you in the library.
  (앞선 과거에) 너를 도서관에서 본 기억이 났다.
  (= I remembered that I <u>had seen</u> you in the library.)
  예 I regretted not studying hard.
  (앞선 과거 한때) 열심히 공부하지 않은 것을 후회했다.
  (= I regretted that I <u>hadn't studied</u> hard.)

먼저 일어난 일이 오래 전 일이거나 시차가 확연히 나는 일이면 완료형 동명사를 씁니다.

- I regret not <u>having worked</u> hard in my youth.
  젊었을 때 열심히 일하지 않은 것을 후회한다.
  (= I regret that I <u>didn't work</u> hard in my youth.)

- I regretted not <u>having worked</u> hard in my youth.
  젊었을 때 열심히 일하지 않은 것을 후회했다.
  (= I regretted that I <u>hadn't worked</u> hard in my youth.)

부정사와 동명사의 시제와 상

✓ 단순 부정사
  − He seems to be a nice man.
    I expect him to arrive soon.

✓ 단순 동명사
  − He's ashamed of being poor.
    There is no hope of his coming.

✓ 완료형 부정사
  − He seems to have been rich.
    He seemed to have been rich.
    I hoped to have seen you at that time.

✓ 진행형 부정사
  − He seems[seemed] to be studying.
    He seemed to have been studying.

✓ 완료형 동명사
  − I'm ashamed of having made such a mistake.
    I remember having seen you in the library.
    I regret not having worked hard in my youth.

4장

태
Voice

Zoom in Grammar

"태"란?
Voice

― '생각문법 ❶ p. 117'에 이어 ―

아래 예문의 'ing/ed'는 무엇을 의미할까요?

- The book is bor<u>ing</u>.
- I am bor<u>ed</u>.

모르면 큰일 납니다. 바로 이것입니다.

    ing: 능동, 진행
    ed: 수동, 완료

(태와 관련해) ing는 '능동'을 의미하고, ed는 '수동'을 의미합니다.

궁금하지 않을 수 없습니다. 하고많은 말 중에 하필이면 능동과 수동일까요? 능동과 수동은 대체 어디서 온 말일까요?

※ '진행'과 '완료'는 상이라는 동사문법으로, **생각문법 ❶** 〈상〉에서 다루었습니다.

〉 능동태와 수동태

주어와 목적어, 이 둘은 아무런 관련 없이 무의미하게 존재하지 않습니다. 영향을 '끼치거나' 영향을 '받는' 관계로 존재합니다. 이 관계 속에 '태(態)'라는 동사문법이 있습니다. (態: 모습/모양/행태 태)

- Mike <u>loves</u> Betty. [능동태, 능동문]
  마이크는 베티를 사랑한다.
  – 마이크는 사랑을 하는 주체, 베티에게 영향을 끼침

- Betty is <u>loved</u> by Mike. [수동태, 수동문]
  베티는 마이크에게 사랑을 받는다.
  – 베티는 사랑을 받는 대상, 마이크에게 영향을 받음

"**태** Voice"란 '주어와 목적어의 관계'를 나타내는 동사문법입니다.

주어가 어떤 행위를 스스로 하거나 주어의 행위가 목적어에 영향을 끼치면 이때의 동사형을 "**능동태** 能動態 · Active Voice"라고 합니다. 역으로, 주어가 어떤 행위의 대상이 되거나 목적어에게 영향을 받으면 이때의 동사형을 "**수동태** 受動態 · Passive Voice"라고 합니다.

여러분

주어와 목적어가 있고, 주어가 목적어에 대해 가지는 태도를 보면, 목적어에게 영향을 '끼치거나', 목적어로부터 영향을 '받거나' 둘 중에 하나더라는 것입니다. 이러한 생각을, 생각은 언어로 표현되므로, 'ing/ed'에 담아 '분사의 형태로 언어화한 것'입니다.

〉 능동분사와 수동분사

수동태는 '수동분사'가 나타냅니다. 완료상을 나타내는 '완료분사'와 구별해야 하는데, ed형 분사가 'have동사' 뒤에 있을 때는 완료분사고, 'be동사' 뒤에 있을 때는 수동분사입니다.

- He has <u>loved</u> her since then. [완료분사]
    마이크는 그때부터 베티를 사랑했다.
    − 완료상의 'ed', 완료상인 loved
    − loved: 완료분사, have동사 뒤에서 완료상을 나타냄 ★ "상"이란 ☞ ❶ p. 113
    − have동사[시제] + 완료분사[완료상]

- She is <u>loved</u> by him. [수동분사]
    − 수동태의 'ed', 수동태인 loved
    − loved: 수동분사, be동사 뒤에서 수동태를 나타냄
    − be동사[시제] + 수동분사[수동태]

[분사는 '상'과 '태'라는 두 가지 동사문법을 담당합니다. 진행상과 능동태는 'ing형 분사'로 나타내고, 완료상과 수동태는 'ed형 분사'로 나타냅니다.]

[보통 문법책은 문법형태 'ed'가 완료를 나타내든 수동을 나타내든, 이를 구분하지 않고, 근거 없이 싸잡아, 이때의 분사를 '과거분사'로 부릅니다. 과거와 아무 상관이 없는데 왜 과거분사? 수동을 나타내면 수동분사지, 왜 과거분사? 완료와 마찬가지로 수동도 특정 시간이나 시제에 속하는 말이 아닙니다. 과거분사로 부를 이유가 전혀 없습니다. 관용적으로도 볼 수 없는, 명백히 잘못된 문법용어입니다. '수동분사'로 부르면 ed가 수동을 나타내는 분사라는 것을 직감적으로 단번에 알 수 있습니다. '완료의 ed형 분사'를 '완료분사'로 부르듯이, '수동의 ed형 분사'를 '수동분사'로 부르는 것은 마땅하고, 당연히 이렇게 불러야 합니다. 이는 ing형 분사도 마찬가지입니다. 진행분사를 현재분사로 부르면 안 되듯이, 능동분사도 현재분사로 부르면 안 됩니다.
★ 현재분사·과거분사로 부르면 안 되는 이유 ☞ ❶ p. 120]

타동사뿐 아니라, 능동태는 '능동분사'도 나타냅니다. 진행상을 나타내는 '진행분사'와 비교해 보십시오.

- I am <u>reading</u> the book. [진행분사]
    그 책을 읽고 있다.
    - 진행상의 'ing', 진행상인 reading
    - reading: 진행분사. 진행상을 나타냄

- The book is <u>boring</u>. [능동분사]
    그 책은 지루하다.
    - 능동태의 'ing', 능동태인 boring
    - boring: 능동분사. 능동태를 나타냄

    분사의 종류 (태와 관련하여)
    └ boring: 능동분사 Active Participle, a.p.
    └ bored: 수동분사 Passive Participle, p.p.

덧붙이면, 'boring · bored'와 같은, '상태'를 나타내는 분사는 대개 형용사로 간주됩니다.

- My job is <u>boring</u>. [능동분사 또는 형용사]
    내 일은 지루하다.
    - 능동태의 'ing', 능동태인 boring
    - boring: 주보어

- I am <u>bored</u> (with my job). [수동분사 또는 형용사]
    (내 일로) 따분하다. ('I'm boring.'은 '나는 지루한 사람이다.'라는 말)
    - 수동태의 'ed', 수동태인 bored
    - bored: 주보어

─┃ 수동태가 왜 어렵게 느껴질까?

(진행은 '변화·약속·불평'도 의미하고, 완료는 '경험·지속·결과'도 의미하지만) 수동은 수동만 의미하기 때문에, 수동태는 다른 동사문법에 비해 그다지 복잡한 문법이 아닙니다. 그런데도 수동태가 어렵게 느껴지는 이유는 우리가 국어로 피동문을 많이 쓰지 않기 때문입니다. (영어는 수동문, 국어는 피동문) 아래 예문을 해석해 보십시오.

- The phonograph was invented by Edison.
- This book is written by Prof. Park.

'축음기는 에디슨에 의해 발명되었다.', '이 책은 박 교수에 의해 쓰였다.' 이렇게 해석하기 쉽습니다. 능동문을 많이 쓰는 국어답게 '축음기는 에디슨이 발명했다.', '이 책은 박 교수가 썼다.' 이렇게 해석해야 합니다.

['... 발명했다.', '... 썼다.' 이것이 국어문장입니다. 무분별한 직역 투의 해석이 수려한 국어문장을 훼손하거나 오염시키지 않도록, 조상의 얼이 담긴 겨레말이 외국어에 끌려 다니지 않도록 신경을 써야겠습니다.]

영어는 'I was born in ...' 이렇게 수동문으로 표현하고, 같은 말인데, 국어는 '... 태어났다.' 이렇게 능동문으로 표현합니다. 이렇듯 수동태는 문법 문제라기보다 표현 문제입니다. 능동문만큼이나 수동문을 즐겨 쓰는 영미인, 상대적으로 피동문을 많이 안 쓰는 우리, 의식적으로 수동문을 즐겨 써야겠습니다.

궁금해집니다. 국어는 어떻게 피동문을 만드는지.

- 보다/입다/열다/쫓다 〉 보<u>이</u>다/입<u>히</u>다/열<u>리</u>다/쫓<u>기</u>다

피동형태 '-이-·-히-·-리-·-기-'가 첨가되면, 능동문이 피동문으로 바뀝니다. 그런데 여기에 문제가 하나 있습니다.

영어는 타동사 대부분이 수동형이 가능합니다. 하지만 국어는 고작 150여 개의 타동사만 피동형태가 첨가되어 피동형으로 바뀝니다. 그만큼 피동문이 많이 쓰이지 않는다는 방증입니다. 결과적으로 피동문이 발달하지 않게 되었고 제약이 심해졌습니다. 이를 극복하고자 국어는 피동을 의미하는 어휘를 쓰게 되었습니다. 그 어휘가 바로, '되다·지다, 받다·당하다'입니다. 꼭 기억해 두십시오. 수동문을 해석하면, 이 말이 자주 들어갑니다.

한편, 수동문에서 by를 '의해'로만 해석하는 좋지 않은 습관이 있습니다. ('의하다'는 '기초하다, 근거를 두다'라는 뜻으로, 문어에서나 쓰는 한문투입니다. * 형법 ○조에 의해) 능동문으로 바꿔 해석하거나 '에게[한테]·에(서)·-(으)로'로 해석하는 것이 국어답고 자연스럽습니다.

- Betty was loved <u>by</u> Mike.
  베티는 마이크에 의해 〉 마이크<u>에게[한테]</u> 사랑을 받았다.
- The candle was blown out <u>by</u> the wind.
  촛불이 바람에 의해 〉 바람<u>에</u> 꺼졌다.
- A sailboat is moved <u>by</u> the wind.
  범선은 바람에 의해 〉 바람<u>으로</u> 움직인다.

Unit 12

수동태
Passive Voice

주어와 목적어가 있고, 주어가 목적어에 대해 가지는 태도를 보면, 목적어에게 영향을 '끼치거나', 목적어로부터 영향을 '받거나' 둘 중에 하나더라는 것입니다. 이러한 생각을, 생각은 언어로 표현되므로, 'ing/ed'에 담아 '분사의 형태로 언어화한 것'입니다. 다시 한 번 상기하시고요.

수동태와 관련된 분사는 크게 '동사가 변한' 수동분사와 아예 '형용사로 쓰이는' 분사로 나뉩니다.

주의! have+p.p.: p.p.가 have동사와 쓰이면 완료분사 (Perfect Participle)
be+p.p.: p.p.가 be동사와 쓰이면 수동분사 (Passive Participle)

수동태

개념 잡기

수동문은 수동문입니다.
능동문을 수동문으로 바꾸는 연습은 이제 그만.

〉 동사가 변한 수동분사

■ **by + 행위자**

- This picture was painted <u>by Picasso</u>.
  이 그림은 피카소에 의해 그려졌다. 〉 피카소가 그렸다.
  ('Picasso painted this picture. 피카소가 이 그림을 그렸다.'의 수동문)
  − painted: (be동사 'was'와 쓰였으니) 수동분사, 수동태를 나타냄

by somebody의 somebody를 "행위자 행동자·agent"라고 합니다. 행위자는 임의적으로, 꼭 써야 하는 말이 아닙니다. 행위자가 수동문에 쓰이는 경우는 20% 정도로 그리 많지 않습니다.

- I <u>was taken</u> ill suddenly. 갑자기 병이 났다.
  − 행위자를 모르면 쓸 수 없음

- <u>Is</u> this room <u>cleaned</u> everyday?
  이 방은 매일 청소되니? 〉 청소하니?
  − 행위자가 중요하지 않거나 밝히고 싶지 않으면 쓰지 않아도 됨

행위자를 모르면 쓸 수 없을 것이고, 알아도 중요하지 않거나 밝히고 싶지 않으면 쓰지 않아도 됩니다. 행위자를 쓰면, 오히려 어색한 경우도 있습니다.

- I <u>was born</u> (by my mother) in 1988.
  나는 1988년에 (엄마에게서) 태어났다.
  − 행위자를 상식으로 알 수 있음, 쓰면 오히려 어색함

아래 예문을 비교해 보십시오.

- My father built this house in 2002. [능동문]
  아버지가 2002년에 이 집을 지으셨다.

- This house was built by my father in 2002. [수동문]
  이 집은 아버지에 의해 2002년에 지어졌다. 〉 아버지가 2002년에 지으셨다.

행위의 주체(아버지)에 대해 말하고 싶으면 능동문을 쓰고, 행위의 대상(이 집)에 대해 말하고 싶으면 수동문을 씁니다. 선택적입니다. 하지만 항상 선택적인 것은 아닙니다. 아래와 같은 경우는 수동문이 주로 쓰입니다.

- He was killed in the war. [행위자 관련]
  he는 전쟁터에서 죽임을 당했다. 〉 죽었다.
  - 행위자가 누구인지 모를 때 (누가 죽였는지 모름)

  He was elected President. he는 대통령에 당선되었다.
  - 행위자가 일반인이거나 상식으로 알 수 있을 때 (대통령은 국민이 뽑아 줌)

  He was found stealing things. he는 물건을 훔치다 들켰다.
  - 행위자가 중요하지 않거나 밝히고 싶지 않을 때

  He was run over by a taxi. he는 택시에 치였다.
  - 행위자가 있지만, 영향을 받는 대상이 더 중요할 때

- He was engaged in education. [특정한 몇몇 경우]
  he는 교육에 종사했다.
  - '출생, 종사, 위치, 질병'이나 '감정·심리' 등을 말할 때
    예 Australia is located in the Southern Hemisphere. 호주는 남반구에 위치한다.
    He was not satisfied with his job. he는 자기 일에 만족하지 않았다.

- **수여동사의 수동태**

- Mike gave <u>Betty</u> <u>a bunch of flowers</u>.
    마이크는 베티에게 꽃다발을 주었다.
    - Betty: 간접목적어 / a bunch of flowers: 직접목적어

'give · lend, buy · bring' 등과 같은 타동사는 '간접목적어 + 직접목적어' 구문으로 두 개의 목적어를 취합니다. 이러한 타동사를 "수여동사"라고 합니다. 목적어가 두 개라, 수동문이 두 가지입니다. ★ 수여동사 ☞ ❸ p. 376

- Betty <u>was given</u> a bunch of flowers. [간목이 주어인 수동문]
    베티는 꽃다발이 주어졌다. 〉꽃다발을 받았다.

- A bunch of flowers <u>was given</u> to Betty. [직목이 주어인 수동문]
    꽃다발은 베티에게 주어졌다. 〉베티가 받았다.

하지만 주어의 행위가 미칠 수 없는 - 주어 행위의 대상이 될 수 없는 - 목적어는 수동문의 주어가 될 수 없습니다.

- <u>I</u> was kissed good-night by my mom. [간목이 주어]
    나는 엄마에게 굿나잇 키스를 받았다.
    - 'My mom kissed me good-night.'의 수동문
    - 굿나잇은 키스를 받을 수 없으므로, 주어가 될 수 없음
        (NOT Good-night was kissed to me by my mom.)

- <u>Spaghetti</u> was made for Betty by Mike. [직목이 주어]
    스파게티는 베티를 위해 마이크에 의해 만들어졌다. 〉마이크가 베티에게 만들어 주었다.
    - 'Mike made Betty spaghetti.'의 수동문 (make 대신 cook을 써도 됨. cook도 수여동사)
    - 베티는 만들어질 수 없으므로, 주어가 될 수 없음
        (NOT Betty was made spaghetti by Mike.)

■ '자동사＋(부사)＋전치사'의 수동태

자동사는 목적어를 취하지 않으므로 수동태로 쓰일 수 없지만 타동사구처럼 쓰인 '자동사＋(부사)＋전치사'는 전치사의 목적어가 주어가 되어 수동태로 쓰일 수 있습니다.

Mike <u>looked at</u> Betty for a long time. [능동문]
마이크는 오랫동안 베티를 바라보았다.

- Betty <u>was looked at</u> by Mike for a long time. [수동문]
베티는 오랫동안 마이크에게 시선을 받았다.

A taxi <u>ran over</u> the boy.
택시가 아이를 치었다.

- The boy <u>was run over</u> by a taxi.
아이가 택시에 치였다.

All the students <u>looked up to</u> Prof. Park.
모든 학생은 박 교수를 존경했다.

- Prof. Park <u>was looked up to</u> by all the students.
박 교수는 모든 학생에게 존경을 받았다.

The committee <u>did away with</u> the regulation.
위원회는 그 규정을 폐지했다.

- The regulation <u>was done away with</u> by the committee.
그 규정은 위원회에서 폐지되었다.

★ 구동사 ☞ ❸ p. 369, ❹ p. 220

■ get + 수동분사

get에는 '변화'의 의미가 들어 있고, '행위'가 그려집니다.

- It's late. Let's **get started**. 늦었어. 시작하자.
  (안 되고 있는 시작을 시작되게 하자는 뉘앙스. 변화가 필요한 상황)

- He got caught by the police stealing things.
  he는 물건을 훔치다 경찰에게 붙잡혔다. (붙잡히는 모습이 그려짐)

아래 예문을 비교해 보십시오.

- **I'm married.** [상태] 결혼한 상태다. 〉기혼자다.
  – 서양은 기독교 문화. 목사님이 결혼을 시켜 줌. 수동태로 표현
    예 She's married with two children. she는 자식이 두 명 있는 유부녀다.

- I **got married** soon after that. [행위] 그 후 곧 결혼했다. 〉결혼식을 올렸다.
  – 미혼에서 기혼으로 변화에 중점이 있음 (기혼이 되는 결혼 시점이 뒤따름)
    예 We are getting married next month. 저희는 다음 달에 결혼식을 올릴 예정입니다.
       Get vaccinated as soon as you can. 가능한 한 빨리 예방 접종을 받으세요.
  – 오래된 과거의 일은 'be + 수동분사'로 표현
    예 Twenty years ago, I was married. 20년 전에 결혼했다.

옷을 입으면 옷이 몸에 걸쳐집니다. 다시 말해, 자신의 행위가 자신에게 영향을 끼칩니다. 이 경우에 get이 쓰입니다.

- She **got dressed** up in her hanbok.
  she는 한복을 차려 입었다.
    예 Go and get washed up. 가서 씻어.
       You got drunk. 취했군.

■ **수동태로 쓰일 수 없는 타동사**

'주어의 의지와 상관없거나', '의지적인 일이 아닐 경우', 이때의 타동사는 수동태로 쓰일 수 없습니다.

- I met Betty <u>by chance</u> at the library.
  도서관에서 베티를 우연히 만났다. (우연한 만남은 주어의 의지와 상관없는 일)
  (NOT Betty was met by chance by me.)
  - 주어의 의지와 상관없음, 목적어에게 영향을 끼치는 일이 아님, 수동태 불가
    예 He lacks confidence.
      he는 자신감이 부족하다. (부족[없음]은 의지적인 일이 아님)
      (NOT Confidence is lacked by him.)
    I have no money with me.
      수중에 돈이 한 푼도 없다.

'상호 관계를 나타내는 경우'도 수동태로 쓰일 수 없습니다.

- My daughter <u>resembles</u> me.
  딸은 나를 닮았어. (닮음은 주어와 목적어의 상호 관계를 나타냄)
  (NOT I am resembled by my daughter.)
  - 상호 관계를 나타내므로, 한쪽 편에서 수동태로 표현하지 못함
    예 Short hair really becomes you.
      너는 짧은 머리가 정말 잘 어울려. (서로 잘 어울리는 상호 관계)
      (NOT You were become by short hair.)
    Betty and Mike love each other.
      베티와 마이크는 서로 사랑한다. (서로 사랑하는 상호 관계)
      (NOT Each other is loved by Betty and Mike.)
    She married a man five years her junior.
      she는 다섯 살 연하의 남자와 결혼했다.
    A metre equals 39.38 inches.
      1미터는 39.38인치다.

■ 수동의 의미를 지닌 능동형

아래 동사는 형태는 능동이지만, 수동의 의미를 지닙니다.

- An ink stain won't <u>wash</u> well.
    잉크 얼룩은 세탁이 잘되지 않는다. 〉잘 빠지지 않는다.
    예) This car sells well.
        이 차는 잘 팔린다.
    This wallpaper peels well.
        이 벽지는 잘 벗겨진다.
    This paragraph doesn't translate well.
        이 문단은 번역이 잘되지 않는다.

- Bread <u>bakes</u> in the oven.
    빵은 오븐에서 구워진다.
    예) This house is now building.
        이 집은 지금 지어지고 있다. 〉짓고 있다. 〉건축 중이다.
    This door didn't lock.
        이 문은 잠기지 않았다.

- I <u>cut</u> myself shaving.
    면도하다 베였다.
    예) This wallet belongs to me.
        이 지갑은 나에게 속해 있다. 〉내 것이다.
    The committee consists of nine members.
        위원회는 아홉 명의 위원으로 구성되어 있다.
    This car doesn't compare with that car.
        이 차는 저 차와 비교가 되지 않는다.

〉형용사로 쓰이는 분사

- I was surprised at the news.
  그 소식에 놀랐다. 〉그 소식을 듣고 놀랐다.
  (능동문: The news surprised me. 그 소식은 나를 놀라게 했다.)

위 예문과 관련해 보통 문법책에 ▶ 수동태의 형식은 'be+p.p.+by'인데 'be surprised'는 by를 쓰지 않고 at을 쓴다고 나옵니다. ◀ 겉만 보고, 억지로 끼워 맞춘 설명입니다.

by는 수동문에서 행위자를 나타냅니다. 즉 'by+행위자'입니다. 하지만 at은 행위자를 나타내지 않습니다. by와 성격도 다르고 쓰임도 다릅니다. 아래 예문을 비교해 보십시오.

- I was surprised by your letter.
  네 편지를 받고 놀랐다.
  (능동문: Your letter surprised me. 네 편지는 나를 놀라게 했다.)
  - your letter: 행위자
  - at만 쓸 수 있는 것이 아님, 얼마든지 by도 쓸 수 있음
  - surprised는 수동분사, 형용사 취급, 수동의 의미를 지닐 뿐 여느 형용사와 다를 바 없음
  ★ 수동의 by ☞ ❹ p. 274

- I was surprised at the news.
  - the news: at의 목적어
  - 형용사(surprised)는 목적어를 취할 수 없음, 전치사(at)를 필요로 함
  ★ 순간의 at ☞ ❹ p. 367

■ 주보어 역할

[상태를 나타내는, 특히 '감정·심리'를 나타내는 분사는 형용사로 간주됩니다. 이러한 형용사를 "분사형 형용사 ing형/ed형 형용사"라고 합니다. ing형 형용사는 능동의 의미를 지니고, ed형 형용사는 수동의 의미를 지닙니다. 목적어를 취할 경우, 이어지는 전치사는 형용사와의 의미관계를 헤아려 보면 어렵지 않게 선택할 수 있습니다.]

- **The work is tiring.** [(ing형) 형용사]
    그 일은 피곤하다.
    - The work: 주어 / tiring: 주어를 설명, 주보어
    - 일은 사람에게 영향을 끼침, 능동
        예 Humanities is interesting. 인문학은 재미있다.
        The result was disappointing[satisfying].
            그 결과는 실망스러웠다[만족스러웠다].
        It was surprising that he failed his driving test.
            he가 운전면허 시험에 떨어진 것이 놀라웠다.

- **I am tired of the work.** [(ed형) 형용사]
    그 일에 지쳤다.
    - 사람은 일에 영향 받음, 수동

    I was surprised[shocked] at the news.
        그 소식에 놀랐다[충격을 받았다].
    - 놀람[충격]은 순간적, 순간의 at과 잘 어울림

    I am interested in humanities.
        인문학에 관심이 있다.
    - 관심은 지속적, 지속의 in과 잘 어울림 ★ 지속의 in ☞ ❹ p. 348

    I was disappointed[satisfied] with the result.
        그 결과에 실망했다[만족했다].
    - with의 핵심 의미는 관계, 결과와 관련해 실망[만족]
        ★ 관계의 with ☞ ❹ p. 260

■ 목적보어 역할

- I saw the thief <u>stealing</u> things. [진행분사: 동작 · 행위]
  도둑이 물건을 훔치고 있는 것을 보았다. (그런 행위[모습]을 보았다.)
  - the thief: 목적어 / stealing: 목적어를 설명, 목적보어
    예 I could hear a dog barking. 개 짖는 소리가 들렸다.
    　　I felt something crawling up my back. 뭔가 등 위로 기어오르는 것을 느꼈다.
    　　I found it <u>interesting</u>. [상태: 능동분사] 그것이 재미있는 것을 알았다.

- I heard my name <u>called</u>. [수동분사]
  내 이름이 불리는 것을 들었다. 〉누가 내 이름을 부르는 소리가 들렸다.
  - my name: 목적어 / called: 목적어를 설명, 목적보어
  - 남이 내 이름을 불러 줌. 수동

  I had my car <u>repaired</u>.
  직역: 수리된 내 차를 가졌다. / 의역: 내 차가 수리되게 했다. 〉내 차를 수리했다.
  - 남에게 수리를 맡김, 남이 수리를 해 줌. 수동
    예 I had[got] my hair cut.
    　　(미용실에서) 머리를 자르게 했다. 〉머리를 잘랐다. (cut-cut-cut)
    　　　[보통 'I got a haircut.'으로 말함 (Did you get a haircut? 머리 자랐니?)
    　　　'I cut my hair.'는 내가 내 머리를 직접 잘랐다는 말 (cut-cut-cut)]
    　　I had my teeth pulled out. (치과에서) 이를 뽑게 했다. 〉이를 뽑았다.
    　　I kept the door unlocked. 문을 잠그지 않은 채로 두었다.
    　　I want the job finished today. 그 일이 오늘 끝나길 바란다.
  - 이때의 have동사는 일반동사 (일반적인 타동사), 사역동사와 비교
    예 I <u>had</u> the mechanic <u>repair</u> my car. [사역동사 - 동사원형]
    　　정비공에게 내 차를 수리시켰다. 〉수리해 달라고 했다.
    　　　[사역은 사람에게 시키는 일, 목적어가 사람(the mechanic)]

  I had my bicycle <u>stolen</u>. 내 자전거를 도난당했다.
  - 좋은 영향뿐 아니라 나쁜 영향도 받음, 즉 피해도 입음, 피해는 수동
    예 I had my nose broken in the fight. 싸우다가 내 코가 부러졌다. (피해를 입었다.)
    　　['I cut my finger.'는 (연필을 깎다가) 내가 '실수로/부주의로' 내 손가락을 베었다는 말]
    　　I had the house broken into by a burglar. 집에 도둑이 들었다.

수동태

■ 명사 수식어와 명사 설명어

분사는 문장에서 '형용사 역할'을 합니다. 형용사처럼 '앞에서 명사를 수식'합니다. '명사 수식어'로 쓰입니다.

- a <u>boring</u> film [능동] 지루한 영화
    - 예 a tiring journey 피곤한 여행 / an exciting game 흥미진진한 게임
    - a breaking ball 꺾이는 공. 변화구

- a <u>bored</u> expression [수동] 지루해 하는 표정
    - 예 a tired feet 지친 발 / an excited kid 신이 난 아이
    - a broken bat 부러진 배트

동작을 나타내는 분사는 능동/수동보다 진행/완료의 의미가 두드러집니다.

- **developing** countries [진행]
    - 발전하는 나라들 〉개발도상국 (= countries that are developing)
    - 예 a crying baby 우는 아기
    - a falling leaf 떨어지는 나뭇잎

- **developed** countries [완료]
    - 발전한 나라들 〉선진국 (= countries that have developed)
    - 예 a fallen leaf 떨어진 나뭇잎. 낙엽
    - a retired general 퇴역 장군
    - an escaped prisoner 탈옥수
    - a well-read person 박식한 사람
    - a much-travelled man 여행을 많이 한 사람

또한, 형용사처럼 '뒤에서 명사를 설명'합니다. '명사 설명어'로 쓰입니다.

- Who are those people <u>waiting</u> outside? [진행분사]
  밖에서 기다리고 있는 저 사람들은 누구니?
  - 사람들이 밖에서 기다리고 있는 사람들이라고, those people을 'waiting outside'가 설명
    예 The woman talking to Mike is Betty's mother.
    마이크와 이야기하고 있는 여자가 베티의 엄마다.
    (여자가 마이크와 이야기하고 있는 여자라고, the woman을 'talking to mike'가 설명)
    He was woken up by a phone ringing.
    he는 전화가 울리는 소리에 잠에서 깼다.
    There are some children playing soccer in the playground.
    운동장에 축구를 하고 있는 아이들이 몇 명 있다.
    ★ 명사 설명어로 쓰인 부정사와 비교 ☞ p. 305

- I want to live in the house <u>made</u> of brick. [수동분사]
  벽돌로 지어진 〉 벽돌로 지은 집에서 살고 싶다.
  - 집이 벽돌로 지어진 집이라고, house를 'made of brick'가 설명
    예 The man injured in the accident was taken to hospital.
    사고로 다친 남자는 병원으로 실려 갔다.
    (남자가 사고로 다친 남자라고, the man을 'injured in the accident'가 설명)
    Some of the people invited to the Blue House were ordinary citizens.
    청와대에 초대된 몇몇 사람은 평범한 시민이었다.
    There was a police car parked outside.
    밖에 주차된 경찰차가 있었다. 〉 경찰차가 주차 되어 있었다.

여러분

명사 설명어는 서술식 영어 문장구조와 관련된, 매우 중요한 영어 고유의 특성이기 때문에, 분사든 부정사든, 명사 설명어를 정말 잘 쓸 줄 알아야 합니다. 각별히 신경을 써야겠습니다.

〉 수동형 부정사와 수동형 동명사

■ 수동형 부정사: to+be+p.p. / to+have+been+p.p.

부정사의 단순수동형은 'to+be+p.p.'입니다. 단순형이므로, 시제는 본동사의 시제를 따릅니다. (p.p.: Passive Participle 수동분사)

- My purse was not <u>to be seen</u> anywhere.
  지갑은 어디에도 보이지 않았다.
  예 My lost purse was nowhere to be found.
  잃어버린 지갑은 어디에서도 발견되지 않았다.
  We are to be married next month. [예정]
  저희는 다음 달에 결혼할 예정입니다.
  To be continued[concluded] 다음 호에 계속[완결] (계속됨[완결됨])
  These sneakers are to be washed. [의무]
  이 운동화들은 세탁되어야 한다. 〉 세탁해야 한다. (운동화는 사람이 세탁. 수동)
  Rules are to be obeyed. 규칙은 지켜져야 한다. 〉 지켜야 한다.

의무를 나타내는 부정사가 '뒤에서 명사를 설명할 때'는 능동형과 수동형이 둘 다 가능합니다. 다만, 초점이 다릅니다.

- There is a lot of work <u>to do[to be done]</u>.
  해야 할[될] 일이 많다.
  - to do[to be done]: 뒤에서 명사 'work'를 설명. 형용사적 용법의 부정사
  - 능동형은 행위의 주체에 초점이 있음
    예 The laundry <u>to wash</u> is in the washing machine.
    세탁기 안에 (사람이) 세탁해야 하는 세탁물이 있다. (세탁하는 주체에 초점)
  - 수동형은 행위의 대상에 초점이 있음
    예 The laundry <u>to be washed</u> is in the washing machine.
    세탁기 안에 세탁되어야 하는 세탁물이 있다. (세탁물, 세탁되는 대상에 초점)

부정사의 완료수동형은 'to+have+been+p.p.'입니다. 완료형이므로, 본동사의 시제보다 먼저 일어난 일을 나타냅니다.

- He seems to have been hit.
    he는 구타를 당한 것처럼 보인다. (= It seems that he was hit.)
    예 He was known to have been punished for murder.
    he는 살인죄로 처벌을 받은 것으로 알려져 있었다.
    (= It seemed that he had been punished for murder.)
    A man was reported to have been murdered last night.
    어떤 사람이 지난밤에 살해당했다고 보도되었다.
    (= It was reported that a man had been murdered last night.)

사역동사·지각동사가 쓰인 능동문은 목적보어로 '원형 부정사'가 쓰이는데, 수동문으로 바뀌면 (시키는 것이 아니라 시킴을 받는 것이고 보는 것이 아니라 보이는 것이므로) 'to 부정사'가 쓰입니다. 하지만 잘 쓰이지 않는 표현입니다.

- My son was made to wash the car by me. [사역동사]
    아들은 내가 시켜 (억지로) 차를 세차하게 되었다.
    [능동문: I made my son wash the car. 아들에게 세차를 (강제로) 시켰다.]

- Betty was seen to dance by me. [지각동사]
    베티가 춤추는 것이 나에게 보였다.
    (능동문: I saw Betty dance. 베티가 춤추는 것을 보았다.)

아래 부정사는 형태는 능동이지만, 수동의 의미를 지닙니다.

- I am to blame.
    내가 비난을 받을 사람이다. 〉 내 탓이다. (= to be blamed)
    예 This house is to let. 이 집은 세를 놓습니다. (= to be let)
    I have nothing to lose. 손해 볼 것이 없다. (= to be lost)

- **수동형 동명사: being + p.p. / having + been + p.p.**

동명사의 단순수동형은 'being + p.p.'입니다. 단순형이므로, 시제는 본동사의 시제를 따릅니다.

- He can't avoid <u>being punished</u>.
    - he는 벌을 받는 것을 피할 수 없다. 〉처벌을 면할 수 없다.
    - 예) He is proud of being taught by the master.
        - he는 사부님에게 가르침을 받는 것을 〉배우는 것을 자랑스러워한다.
        - (= He is proud that he <u>has taught</u> by the master.)
    - I don't like being asked questions.
        - 질문 받는 것을 좋아하지 않는다.
        - (능동문 'I don't like asking questions.'는 '질문하는 것'을 좋아하지 않는다는 말)

동명사의 완료수동형은 'having + been + p.p.'입니다. 완료형이므로, 본동사의 시제보다 먼저 일어난 일을 나타냅니다.

- My son with black eyes admitted <u>having been hit</u>.
    - 눈에 멍이 든 아들은 맞았다고 시인했다.
    - 예) He was proud of having been taught by the master.
        - he는 사부님에게 가르침을 받은 것을 〉배운 것을 자랑스러워했다.
        - (= He was proud that he <u>had taught</u> by the master.)
    - The room showed no signs of having been broken into.
        - 방에는 침입한 흔적이 없었다.

아래 동명사는 형태는 능동이지만, 수동의 의미를 지닙니다.

- This computer needs <u>repairing</u>.
    - 이 컴퓨터는 수리 받을 필요가 있다. 〉수리가 필요하다. (= to be repaired.)
    - 예) Prof. Park's proposal deserves mentioning.
        - 박 교수의 제안은 언급될 만하다. (= to be mentioned.)

수동태

내 것으로 만들기

'It may have been deleted.'

위 문장을 기억하시는지요?
모든 동사문법 '서법, 시제, 상, 태'가 결합한 동사구입니다.
동사구를 완성하겠습니다.

〉동사구와 수동태

현재시제 + 수동태 (현재수동)

I write it. [능동문] 나는 그것을 쓴다.

- It <u>is written</u> by me. [수동문]
  그것은 나에 의해 쓰인다. 〉내가 쓴다.
  - 동사구: is(현재시제) + written(수동태)

과거시제 + 수동태 (과거수동)

I wrote it. 나는 그것을 썼다.

- It <u>was written</u> by me.
  그것은 나에 의해 쓰였다. 〉내가 썼다.
  - 동사구: was(과거시제) + written(수동태)

서법 + 무시제 + 수동태 (미래수동)

I will write it. 나는 그것을 쓸 것이다.

- It <u>will be written</u> by me.
  그것은 나에 의해 쓰일 것이다. 〉내가 쓸 것이다.
  - 동사구: will(서법) + be(무시제) + written(수동태)

생각문법

현재시제 + 진행상 + 수동태 (현재진행수동)

```
현재진행    : be + ~ing
+    수동:      be + p.p.
─────────────────────────
현재진행수동: be + being + p.p.
```

I am writing it. 나는 그것을 쓰고 있다.

- It <u>is being written</u> by me.

  그것은 나에 의해 쓰이고 있다. 〉 내가 쓰고 있다.

  - 동사구: is(현재시제) + being(진행상) + written(수동태)

과거시제 + 진행상 + 수동태 (과거진행수동)

I was writing it. 나는 그것을 쓰고 있었다.

- It <u>was being written</u> by me.

  그것은 나에 의해 쓰이고 있었다. 〉 내가 쓰고 있었다.

  - 동사구: was(과거시제) + being(진행상) + written(수동태)

서법 + 무시제 + 진행상 + 수동태 (미래진행수동)

I will be writing it. 나는 그것을 쓰고 있을 것이다.

- It <u>will be being written</u> by me.

  그것은 나에 의해 쓰이고 있을 것이다. 〉 내가 쓰고 있을 것이다.

  - 동사구: will(서법) + be(무시제) + being(진행상) + written(수동태)

현재시제+완료상+수동태 (현재완료수동)

```
현재완료    : have + p.p.
+   수동:        be + p.p.
현재완료수동: have + been + p.p.
```

have+p.p.: Perfect Participle 완료분사 / be+p.p.: Passive Participle 수동분사

I have written it. (지금껏) 나는 그것을 썼다.

- It <u>has been written</u> by me.

  (지금껏) 그것은 나에 의해 쓰였다. 〉 내가 썼다.

  — 동사구: has(현재시제)+been(완료상)+written(수동태)

과거시제+완료상+수동태 (과거완료수동)

I had written it. (그때껏) 나는 그것을 썼다.

- It <u>had been written</u> by me.

  (그때껏) 그것은 나에 의해 쓰였다. 〉 내가 썼다.

  — 동사구: had(과거시제)+been(완료상)+written(수동태)

서법+무시제+완료상+수동태 (미래완료수동)

I will have written it. (그때까지) 나는 그것을 썼을 것이다.

- It <u>will have been written</u> by me.

  (그때까지는) 그것은 나에 의해 쓰일 것이다. 〉 내가 썼을 것이다.

  — 동사구: will(서법)+have(무시제)+been(완료상)+written(수동태)

아래 예문은 '완료진행수동' 형식입니다. be동사를 두 번이나 쓰는 데다, 너무 많은 정보를 담고 있어 거의 쓰이지 않습니다. 적절한 시간 부사구가 없으면 어색하고, 해석에 한계가 따릅니다.

```
현재완료진행    : have + been + ~ing
  +    수동:                 be + p.p.
  현재완료진행수동: have + been + being + p.p.
```

I have been writing it. (지금까지) 나는 그것을 쓰고 있다.

- It <u>has been being written</u> by me. [현재완료진행수동]
  (지금까지) 그것은 나에 의해 쓰이고 있다. 〉 내가 쓰고 있다.
  – 동사구: has(현재시제) + been(완료상) + being(진행상) + written(수동태)

I had been writing it. (그때까지) 나는 그것을 쓰고 있었다.

- It <u>had been being written</u> by me. [과거완료진행수동]
  (그때까지) 그것은 나에 의해 쓰이고 있었다. 〉 내가 쓰고 있었다.
  – 동사구: had(과거시제) + been(완료상) + being(진행상) + written(수동태)

I will have been writing it. (그때면) 나는 그것을 쓰고 있을 것이다.

- It <u>will have been being written</u> by me. [미래완료진행수동]
  (그때면) 그것은 나에 의해 쓰이고 있을 것이다. 〉 내가 쓰고 있을 것이다.
  – 동사구: will(서법) + have(무시제) + been(완료상) + being(진행상) + written(수동태)
  – 사실상 쓰이지 않는 이론적인 문장. 적절한 시간 부사구가 없어 어색함

예문55는 수동태가 쓰인 문장입니다.

동사가 변한 수동분사

55-1] A letter <u>was written</u> to Betty (by Mike).

55-2] My children <u>were taken</u> to the zoo (by me).

55-3] Many accidents <u>were caused</u> by drunk driving.

55-4] German <u>is spoken</u> in Austria.

55-5] The International Film Festival <u>is held</u> in October.

55-6] The problem <u>was solved</u> in the end.

55-7] Mike <u>is called</u> "Little Bear."

55-8] He <u>was found</u> guilty (by the jury).

55-9] <u>Was</u> your car <u>stolen</u> from here? [수동의문문]

55-1] (마이크는) 베티에게 편지를 썼다. [55-2] (나는) 애들을 데리고 동물원에 갔다. [55-3] 많은 사고가 음주운전으로 일어난다. [55-4] 독일어가 오스트리아에서 통용된다. [55-5] 국제영화제는 10월에 열린다. [55-6] 그 문제는 결국 해결되었다. [55-7] 마이크는 "리틀 베어"라고 불린다. [55-8] he는 유죄 판결이 내려졌다. [55-9] 여기서 차를 도난당했나요?

55-9] 예 Was my car repaired by you? 내 차를 당신이 수리했나요?
(능동문 'You repaired my car.' → 수동문 'My car was repaired by you.'의 의문문)

By whom was my car repaired? 누가 내 차를 수리했나요?
['<u>Who</u> repaired my car? (의문대명사가 주어)'의 수동문]

What's liked by you? 무엇을 좋아하나요?
['<u>What</u> do you like? (의문대명사가 목적어)'의 수동문]

How was my car repaired by you? 내 차를 어떻게 수리했나요?
['<u>How</u> did you repair my car? (의문부사)'의 수동문]

복문과 단문을 비교해 보십시오.

55-10] It's said that the man is a private detective. [복문]
　　　　He's said to be a private detective. [단문]
55-11] It's believed that he was guilty.
　　　　He's believed to have been guilty.
55-12] It's expected that he'll be punished.
　　　　He's expected to be punished.

55-10] 그 남자가 사립 탐정이라고들 한다. [55-11] 사람들은 he가 유죄였다고 생각한다. [55-12] 사람들은 he가 처벌을 받을 것이라고 생각한다.

55-10] (= People say that he's a private detective.)

55-11] (= They believe that he was guilty.)

55-12] (= Everybody expects that he'll be punished.)

전치사의 목적어가 주어가 된 수동문입니다. ☞ p. 335

55-13] The man was laughed at by everybody.
55-14] Ella was taken care of by Betty all day long.

55-13] 그 사람은 모든 사람에게 비웃음을 받았다. [55-14] 엘라는 베티가 하루 종일 돌봤다.

55-13] (= Everybody laughed at the man.)

55-14] (= Betty took care of Ella all day long.)

55-15] He <u>was asked to cut</u> my hair. [수동태+부정사]

55-16] My daughter <u>was allowed to go</u> to the party.

55-15] he는 내 머리를 깎도록 요청을 받았다. [55-16] 딸은 파티에 가는 것을 허락을 받았다.

55-15] 'I had him cut my hair. 그에게 머리를 맡겼다. 〉 그에게 머리를 잘랐다.'와 비교
(사역동사 'have'는 수동태로 쓰이지 않음. 대신 'be asked to'가 쓰임)

> 예 I was told to work harder. 더 열심히 일하라는 말을 들었다.

55-16] 'I let my daughter go to the party. 딸이 파티에 가는 걸 허락했다.'와 비교
(사역동사 'let'은 수동태로 쓰이지 않음. 대신 'be allowed to'가 쓰임)

55-17] Who <u>was</u> the vase <u>broken</u> by? [의문문]

55-18] What'<u>s</u> this flower <u>called</u> in English?

55-19] When <u>was</u> the television <u>invented</u>?

55-20] He'<u>s</u> not <u>liked</u> by anyone. [부정문]

55-21] Let it <u>be done</u> at once. [명령문]

55-17] 꽃병은 누가 깼니? [55-18] 이 꽃은 영어로 뭐라고 합니까? [55-19] 언제 텔레비전이 발명되었나요? [55-20] he는 아무도 좋아하지 않는다. [55-21] 즉시 그것을 하도록 해라.

55-17] 'By whom ...?' 이렇게 쓰기도 합니다. (= Who broke the vase?)

55-19] 예 Where were these photographs taken? 이 사진들은 어디서 찍었나요?

55-20] [= No one likes him. / NOT He's liked by no one. (no one은 행위자 불가)]

55-21] (= Do it at once.)

형용사로 쓰이는 분사

55-22] I'm not satisfied with the service. [주보어]

55-23] I'm concerned about my grandmother's health.

55-24] I had my picture taken with Ella. [목적보어]

55-25] I couldn't make myself understood in English.

55-22] 서비스가 만족스럽지 못하다. [55-23] 할머니의 건강이 걱정된다. [55-24] 엘라와 사진을 찍었다. [55-25] 내 의사를 상대방에게 영어로 이해시킬 수 없었다. 〉 전달할 수 없었다.

55-22] 예 This crown is made of gold.
이 왕관은 금으로 만들어졌다.

The poor cat was frozen to death.
가여운 고양이는 얼어 죽었다.

He was completely absorbed in watching TV.
he는 TV를 보는 데 정신이 팔려 있었다.

55-24] 내가 찍는 것은 'take a picture 능동'이고, 내가 찍히는 것은 – 남이 찍어 주는 것은 – 'have a picture taken 수동'입니다.

55-25] 이해되게 하는 것이니 수동입니다.

55-26] I got the only ticket left. [명사 설명어]

55-27] This is a picture painted by my little daughter.

55-26] 마지막 남은 표를 손에 넣었다. [55-27] 이것이 딸아이가 그린 그림이다.

동사구

55-28] He's paid $900 by the week. [현재수동]

55-29] He was offered a better job. [과거수동]

55-30] The operation will be done quickly. [미래수동]

55-31] He's being trained to be a officer. [현재진행수동]

55-32] Ella was being washed at the moment. [과거진행수동]

55-33] The car will be being repaired tomorrow. [미래진행수동]

55-34] The concert has been cancelled. [현재완료수동]

55-35] The museum had been closed when we visited there yesterday. [과거완료수동]

55-36] The incident will have been forgotten. [미래완료수동]

55-28] he는 주급으로 900달러를 받는다. [55-29] he는 더 좋은 직장을 제안 받았다. [55-30] 수술은 빨리 끝날 것이다. [55-31] he는 장교가 되기 위한 훈련을 받고 있다. [55-32] 엘라는 그때 씻기고 있었다. [55-33] 차는 내일 수리되고 있을 것이다. [55-34] 콘서트는 취소되었다. [55-35] 어제 우리가 갔을 때, 박물관은 닫혀 있었다. [55-36] 그 사건은 잊혔을 것이다.

55-30] 예 The operation can be done quickly. 수술은 빨리 끝날 수 있다.

55-33] 예 The machine will be being used until five.
그 기계는 5시까지 사용되고 있을 것이다.

55-34] 예 It may have been deleted. 그것은 삭제되었을지도 모른다.

55-35] 예 The meeting had already been started when I got to the office.
사무실에 도착했을 때, 회의는 이미 시작되었다.

55-36] 예 The car will have been fixed when I arrive at the service center.
서비스 센터에 도착하면, 차는 고쳐졌을 것이다.

수동태

✓ 동사가 변한 수동분사
- A letter was written to Betty by Mike.
  He is said to be a private detective.
  The man was laughed at by everybody.
  He was asked to cut my hair.
  Who was the vase broken by?

✓ 형용사로 쓰이는 분사
- I am not satisfied with the service.
  I had my picture taken with Ella.
  I got the only ticket left.

✓ 수동형 부정사
- My purse was not to be seen anywhere.
  She seems to have been hit.

✓ 수동형 동명사
- He can't avoid being punished.
  My son with black eyes admitted having been hit.

55-1]   (마이크는) 베티에게 편지를 썼다.

　　　　..

55-2]   (나는) 애들을 데리고 동물원에 갔다.

　　　　..

55-3]   많은 사고가 음주운전으로 일어난다.

　　　　..

55-4]   독일어가 오스트리아에서 통용된다.

　　　　..

55-5]   국제영화제는 10월에 열린다.

　　　　..

55-6]   그 문제는 결국 해결되었다.

　　　　..

55-7]   마이크는 "리틀 베어"라고 불린다.

　　　　..

55-8]   he는 유죄 판결이 내려졌다.

　　　　..

55-9]   여기서 차를 도난당했나요?

　　　　..

55-10] 그 남자가 사립 탐정이라고들 한다.

....

55-11] 사람들은 he가 유죄였다고 생각한다.

....

55-12] 사람들은 he가 처벌을 받을 것이라고 생각한다.

....

55-13] 그 사람은 모든 사람에게 비웃음을 받았다.

....

55-14] 엘라는 베티가 하루 종일 돌봤다.

....

55-15] he는 내 머리를 깎도록 요청을 받았다.

....

55-16] 딸은 파티에 가는 것을 허락을 받았다.

....

55-17] 꽃병은 누가 깼니?

....

55-18] 이 꽃은 영어로 뭐라고 합니까?

....

55-19] 언제 텔레비전이 발명되었나요?

....

55-20] he는 아무도 좋아하지 않는다.

....

55-21] 즉시 그것을 하도록 해라.

....

55-22] 서비스가 만족스럽지 못하다.

....

55-23] 할머니의 건강이 걱정된다.

....

55-24] 엘라와 사진을 찍었다.

....

55-25] 내 의사를 상대방에게 영어로 이해시킬 수 없었다.

....

55-26] 마지막 남은 표를 손에 넣었다.

....

55-27] 이것이 딸아이가 그린 그림이다.

....

55-28] he는 주급으로 900달러를 받는다.

        ....

55-29] he는 더 좋은 직장을 제안 받았다.

        ....

55-30] 수술은 빨리 끝날 것이다.

        ....

55-31] he는 장교가 되기 위한 훈련을 받고 있다.

        ....

55-32] 엘라는 그때 씻기고 있었다.

        ....

55-33] 차는 내일 수리되고 있을 것이다.

        ....

55-34] 콘서트는 취소되었다.

        ....

55-35] 어제 우리가 갔을 때, 박물관은 닫혀 있었다.

        ....

55-36] 그 사건은 잊혔을 것이다.

        ....

"그동안 생각문법 동사편을 공부하시느라
정말 고생 많으셨습니다."

문장은 기본적으로 '주어+서술어'로 이루어졌습니다. 동사편을 마쳤으니, 이제는 서술어를 안다고 말할 수 있습니다.

문법 중에 가장 어렵고 양도 많은, 서술어를 이루는 동사문법 '시제·상, 서법·태'를 마쳤습니다. 어떻습니까? 쉽습니까, 어렵습니까? 공부다운 공부를 제대로 한 사람은 이렇게 말합니다.

"어렵지만, 재미있다."

・・・

필자는 충격이라는 말을 그다지 좋아하지 않습니다. 세상 구경도 할 겸 짬짬이 대형서점에 가는데, 표지에 충격이라는 글자가 적힌 영어책은 거들떠보지 않습니다. 이유는 자명합니다. 영어 공부는 충격을 받을 일이 아니기 때문입니다.

필자를 포함한 대부분 사람은 감동 받기를 원합니다. 오래지 않아 ('사랑·우정, 믿음·신념, 관심·연대, 희망·평온' 그리고 '나는 누구인가'가 비즈니스가 되는) '감성의 시대 Dream Society'를 맞이할 우리에게 감동만큼 멋진 말도 없을 듯합니다.

[지식을 손에 들고 다니는 세상, 우리는 아직 '지식을 얼마큼 쌓느냐'가 중요한 정보화 시대를 살고 있지만, 머지않아 '지식을 어떻게 표현하느냐'가 중요한 - 감각이 지식보다 중요한 - 감성의 시대를 맞이하게 됩니다. ('우리'가 중시된 산업화 시대에는 법과 제도가 중요했고, 협동하고 단결하는 우리가 필요했고, 자유를 외쳤습니다. 이와 달리, '개인'이 중시되는 감성의 시대에는 원칙과 상식이 중요하고, 창의적이고 감각적인 개인이 필요하고, 정의를 외칩니다.]

아이들은 공부가 재미있을까요, 놀이가 재미있을까요? 물어보나 마나입니다. 아이들에게 놀이는 감각의 세계입니다. 재미있을 수밖에 없습니다. 놀이동산에 가면 신나는 것도 감각의 세계라 그렇습니다.

누구나 처음에는 지식의 세계를 접합니다. 지식의 세계는 원래 어렵고, 고리타분한 면도 있습니다. 지식의 세계에 머물면 공부가 재미없는 법입니다. '어렵지만, 재미있다.' 이렇게 말한 사람은 지식의 세계에 머물지 않고, 감각의 세계로 간 사람입니다. 감각의 세계에는 재미만 있지 않습니다. 그렇습니다. 감동도 있습니다.

아직도 적지 않은 사람이 지식만 늘어놓은 나열식 영어문법을 그것도 모자라 암기식으로 배웁니다. 재미는커녕 스트레스만 받습니다. 이런 식으로 배우고 영어를 잘하면 오히려 이상하지 않을까요? 다름 아닌, 외국어를 익히는 일입니다. 내 자신이 투영되어야 하고, 내 자신이 직접 말맛을 느껴 봐야 합니다. 그래야 영어가 늘지 않을까요?

수영 지식만 있고, 수영 감각이 없으면 수영을 잘할 수 없습니다. 영어도 마찬가지입니다. 지식만 있고 감각이 없으면 영어를 잘할 수 없습니다. 결국, 문법은 인식의 문제고, 영어는 감각의 문제입니다.

why가 있는 곳이 감각의 세계입니다. why를 알아야 감각의 세계로 갈 수 있습니다. '이유 같은 걸 알아서 뭐 해?' 이렇게 말하는 사람은 결코 감각의 세계로 갈 수 없습니다. 영어를 잘하고 못하고는 세계의 문제입니다. 해도 해도 안 되는 일은 근본적인 변화가 필요하고, 세계를 달리 해야 합니다.

여러분

문법은 why의 학문, '인문학'입니다.

생각문법은 문법에 대해 '의문을 품고, 생각하고 이해'합니다. 과정을 중시하고, 문법의 why를 설명하는 '서술식 문법'입니다. 문법을 인식시키고, 감각을 길러줍니다. 자꾸 읽어 보고, 자꾸 생각해 보고, 자꾸 느껴 보십시오. 어느새 감각의 세계에 가 있을 것입니다. 어느 날 영어로 말하는 내 자신을 발견할 것입니다. 하루하루 변해가는 내 자신을 감당하며, 감각의 세계에서 거듭나시길 바랍니다.

아래는 주요 참고 원서입니다.

「Longman Grammar of Spoken and Written English」
- by Dougals Biber & Stig Johansson, Longman 1999

「Cambridge Grammar of English」
(A COMPREHENSIVE GUIDE Spoken and Written English Grammar and Usage)
- by Ronald Carter & Michael McCarthy, Cambridge 2006

「The Teacher's Grammar of English」 (A Course Book and Reference Guide)
- by Ron Cowan, Cambridge 2008

「Collins COBUILD English Grammar」
- by Collins COBUILD, Collins COBUILD 3rd Edition 2011

「Oxford Guide to English Grammar」
- by John Eastwood, Oxford 1994

「Oxford English Grammar Course Advanced」
- by Michael Swan & Catherine Walter, Oxford 2011

「Guide to Patterns and Usage in English」
- by Albert Sydney Hornby, Oxford 1954, 2nd Edition 1980, 3rd Edition 1996

「Oxford Practical English Usage」
- by Michael Swan, Oxford 3rd Edition 2005

「Advanced Grammar in Use」
- by Martin Hewings, Cambridge 2nd Edition 2005

「Longman Dictionary of Contemporary English」

「Oxford Advanced Learner's Dictionary」

「Collins COBUILD Dictionary」

생각문법 ❸은 명사편과 문장편으로 이루어졌습니다.

　명사편에서는 명사문법 '수/격/성'을 살펴보고, 문장을 이루는 문장성분 '주어·목적어·보어'를 알아봅니다.

　명사편의 첫머리는 (국어문법에는 없는) '수'라는 명사문법입니다. 수와 관련된 말이 '한정어'고, 한정어와 관련된 품사가 '관사·한정사·수사'입니다. 궁금하지 않을 수 없습니다. '왜 관사가 있을까?', '왜 가산명사에 a를 붙일까?', '한정과 수식의 차이는 무엇일까?', '주어와 주격은 어떻게 다를까?' 등등을 생각해 봅니다.

　문장편에서는 문장의 구조를 심도 있게 다룬 후, 문장의 종류와 유형을 살펴봅니다.

　문장편의 화두는 '영어 어순 극복하기'입니다. 이를 위해 '국어와 영어는 왜 어순이 다를까?'라는 거대한 질문에 도전해 봅니다. 도전을 통해 영어문장이 만들어지는 원리를 깨치고, 다양한 영어문장을 내 것으로 만듭니다.

· · ·

생각문법 시리즈
동사편, 명사편 · 문장편, 연결어편

관심과 성원에 진심으로 감사드립니다.

하상호

1968년 서울 출생. 「봄찬」 출판사 대표. 대학에서 관광학을 공부했다. 여행사에서 관광 가이드로 일하다가 공부에 미련이 남아 1997년 호주로 유학을 갔다. 유학 생활에 적응할 즈음, 대한민국이 F학점을 맞았다는 소식이 태평양을 건너왔다. 믿기지 않는 환율, 버티기 힘든 현실, 불현듯 찾아온 시련은 필자로 하여금 사람의 학문이요, 삶의 학문인 '인문학'에 눈뜨게 했다. 인문학을 공부해야 하는 이유를 깨달았을 때, 필자는 다시 태어났다. 오랜 세월, 「생각문법」은 영문법에 관한 필자의 인문학적 사색이다. 문법에는 이유나 원인이 있다고 굳게 믿는 필자는 유학을 다녀온 이후로 줄곧 문법을 사유하며, 암기식 영문법에서 못 벗어난 대학생과 일반인에게 「생각문법」을 강의하고 있다.

https://www.youtube.com/@thinkinggrammar

교육의 시작과 끝은 사람과 사람입니다.

「생각문법」 로고

표지를 보라. 물음표는 의문을 품고 생각하자는 취지다. 빨간색은 국어[동양]을 상징하고, 파란색은 영어[서양]을 상징한다. 이 둘을 비교하자는 취지로 위아래로 맞물려 놓았다.